Leadership and the New Science

リーダーシップとニューサイエンス

Discovering Order in a Chaotic World

マーガレット・J・ウィートリー著
Margaret J. Wheatley
東出顕子訳
Akiko Higashide

EIJI PRESS

LEADERSHIP AND THE NEW SCIENCE
3rd Edition
by
Margaret J. Wheatley

どんな問題でも、その真実の局面をはっきり見て、理解すれば、私たち人間は、この世界の勇気ある聡明な行為者に必ずなれるのだ。目を開き、レンズを変え、現実の世界に健全さと可能性を取り戻す行動の一歩を踏み出す時が来ている。

（本文より）

● リーダーシップとニューサイエンス——目次

●本文中、訳者による補足を〔 〕内に、あるいは＊で示し下部の脚注に記している。
●原注は[ ]で示し、巻末にまとめている。

新版への序文——現実世界への地図

大昔の探検家たちが新天地を求めて航海に出たとき使った地図は、豊かな表現に満ちていたが不明瞭であり、魅惑的だが真に有用なものではなかった。地図には、方角や目印が記され、所々に危険を告げる言葉が添えられていたが、あいまいな記述や余白として残された未知の領域があった。しかし、それこそが意欲ある人々を刺激し、探検や航海に駆り立てた。彼らは、自分が惹きつけられた世界について、想像力を駆使して装飾的な言葉でさまざまに語り、地図に付け足していった。もちろんそこには重要な部分の見落としや、重大な過ちがよくあった。「竜が住んでいる場所」「未踏の領域」といった記述は少なくない。それでも、そうした地図には、彼らに続いて航海に出ようとする者たちを触発するのに十分な知識が含まれていた。

一九九二年に本書の初版を出したとき、私はこの本を、そうした昔の地図のようなものだと考えていた。私は本書で、未知の領域の地図をつくろうとしたのだ。そして今、その領域は当時よりもその姿を明らかにしている。それは私たちが日々暮らしている世界、不確実で、突然変化し、さまざまな関係がクモの巣のように世界中にはりめぐらされた世界だ。

私は一九九〇年にこう書いた。「私たちは、災厄の危険性に満ちていながら、新しい可能性にも満ちているカオス（混沌）の時代に生きている」――今にして思えば、当時は古きよき時代だった。考えをじっくり吟味する時間と空間があり、新しい世界観について思いめぐらし、それを信じるか信じないかと言っていられる贅沢が許された時代だった。そのため本書の論調も、まだ穏やかなものだった。

しかし、それから十五年余を経た今、私はもっと声を大にして呼びかける必要を感じている。世界は変化した。本書で紹介した新たな世界観は、もはや本の中にはとどまらない、現実のものだ。戦争、テロ、大量の難民、ハリケーン、地震、津波……テレビからいやというほど流れてくる恐ろしい映像が示すように、カオス、そしてグローバルな相互関連性は、私たちの日常生活に入り込んでいる。私たちは、組織や政府を通して、また個人としても、こうした世界の課題や脅威に対処しようとしているが、うまくいっていない。

古い地図に頼っていては、今日の世界の状況に対処できないのだ。私たちは、そう悟らなければならない。私たちは今や、世界の解釈の仕方、つまり世界観を転換しなければならない。この根本的な考え方の転換なくしては、今日の世界で起きていることを理解し、対処する能力は得られない。

私は長年、コンサルタントとして、リーダーシップの課題に「ニューサイエンス」を応用してきた。科学が提供する新たな世界観を使って、組織や人々の問題に向き合ってきた。世界のあちこちに出かけ、適応力や創造性、弾力性にすぐれた組織をつくろうとしている人々に会い、そうした世界観を説明してきた。多くの人は、この世界観を疑問視した。世界がかつての状態から変化したことを理解しない人もいた。また、組織というものは指揮系統やヒエラルキーがなければうまく機能しないし、カオスの時代にはなおさらそれが求められる、と信じている人もいた。そしてほとんどの人が、この耳慣れない新たな世界観が「現実の世界に」当てはまる証拠を見せてほしいと言った。

だが、私が経験している現実の世界は、こういう世界だ。激しい怒りにかられた一握りの人々が大国の政治を揺るがす世界。海水温度のわずかな変化がそこから遠く離れた土地に住む人々に甚大な被害をもたらす異常気象を引き起こす世界。流行病が何千万人もの命を奪い、ウィルスがやすやすと国境を飛び越える世界。人々が分裂し、各々の立場やアイデンティティの殻に閉じこもる世界。同じ情報に触れてもその解釈は人それぞれで大きく異なりうる世界。衝撃的な事件が次々に起こり、何が起こるか見当もつかない世界。変化するのが当たり前である世界。

このめまぐるしく騒然とした世界は、私たちの予測や計画をあざ笑う。神経を逆なでし、不安をかき立て、眠りを妨げる。いろいろなことの先行きが見えず、調和が損なわれている。世界の終末だとか破滅の時代だとか言う人々もいる。

読者の個人的な信念や経験がどうであれ、このカオスの時代を乗り切るには新しい世界観が必要だということを、ぜひ考えてみてほしい。古い地図に頼っていては世界を理解できない。それに頼れば頼るほど道に迷い、さらなるカオスに陥ってしまう。

私は、ニューサイエンスというレンズを通して、組織やコミュニティ、政府、国民国家、そして私自身や家族を見ることに何年も費やしてきた。その結果、新しい世界観を持つことの意味やその利点について語れるようになった。なぜものごとが今のようになっているのかを説明し、新しい解決法や着想を試してみようという気にもなった。この時代を、上手に、しなやかに生きていくにはどうすればいいかを、ニューサイエンスが教えてくれているように思う。

しかし同時に私は、一つの世界観を放棄することの難しさも痛感してきた。二十世紀初頭の科学者たちもそうだったのに違いない。彼らは実験によって明らかになった世界を受け容れられず、奇妙な結果だ、わけがわからない、ばかばかしい、などと口々に言ったという。

これまでの世界観が役に立たなくなったと感じれば、おびえて当然だ。突然、足もとの地面が崩れるようなものだ。うまくいっていた方法がもはや通用しない。不可解で、混沌として、合理性を欠いた世界が現れる。人間はこういうとき、新しい対処法を生み出すより、習慣にしがみつくものだ。私たちは、古い解決法をますます必死にくり返し、自分の信念にますます執着する。そして結局は、失敗の連続にフラストレーションを感じ、疲れ果て、無力感を味わう。不満がつのって攻撃的になり、知性や協調よりも暴力によってものごとに対処しようとする。

二十世紀の科学者たちはやがて、カオスから目を背けるのでなく、それを受け容れることによって、そして自分たちの投げかける問いを変えることによって、新たな世界観を見出した。ものごとの本質を見抜く力と方法を獲得した彼らは、新たな姿勢で仕事に取り組んだ。疲労やフラストレーションの代わりに驚嘆や好奇心、発見の大きな喜びを味わい、さらなる探求へのエネルギーを手にしたのだ。

「組織」というものを彼らの新たな世界観をもって眺めれば、私たちもまた、エネルギーと喜びを取り戻すことができる。科学者たちが新たに見出した地図は、私たちにとっての「約束の地」――健全で永続する組織や社会をつくることに、人間の創造性や知恵や勇気が余すところなく用いられる世界――に至るための、信頼に足る地図だと私は思っている。

読者は、本書を読みすすむにつれて、さまざまな地図を見つけるだろう。あるものは、具体的な科学の発見について、できるかぎり読者がその土地（分野）を理解できるように詳しく解説している。またあるものは、もっと調査が必要な、あまり探索されていない土地を紹介している。さらに、科学と組織との関連を精密に描いた地図もある。そして、私の個人的な旅の記録もある。旅から問いと洞察を持ち帰り、仕事に応用してみたときに私が感じ、経験したことも披露しよう。

本書は、ニューサイエンスの総合的な手引書でもなければ、専門的な入門書でもない。これは私が惹きつけられた、いくつかの科学の新しい分野への旅の物語だ。そうした科学の分野は三つある。量子物理学、自己組織化システム、カオス理論だ。これらは相互に関連づけながら順を追って話を展開しているので、最初から順番に読んでいただくのがわかりやすいだろう。

「はじめに」と第一章では、この三つの科学をまとめて紹介し、世界がどう機能しているか理解するうえでそれらがどう役立つのかを述べる。また、自然界の秩序の原泉についての初期の説を紹介し、生命システムにおいて秩序がどうつくられるのかについて私たちが認識するのを妨げている不安や前提条件について考える。

第二章から第四章では、量子物理学が組織のあり方に与える影響について探究する。組織はこれまで、十七世紀のニュートン物理学にもとづく世界観によって考えられてきた。これに対して量子物理学は、観察と認識について、参加と相互関係について、また大規模で複雑なシステムに作用する力と関係について、私たちが従来考えてきたことに異議を唱えている。

第五章と第六章では、自己組織化について焦点を当てる。自己組織化とは、生命体が相互関係で結ばれたシステムに組織化されることであり、それによってあらゆる生命体は能力を高めることができる。また、大きなシステムが自己を維持し、より成長するためには、システムを構成する個体の自由を積極的に促すことが不可欠であることも示されている。こうした自己組織化は、生命システムや生物学や化学から生まれた概念であり、世界の不安定性と変化を理解する新しい方法や、成長の新しい可能性を私たちに教えてくれる。

第七章のテーマはカオス理論だ。カオスは、新しい秩序の創出に必要なプロセスである。私たちが生きているのは、カオスと秩序がパートナーとして存在する世界――静止状態は起こりえず、望まれもしない世界だ。この章では、カオスと秩序という二つの大きな力の関係から何を学べるか、私たちの生活や組織におけるカオスの働きについてどう考えるべきかをとりあげる。また、自然界において、少数の基本的原則によっていかにして多様で複雑なパターンが生み出されるかについても探究する。さらに、人が「意味（意義）」を求めることが、カオスから秩序を生むうえでいかに重要であるかについての私自身の観察も紹介しよう。

第八章では、必要に応じて変化し、適応し、成長する、生命体の並はずれた能力を探究する。私たちは、組織やコミュニティや国家を、そしてお互いを変えようと、何十年も費やしてきた。だが、そうした試みに成功していないばかりか、意図せざる不幸な結果を招いてきた。変化がどのように起きるのかについて、私たちの持つ基本的な仮説を考え直すべき時だ。そうするうえで、生命体は最良の教師となる。

第九章では、リーダーシップの新しいかたちを考えるのに役立つ科学に光を当て、そのさまざまな原理を紹介する。

このように、本書で紹介する新しい世界観は、この世界をどう理解すればよいかを私たちに教えてくれる。だが、ここまで読み進めてもまだ納得のいかない読者のために、新版発行に際して本書の考えを「現実の世界」に応用するための新しい章を加筆した。第十章では、私たちが現在緊急に必要としている二つの能力、すなわち災害対応能力とテロ抑止力について、ニューサイエンスのレンズを通して考える。災害救助活動やテロリストのネットワークで作用しているダイナミクスが、ニューサイエンスを通じて見えてくる。それを見ることで、こうした危機により賢明に対処する手段が得られるのだ。そしてこれが、新しい世界観が約束することだ——解決できない問題が、突如、解決できるようになるのである。私たちは、世界が崩壊し、もっとひどいカオスに陥る前に、この約束を行使しなければならない。

本書を締めくくるエピローグは、より個人的で哲学的な手記だ。新たな世界観を求める旅の本質と、発見のプロセスについて、私自身の体験を語ろう。そして、私たちはひとりではこの旅を続けられないということをぜひ理解してほしい。よき仲間と忍耐力、そして勇気が必要だ。何年も費やして困難な旅路を歩いてきた結果、私はいま、この新しい土地の基礎知識を身につけ、その考え方を養分として吸収し、その約束に期待している。読者も思い切ってこの旅に足を踏み出し、自分自身で発見し、それを他の人々に惜しみなく与えてほしい。

はじめに——もっとシンプルな方法を求めて

私が思うに、あらゆるものの根底には、「解が未知数の」方程式などではなく、まったくもって単純な概念があるに違いない。そのような概念をついに発見するとき、あまりに説得力があり、あまりに必然的なものであるから、人は互いにこう言い合うだろう。「ああ、なんてすばらしい。これ以外はあり得ないじゃないか」

——ジョン・アーチボルド・ホイーラー

どうして組織はうまくいかないのか。そう思うのは私だけではない。大半の人が、自分の仕事につきまとうこんな疑問に悩まされる。なぜ活気のない組織ばかりなのだろう。プロジェクトは長い時間がかかるうえ、どんどん複雑になるが、それなのに、本当に重要な結果は出せないことがあまりにも多いのはなぜだろう。進歩が、意外なところから、あるいは、計画外のものごとや派生する出来事の結果として、生じることがとても多いのはなぜだろう。誰もが変化を「管理」しているはずなのに、変化それ自体が私たちを溺れさせ、容赦なく無力感と混乱に陥れつづけているのはなぜだろう。せいぜい望めるのは、私たちの組織や生活を頻繁に脅かす破壊的な力に耐えながら生き残ることくらいだというほど、成功の期待値が下がっているのはなぜだろう。

こうした疑問は、数年の間、私の中で膨らみつづけ、仕事の邪魔をし、仕事に対する自信をしぼませた。忙しく仕事をすればするほど、たくさんプロジェクトを引き受ければ引き受けるほど、疑問は膨らんでいったのだ。そう、旅に出るまでは。

人生の転機になるような重要な旅のほとんどがそうであるように、私の旅もありふれた場所から始まった。それは、アメリカ上空を静かに飛行するボーイング757の中だった。ボストンとソルトレイクシティを毎週往復する通勤者として空の高みに飛び立って、ときたまソーダやピーナッツのサービスで中断される以外は、読書三昧《ざんまい》にしようと決めこんだ私は、初めてニューサイエンスについての本を開いた。フリッチョフ・カプラ著『ターニング・ポイント』だった。量子物理学から生まれてきた新しい世界観を描いた本だ。世界を理解する新しい方法を垣間見たのはこれが初めてだった。そこには世界の変化のプロセスや徹底的にパターン化された性質、密集した網の目のような関係が述べられていた。

新しいものの見方に高度三万七〇〇〇フィートで出会ったのは偶然ではないと思う。その高度は、大きな視点、もっとものごとの全体をつかむ見方が必要だというメッセージにふさわしかった。その一冊目の本によって私は離陸し、生物学、進化論、カオス理論、量子物理学と手当たりしだいにニューサイエンスの本を読み始めた。ニューサイエンスの発見と理論は、私の専門であるマネジメントの専門知識から私を解き放ち、宇宙の本質的な規則正しさというビジョン、創造的なプロセスとダイナミックで切れ目のない変化がありながら秩序を保つというビジョンに目覚めさせてくれた。それは、秩序と変化、自律と制御は、私たちが思っているほど大きく対立するものではないという世界だった。変化と絶え間ない創造があってこそ、秩序と能力が維持されるという世界だ。

もし地上にいたら、こうした考えを理解できなかったかもしれない。ここ数十年、一般読者向けのニューサイエンスの発見に関する本が多く出版され、科学的な良書が増えた。私が読んだたくさんの本の中にも、難しすぎるもの、突飛すぎるものがあったが、それ以外は、はっとさせられる画像と情報が載っていた。私は、自分の仕事について新しい考え方を与えてくれる、自由と可能性に満ちた新しいビジョンを生み出す領域をさまよい歩いているのだと意識するようになった。科学と自分のジレンマの間に即座につながりを描けるとは限らなかったが、これまでとは違う落ち着いた気持ちで、身の回りの疑問を受け止められるようになってきた自分に気づいた。秩序を包含するカオス、栄養素として不可欠の情報、自らの再編のために崩壊したシステム、空間に浸透し距離を隔てて変化に作用する見えない影響力、そんな本を次々に読んでいった。どれも、説得力があり、示唆に富んだ考え方であり、すぐに解決策が見つからないとしても、私に希望を与えてくれた。

どこかに、組織をリードするもっとシンプルな方法、現在の私たちのやり方よりも苦労が要らず、ストレスがたまらない方法がある——当時もそう思っていたし、今はもっと強く信じている。私にとって、この新しい知識は実用に向けて具体化している途上にある。まだ何年もかかる探求になるとわかっているが、それでも、常に流動する予測できないこの世界で組織は本質的に管理不能のものだ、とはもう思わなくなった。むしろ、私たちの現在の組織化の手法が時代遅れなのであり、この古いやり方に長くしがみつくほど、科学の世界が「エレガント」と評する、世界を理解するうえでのすばらしい進歩から遠ざかると思っている。何層にも重なる複雑性、つまり、ものごとは私たちの手に負えない制御不能なものであるという感覚は、組織という生命体はもちろん、一般の生物のさらに深遠な現実を理解するのを私たちが怠っているというシグナルにすぎない。

誰もが、このもっとシンプルな方法を探している。今日、学問のどの分野でも、どの研究機関も、専門知識では答えを出せない疑問に直面している。一九世紀から二〇世紀への変わり目に、物理学者たちは同じような混乱に直面した。量子物理学の創始者、ニールス・ボーアとヴェルナー・ハイゼンベルクについての有名な話がある。『ターニング・ポイント』から引用しよう。

二〇世紀、物理学者は初めて、宇宙を理解しようとする自分たちの能力への重大な挑戦に直面した。原子の実験で自然に対して問いを投げかけるたびに、自然は逆説的な答えをつきつけ、その状況をはっきりさせようとすればするほど、矛盾が激しくなっていった。そして、この新しい現実を把握しようと奮闘するうちに、自分たちの基本的な概念や言語、考え方全体が、原子の現象を説明するには不十分だと痛感するようになった。彼らの問題は、知的な問題というだけではなく、感情や存在そのものが大きく揺さぶられる経験でもあった。ヴェルナー・ハイゼンベルクの言葉が、それをよく表している。「ボーアと深夜まで何時間も議論し、挙句の果てに絶望しかかったことが一度ならずあった。議論が終わると、僕は一人で近所の公園に散歩に出かけ、何度も何度も自問を繰り返した。『これまでの原子の実験ではそう見えるが、自然がそんなに不合理であってよいのだろうか』」

こうした物理学者たちが、目の前の逆説が原子物理学の本質的な見方であるという事実を受け容れるには長い時間がかかった……ひとたびこれを認識すると、適切な問いを立てて、矛盾を回避する術を学び始めた……そしてついに、［量子］論の精密で首尾一貫した数学的表現を見出した。

……量子論の数学的記述が完成した後でさえ、その概念的な枠組みが簡単に受け容れられたわけでは、けっしてなかった。物理学者の世界観に与えた影響は、実にすさまじかった。この新しい物理学は、空間、時間、物質、対象、原因と結果という概念に根本的な変革を必要とした。こうした概念は、私たちが世の中を生きていくうえできわめて基本的なものだから、それらが変容するというのは、大きな衝撃となった。再びハイゼンベルクの言葉を引用しよう。「なぜ現代物理学の近年の発展が激しく取り沙汰されているかは、ここにきて物理学の土台が揺らぎ始め、それが科学の足もとから地面が消え去るような感情を引き起こしている、ということがわからないかぎり、けっして理解できない」[1]

ここ数年、あちこちの組織に属する人たちによくこの話をしてきた。この話はわかりやすいが身震いするようなものでもある。私たち一人ひとりが、この話が描いていることの感じはわかっている。企業の倒産、合併、リストラ、あるいは個人的な方向感覚の喪失のせいで、かつてはうまくいっていたが今ではまったく不適切な解決策に陥っており、それでいて、敷物が次から次へと足元から引き抜かれていく、そういった感じである。だが、この話は、知恵に至る道に踏み出す第一歩として絶望を受け容れることを教えるたとえ話として、大きな希望を与えてもくれる。「知らない」というなじみのない席に座り、根本的に新しい考えに対してオープンになろう、と私たちの背中を押す。

もし、私たちがこの混乱に耐えれば、この話が約束するとおり、ある日、私たちはまったく新しい土地を見つけるだろう。そこは、現在の私たちの無知という重苦しい影を払拭する、明るく輝く土地だ。私は今でもハイゼンベルクの話を口にしている。

私たちは、二一世紀にふさわしい新しい組織の形態の発見と発明というプロセスに着手し始めたにすぎない。責任ある発明者、発見者であるためには、古い世界を手放し、これまで大切にしてきたものの多くを棄て、何がうまくいき、何がうまくいかないのかの解釈を棄てる勇気が必要だ。改めて世界を見ることを学ばなくてはならないのだ。よく引用されるアインシュタインの言葉どおり、「その問題を生み出したのと同じ思考では、けっしてそれを解決できない」のだ。

パラダイムシフトの時代には、新しい答えを探す場所はいくらでもある。私の場合、うまいことに自分の問いが自然科学に立ち返り、子どもの頃のビジョンと再びつながったのだ。一四歳のとき、私は宇宙生物学者になることを夢見ており、重たい天文学の教科書を何冊も抱えてニューヨークの地下鉄に乗り、週一回ヘイデン・プラネタリウムの教室に通っていた。教科書はどれも難解すぎて私には理解できなかったが、とてもおもしろうそうだったので、ともかくそれらを持ち歩いた。生物学の基礎をしっかり学び、大学では生物学を専攻したが、化学特論で手こずったためその道に終止符を打ち、さらにあいまいな社会科学に転向した。

にもかかわらず、今、私が自然科学に傾注するのは、個人的な興味以上の理由による。私たち一人ひとりは、ニュートン学説の宇宙観で設計された組織で生活し、働いている。ものごとを部分に分けることによって管理し、ある人から別の人へと作用する力の直接的な結果として影響が生じると信じ、予測可能なものだと思いつづけている世界のために複雑な計画を立てることにいそしみ、そして、世界を客観的に測定し、理解するもっとよい方法をいつも探している。こうした行為は、第二章で説明するように、一七世紀の物理学、ニュートン力学に由来する。それらは、私たちが組織を設計し、管理するうえでの根拠であり、あらゆる社会科学の研究の根拠である。意図的にしろ、そうでないにしろ、私たちは自然科学の中に強く固定された世界観で動いているのだ。

だが、その科学は変わった。もし、科学をもとに組織をつくり、管理し、研究を策定し、組織の設計、計画、経済、人間の動機づけ、変化のプロセス（例を挙げればきりがない）を体系化することを今後もつづけたいのなら、少なくとも、現代科学に基づいたやり方に変える必要がある。一七世紀の世界を追い求めるのをやめ、二〇世紀にわかってきたものを探求し始めなければならない。宇宙の有機的なまとまりについて、現在わかっていることも考慮して組織の原理を探求しなければならない。

ニューサイエンスの探求は、ほんの始まりにすぎず、まだ先が長いが、本書でお伝えしたいのは、世界や組織に関する新しい考え方についてかすかな光が見えてきたことの喜びだ。その光はぼんやりしているかもしれないが、ドアの裂け目が大きくなればなるほど、可能性が広がる。私たちが組織で味わうジレンマにも通じる自然現象を、詩や明快な文体で表現する科学者がいる。私たちが組織で経験することを考えるうえで参考になる新しいイメージやメタファー（隠喩）もある。これは、驚きと未知なるものの世界であり、そこでは多くの科学者が、新大陸に驚嘆した大昔の探検者にも負けず劣らず、自分の見たものに畏怖の念を抱く。この世界には、新しい種類の自由がある。結論よりも探求に価値があり、知ることよりも驚くことに満足があり、じっとしていることよりも何か探索することにわくわくする、そんな自由だ。ここでは、確実さではなく、好奇心がより重要だ。

本書は、結論や事例、例題が豊富な本ではない。二つの理由から、意識的にその手の本にはしていない。第一に、他のところでつくられたモデルを押しつけても、組織が変わることはないと思うからだ。自分の組織を変えようとしている人にとって、そうしたモデルはほとんど参考にならず、やる気を高めもしない。どの組織においても、組織内部をよく見て、この発見の旅に欠かせない資源としてお互いを知る必要がある。組織のどこにでも存在している創造性を発揮させる方法を学ばなければならないのだ。第二に、新しい物理学は、どこかでその秘密が暴かれるのを待っているような「客観的な現実」などない、と説得力のある説明をしてくれるからだ。処方箋や公式はなく、「現実」を説明するチェックリストや専門家のアドバイスもない。もし、この科学が説明するとおりにその場の状況が重要なら、本当に、そのまま使えるモデルのようなものは何もない。一人ひとりにとって、すべてが常に新しく、特異で、ユニークなのだ。私たちは、お互いに関わり合い、自分たちにとって何がうまくいくのかを見つけるために実験し、真の発明者としてお互いを支えなければならない。

本書は、この新しい現実のビジョンに忠実であろうと試みている。このビジョンでは、考え方や情報は、現実を呼び起こすのに必要なものの半分にすぎない。ここで言われている考え方が創造的なものにつながるかどうかは、読者の関わり方次第だ。本書の役割は、読者を触発し、惹きつけるための材料を提供することだ。本書を読めば、読者は私とはまた別の発想をし、別の希望を持ち、別の実験をするはずだ。一人の専門家の解釈や一つの模範的実践《ベストプラクティス》に同意することは重要ではない。それは、私たちが住んでいる宇宙の本質ではない。私たちは、私たちと世界が相互作用するにつれて、共進化する世界に住んでいる。この世界は、絶えず変化し、固定することができない。そして、私たちのあらゆる想像を超えた、とてつもなく興味深いものなのだ。

本書から得られる成果は人それぞれだが、私が選んだテーマは、組織で働く人間に影響する問題だ。秩序はどこにあるのか。複雑系はどう変化するのか。柔軟で適応力のある構造、つまり制限するのではなく能力を引き出す構造はどうすればつくれるのか。複雑性の真価を発揮させながら、ものごとを単純化するにはどうすればよいか。予測や説明責任という組織的なニーズを損なわずに、自律や成長という個人的なニーズを解決するにはどうすればよいか。

本書で紹介する新しい科学は、物理学、生物学、化学の三つの分野の研究、さらに複数の分野にまたがる進化とカオスの理論からなる。各章で、ある科学の視点と組織的な現象の間の比喩的な関連を考察するが、前もってニューサイエンスの方向性について触れておいたほうがいいかもしれない。

さまざまな分野の科学者たちは、アイザック・ニュートンやルネ・デカルトなどの偉大な天才たちが一七世紀に説いた機械論的世界観で、世界がどう動くかを十分に説明できるのか、という問いを投げかけている。この機械論的世界観は、細部を研究することが全体を理解するカギであるという立場につながる。ものごとは、文字どおりにしろ、比喩的にしろ、解剖して（ビジネスの機能、学問分野、専門分野、人体のパーツをそうしてきたように）、ばらばらに解体しても、大きな欠落なしにほぼ元に戻せる。部分の働きを知れば知るほど、全体がよくわかる、という仮定だ。

ニュートン科学は、唯物論の立場でもある。人の身体的感覚で感知できるものを重視して世界を理解しようとするのだ。実在するものは、目に見え、明確な物質的形状を持つとされる。物理学の歴史では、そして今もってそうだが、科学者たちは、物質の基本的な「構成要素」、万物のもととなる物質的形状をこぞって探しつづけてきた。

ニューサイエンスとニュートン主義の決定的な違いの一つは、ニューサイエンスが部分よりも全体論《ホーリズム》を重視していることだ。システムは、システム全体として理解し、ネットワーク内の関係に注目する。エコロジストであり作家でもあるドネラ・メドウズは、この焦点の転換を言い表している古来のスーフィ（イスラム教神秘主義）の教えを引用している。「人は、〈1〉を理解できるなら、〈2〉も理解できるにちがいないと考える。1＋1＝2だから。しかし、人は〈＋《プラス》〉も理解しなくてはならないのだ」[2]。この視点でシステムを見ると、単純な原因と結果に分解できない、あるいは、孤立した一要因として部分を研究しても説明できない、つながりや現象のまったく新しい風景が現われてくる。ダイナミックなプロセスが絶えず働いていることを感知すること、そして、こうしたプロセスが、目に見えるふるまいや形として、どう具体化するのか気づくことが重要な領域に足を踏み入れたのだ。

原子より小さい世界の探求は、ハイゼンベルクが語ったような不協和音を奏でながら、二〇世紀初頭に始まった。したがって、物理学では、根本的に新しいモデルの探求にはもう長い伝統があり、しかも、その伝統にはいくぶん奇妙なところがある。この奇妙さは、量子力学の主要な発見の多くを特徴づける発見のパターンにある。「危なっかしい議論とその場しのぎの不合理な仮定に基づく幸運な推測が、後から正しいと判明する公式を生み出す。はじめは、いったいぜんたい、どうしてそれがそうなるのか誰にもわからないのだが」[3]。私は、科学のプロセスのこんな話を聞くと胸が躍る。人はみんな違うアプローチで発見に至るのかもしれないという希望、こつこつ研究を積み重ね、活動を計画する努力型のおもしろみのない人物像から脱却できるかもしれないという希望がわいてくるのだ。

私たちは、量子力学の世界観に目を見開き、一般的な概念による世界観から抜け出す。科学者にとってさえ、まぎれもなく突飛なものだ。量子の世界では、関係が、すべての決定権を握っている。原子より小さい粒子が形状として観察できるのは、何かほかのものと関係があるときだけだ。独立した「もの」としては存在しない。基本的な「構成要素」はないのだ。量子物理学は、奇妙だが魅惑的な世界を描いており、ハイゼンベルクによれば、世界は、「事象の複雑な固まりとして現われ、そこでは、異なる種類のつながりが、互い違いになり、重なり合い、結びつき、それによって全体の質感が決まる」[4]とされる。かつて別個の存在だと考えられていたものの間にある、この見えないつながりが、万物の基本的な構成要素なのだ。

ほかの分野、特に生物学では、機械論的モデルから、もっと全体的でダイナミックなモデルへの移行は、まだ始まったばかりだ。分子生物学の分野と遺伝学の大半の研究で、伝統的な機械論的思考がいまだ主流だ。だが今、機械的イメージから抜け出して、生物を生物として理解しようとする科学者が多い。たとえば、『生命の網の目』[5]で、フリッチョフ・カプラは、たくさんの科学の分野から科学的な発見や理論をまとめあげて、生命系の科学の新しい統合を提示している。カプラによる統合は、それまで生物を説明するのに使われてきた機械論的なものとは驚くほど異なるプロセスを明らかにした。

また、進化論、動物行動学、生態学、生理学の分野で、支配的な理論の抜本的な再公式化が起きている。生物学思想の著名な年代史家、エルンスト・マールは、「生物学の新しい哲学が必要だ」[6]と語っている。生物学者のスティーヴン・ローズによれば、求められているのは、もっと全体論的《ホリスティック》で統合的な生物学、「複雑性を楽しめるほど成熟した科学」[7]だという。

同様の世界観の変化は、人の健康に関する分野でも現われてきた。全人的治療《ホリスティック》では、体を個別のパーツの集合ではなく統合的なシステムとしてとらえる。生物学者の中には、個別のシステム（免疫系、内分泌系、神経系など）として考えていたものを、それぞれの機能が全体として相互に依存している一つのシステムとしてとらえたほうが、よく理解できるという立場をとる人たちもいる[8]。

さらに、最も規模の大きいレベルでは、地球を全体として「巨大な生命体と」見る、ジェームズ・ラヴロックが最初に提唱したガイア理論がある。地球は、自己制御システムであり、生命の生存を可能にする環境をともにつくる相互依存システムである地球社会だとする彼の仮説に支持が集まっている[9]。

化学では、イリヤ・プリゴジンが、ある物質が、環境の変化に合わせて、より高い秩序に自らを再組織化することを証明した業績（散逸構造の理論）を認められて、一九七七年にノーベル賞を受賞した。古い機械論的モデルにおいては、変化や障害はシステムに苦難をもたらすものだった。混乱は、あらゆるシステムの宿命である衰退を加速するだけだとされていた。しかし、プリゴジンの業績は、もっと希望のある新しい未来を示した。彼は、開放系には、より高いレベルで自己を再組織化することによって、変化や無秩序に対処する能力があることを証明したのだ。無秩序は、システムが新しい形態に自己組織化するのを促す味方として、重要な役割を果たす。生命体の機械論的モデルから抜け出して、もっと深く生命系のダイナミクスを観察すると、不安定や無秩序や変化をまったく新しい視点で見る方法がおぼろげながらわかってくる。

変化や無秩序の新しいとらえ方は、カオス理論からも出てきた。この分野の研究によって、秩序とカオスの関係に対する新しい認識に到達した。この二つの力は今や、鏡に映ったイメージ、つまり相手を含む二つの状態として理解されている。あるシステムは、カオスや予測不能性に陥りながらも、そのカオスの状態の中で、秩序の整った予測可能な範囲に保持されることができるのだ。この二つの大きな力の共存がなければ、変化も進歩もない。カオスは新しい創造的な秩序に必要だということだ。この意外に見える事実は、たいていの文化では、実は昔から知られていたもので、私たちは、それを思い出させてくれる科学が必要なだけだった。

ニューサイエンスのおかげで、私たちの自由と単純さへのあこがれが、どの生命体にも共通するものだということを、私たちはよりはっきり悟りつつある。科学者たちは今や多くの実例を使い、個体が自由な状態のまま、複雑なコントロールではなく少数の公式や原理の繰り返しによって、秩序や形態がつくられていくプロセスを説明している。大きな生態系から極小の微生物のコロニーまで、あらゆる規模のシステムの生存と成長は、そのシステム内の個体の自律を高いレベルで保ちながら、システムの全体的なアイデンティティを表す少数のカギとなる原理によって維持されているのだ。

ニューサイエンスが描く世界は、科学の分野に限らず、たくさんの分野で私たちの信念や認識を変化させている。ニューサイエンスの考え方は、組織論という私の専門も含めて、ほとんどすべての学問の分野に忍びこんでいる。ほとんどの組織で私たちを悩ませている問題、そして、どうやってその問題を私たちが検討しているか、それを調べれば、科学の影響をうかがい知ることができる。リーダーシップ、つまり、人が組織をつくり始めて以来、私たちの興味を惹きつけてきた漠然とした現象は、「関係」という側面から検討されているところだ。リーダーの能力を左右する「関係」の複雑性を無視する専門家は、今や少数派だ。むしろ、パートナーシップ、フォロワーシップ*、エンパワーメント、チーム、ネットワーク、コンテクストの役割についての研究がどんどん増えている。

「関係」の問題は、私が知るかぎりどこにでも現われている。倫理や道徳の問いは、もはやあいまいで宗教的な概念ではなく、どの組織でも同僚や利害関係者《ステークホルダー》、コミュニティとの関係でカギとなる要素だ。個人のレベルでは、今やたくさんの作家が、精神や魂、人生の目的との内面的な関係について書いている。環境保護を訴える著作には、私たちと私たちが暮らす環境のあらゆる生き物との間にだけ関係が存在するのではなく、私たちと未来の世代の間にも関係が存在することが強調されている。もし、現代の物理学が、関係が優先されるべきことを解き明かしているの

* リーダーシップの対となる概念。部下が自らの判断で上司をサポートし、組織における成果を最大化する資質

なら、私たちが、関係という言葉をこれまで以上に使って重大な問題を考え直し始めていることに、何の不思議もない。

動機づけ理論では、外的な報酬を利用することよりも、人に大きなエネルギーを与える内発的な動機づけ要因《モチベーター》が評価されるようになっている。私たちは、組織という場でもコミュニティ、意味、尊厳、目的、愛への深い願望に焦点を定め直すようになっている。愛は仕事にはふさわしくない、組織に感情を持ち込むべきでない、そう考えて自分を使い分けるのではなく、人間らしくありたいという強い感情と向き合うようになり始めているのだ。二〇世紀には、労働者を狭い役割に限定し、細分化された貢献だけを求めるほうが、組織はうまくいくという考え方が優勢だったが、そこから抜け出そうという試みは多い。組織の、そして労働者を取り替えのきく歯車とみなす機械論的モデルを手放せば、自分自身をもっと多面的に見られるようになり、人間の全体性を認められるようになり、そして、うまくいけば、人間であることのすばらしい恩恵を尊重し、最大限に活かせる組織を設計できるようになるだろう。

ビジョン、価値観、文化の影響は、組織の関心の大きな部分を占める。人々は、理由ははっきりわからなくても、この三つには強い力があり、組織の生命力に影響することを知っている。激動の時代の真っ只中で連続性や調和を生み出す最良の方法は、コントロールすることではなく、目には見えないが明白な力を利用することだと感じている。現在、場——空間を占め、ふるまいに影響を与える目に見えない力——の概念を研究対象としている科学者が多い。組織のビジョンや価値観は、〈場〉のように作用する。つまり目に見えないが、人のふるまいに影響する現実の力だ。これは、ビジョンとは、カリスマ的リーダーがもたらす望ましい未来の状態を喚起させるメッセージである、という伝統的な考え方とはまったく異なる。

組織に対する考え方は、官僚主義の時代に隆盛だった機械論的産物から抜け出している。もっと流動的で有機的な構造、境界がなくシームレスな組織が今、真剣に語られている。私たちは、組織を全体システムとして認識し始めた。「学習する組織」や「有機的な組織」を構築しており、人間には自己組織化の能力があることに気づきつつある。これらは、私たちの初めての旅、現代の組織に必要な変化がこれからどんどん認識されていくことを予感させる旅なのだ。組織は生きているシステムであり、あらゆる生命体に共通する、適応し、成長する能力を持っている。私自身の経験から言えば、この認識を持てるなら、変化、カオス、大きすぎる情報負荷、型にはまったふるまい、などの組織によくある事象の果ての絶望に先手を打つことができる。

科学からこうしたメタファーを取り出すのは危険だと考える人もいる。なぜなら濫用され、そのメタファーは生みの親である厳格な科学理論との関係を失ってしまうからだという。一方、科学はすべてメタファーであり、人間が完全に知ることは絶対にできない現実をどう考えるかという仮説なのだ、と主張する人もいるだろう。私は、ニューサイエンスから得られる豊かなイメージと戯れているうちに、物理学者、フランク・オッペンハイマーと同じ気持ちになった。

「もし、新しい考え方を持っているなら、思うままにどこにでも当てはめればいいではないか。

自分がそうすることは、もちろん愉快だが、それだけではない。しばしば非常に啓発的であり、新しく、深い洞察に導かれることがあるのだ」[10]

第1章

秩序ある世界の発見

どうしても理解したくなるような秩序が自然の中にあってほしい、人はそう願うようになる。

――C・N・ヤン

私たち一行がここに到着するまで長い時間がかかった。ゆるやかな上りの岩だらけの山道を一四キロ歩いてきた。装備を背負うようしつけたばかりの私の馬は、私の背中にドンとぶつかり、踵に打撲を負わせ、揚げ句の果てには、避けきれずに、私の片足のつま先をブーツごしに思い切り踏みつけた。それでもその甲斐があった。ここはベストシーズンのアメリカンロッキーだ。私が座って両足を浸している川は、見えなくなるまで何キロにも渡って水面を輝かせ、風になびく緑の草原に消えていく。松林、山また山、数羽のタカ、そして遠く草原のはずれには、私たちを見つけて、一〇センチしか幅のない木の陰に巨体を隠す一頭のヘラジカ。木はちょうど両目の幅だ。私たちは笑い声をあげるが、そこには私たちみんなにとっての教訓が込められているのではないだろうか。

何カ月もの間、私は、プロセス（過程的）構造、つまり、長期間アイデンティティを維持しながらも、一つの物理的な形に凝り固まらないものを研究してきた。私の足の回りで渦を巻いているこの川は、私がこれまでに出会ったものの中で最も美しいものだ。せっかくの休暇なのだから、この川について深く考えるのはよそうと思いながらも、流れに浸ってのんびりしていると、心の中のイメージが水面をかき回し、そっと渦を巻いていく。

ようやく、私ははっきり問いかける。この川が組織について教えてくれることは何だろう。私は、自分が見ている多様性に、泥、砂、草、水、岩の渦巻く組み合わせに惹きつけられている。この川には、適応し、地形を変化させ、力を移行させ、新しい構造をつくるすばらしい能力がある。しかし、この順応性の背後で、その能力をいかんなく発揮させているのは、私が思うに、流れねばならないという水の要求だ。水は重力に応え、下り坂に応え、海の呼び声に応える。形は変わるが、使命ははっきりしている。構造も生じるが、それは何かを妨げるためではなく、促進するための一時的な解決策となる場合に限られている。単一の形態や、正確な答えや前例の上に成り立つ組織で私が見てきたような固定的なよりどころはまったくない。川は岩に対して複数の反応をする。さもなければ、グランドキャニオンはなかっただろう。あるいは、グランドキャニオンだらけになっていただろう。コロラド川は、広々とした大河のまま一本道を通って海に出る以外にも、海に出る道がたくさんあることを心得ていたのだ。

組織には、この種の信念が欠けている。それは、目的はさまざまな方法で達成できるのであって、意思とビジョンに焦点を当て、形は現れるにまかせ、消えるにまかせるのが最善の方法だ、という信念だ。私たちは、催眠術にでもかかったように構造にとらわれ、私たちを破滅させようと脅かす悪の力を食い止めてくれるに違いないと思いこんで、構造を強く、複雑につくる。組織の外には敵対する世界があり、組織もしくは組織をつくる私たちは、狡猾に、抜け目なく――自分たちを破壊という自然力から守れるだけ抜け目なく――構造をつくらなければ、生き残れないと信じている。川と自然の力との関係はこれとは違う。川は、輝くような自信を持って海への強い憧れが満たされることを、自然は指令を出すだけでなく答えも教えてくれることを知っている。

私が知っている組織の大半は、「要塞」と形容するのがふさわしい。防衛という言葉が徹底している。何から何まで文書化する習慣に、極秘事項や持出禁止の人事ファイルに、「作戦」「小競り合い」「戦争」「縄張り争い」と称される活動に、何でも攻撃と守備に分かれるスポーツで多くを表現することに、それが表れている。組織の大半は、規則やガイドラインやタイムカード、あらゆる不測の事態に備えた方針や手続きで、従業員からさえ身を守らなければならないと感じている。かつて私が勤めていた組織は、新しい従業員が入ってくると、即時解雇となる二七の違反リストで迎えていた――それ以外の理由で解雇される場合もあるという保証つきで。自分の部署以外の人と話すのを禁じる厳格な命令が敷かれている組織もある。また、ほとんどの企業には、正しい行動規範というものがある。もし、こうした組織の要素が勝手に結びついたり、配置を変えたり、互いに正直に話し合ったりしたら、どうなることかと私たちは恐れている。ものごとがばらばらになるのを恐れているのだ。

世界を一つにまとめねばならないというこの要求、こうした怯えと脆さの体験は、世の中にあまりにも浸透しているので、川という教師に出会うずっと前から、私はその現象に好奇心を覚えていた。あらゆるところにある恐れは、どこからかやって来るに違いない。でも、どこからだろうか。

近代西洋思想においては、一つには、一七世紀の科学が確立して以来主流をなしてきた考え方が原因ではないだろうか。三世紀前、世界は神が動かし始めた精巧な機械、つまり外界とエネルギーをやりとりしない閉じたシステム／閉鎖系として考えられていた。そこへエントロピー*の概念が登場し、私たちの集合意識**に入り込んだ。機械は磨耗し、ついには停止する。イェーツの詩に「ものごとがばらばらになり、軸がぶれる。まったくの無政府状態が世界に解き放たれる」[1]という一節がある。これが、私たちの感じている宇宙であり、そこには自然な成長と若返りのプロセスはあり得ないと思っている。もし進歩を望むなら、私たちの意志の力で衰退を逆転させるエネルギーを提供しなければならない。なぜなら、私たちは地球上で唯一の知的存在なのだから。私たちが世界を動かす。滅亡に抵抗するのだ。

ぞっとする姿勢ではないか！　長い間、人々は自らをアトラス***のような存在として勝手に思い込みつづけてきた。もうそれをやめるときだ。世界を私たちの肩からそっと降ろし、世界がもっと簡単な方法を教えてくれるのを期待するときだ。何かを教えてくれるのは川だけではない。教訓はどこにでも転がっている。ただし、問いを持つ、それがカギだ。問いを持たずして、秩序の

* システムの乱れの度合いを表す熱力学的な状態量。閉鎖系では、エントロピーは小から大へ、つまり秩序から無秩序へと移行していくという法則がある

** 個人の外にあるが個人の考え方や行動に影響を与える、集団や社会に共有された行動・思考様式

*** ギリシア神話に登場する巨人神アトラスのこと。天空を肩に担がされたという

源が見つかるわけがない。

自然はあり余るほどの秩序を見せてくれるし、秩序をどうやって実現すればいいのかはっきり教えてくれる。私はそう思っている。私たちの計画を混乱させる動揺や変化が生じても、宇宙には内在的な秩序がある。宇宙は、広い視野と高い能力を持ち、多様性に富んだ体系（システム）をつくりつづける。そして、動揺や変化は、秩序がつくられるプロセスに不可欠なものなのだ。

生命の本質は創造にある。この生命が自己を創出する能力は、聞きなれない、「オートポイエーシス（autopoiesis）」という新しい言葉で表現されている。ギリシア語で auto は自己、poiesis は製作・生産の意味だ。オートポイエーシスは、生命が自己を創出し再生する基本的なプロセス、つまり、成長し変化するプロセスである。生命系というのは、プロセスのネットワークであり、そのネットワークの中では、どのプロセスもほかのすべてのプロセスに貢献している。ネットワーク全体が協力して自己を生み出すのに取り組んでいるのだ[2]。このプロセスは、一種類の有機体にだけ限定されるのではなく、生命そのものを説明している。天体物理学者のエリッヒ・ヤンツが述べているように、生命系とは、「常に自己再生を追求している、けっして休むことのない構造」[3]だ。さらに、この説明には、変化というものを考えるときに心に留めるべき重要な逆説《パラドクス》が含まれている。生命系は自己を生み出し、その自己を保存するために変化する、という逆説だ。変化は、自己保存のためには変化するしかないと有機体が判断したときにだけ促されるというわけだ。

生命系にはもう一つ重要な逆説がある。それぞれの有機体の個体としてのアイデンティティは、関係と関係をつなぐ大きなネットワークの内部で形成され、維持されるのだ。個々の存在は、別々の存在として明白に区別がつくが、同時に全体系の一部でもある。私たち人間は、個別の自己を観察し、数えあげ、人と人を区別する違いにばかり注意を払っているが、実際は、関係のネットワークに参加する方法を学ばなければ生き残れないのだ。オートポイエーシスは、まったく新しい宇宙の概念だ。あらゆる有機体が、システム内のあらゆる他者と密接に関わることによって「自己」を創出する能力を発揮する世界である。これは、私たちがともに支えなければならない、壊れやすく、ばらばらな世界ではない。成長と首尾一貫性を支える逆説的なプロセスが豊富にある世界であり、その逆説を私たちはじっくり考えてみる必要がある。

化学の分野では、ノーベル賞を受賞したイリヤ・プリゴジンの研究が、無秩序から新しい秩序が生まれる場合がある、という逆説的な真実を教えてくれる。プリゴジンは、この新しく発見したシステムの矛盾した性質を説明するために「散逸構造」という用語を造った。散逸は、失われること、エネルギーがだんだん減っていくプロセスを指し、構造は、組織化された秩序を指している。プリゴジンは、エネルギーの減少を伴う散逸的な活動が、新しい秩序の形成に必要だということを発見した。散逸はシステムの死にはつながらなかった。それは、システムが、現在の形を手放し、変化した環境の要求にもっと適した形に再編されるためのプロセスの一部だというのだ。

プリゴジンの研究は、長く続いてきた西洋の科学の矛盾を説明するのに一役買った。もし、それまでの学説のとおり、エントロピー増大の法則が正しいなら、なぜ生命は繁栄するのだろうか。なぜ生命は劣化も崩壊もせずに、再生し、進化するのだろうか。

散逸構造では、システムを乱すものは何であれ、そのシステムが新しい形の秩序に自己組織化するのを促す決定的な役割を果たす。環境が今までとは異なる新しい情報を与えるたびに、システムはその刺激を受け容れて、反応するかどうか選択する。この新しい情報は、通常のものとわずかに違うだけかもしれない。だが、システムがこの情報に注意を払えば、情報は内部に取り込まれ、いったんシステムのネットワーク内に入った情報は成長し、変化する。その情報が、システムがもはや無視できないほど大きな乱れになれば、本当の変化は目前だ。このとき、内部の乱れがあまりにも大きくて動揺が激しく、均衡状態が崩れれば、システムはばらばらになるだろう。現在の形では、その乱れを処理できない、だから解消するのだ。ただし、この崩壊は、システムの死の前兆ではない。もし、生命系がアイデンティティを維持できるならば、より高い次元の複雑性、つまり、現状をもっとうまく処理できる新しい形に自己組織化することができる。

このように、散逸構造においては、無秩序から新しい秩序が生まれる場合があり、成長はバランスではなく、不均衡から現れることが立証されている。私たちが組織において最も恐れていること——中断、混乱、カオス——を、崩壊の前触れと解釈する必要はない。むしろ、こうした状態は創造性を目覚めさせるために必要なのだ。この新しい世界の見方を研究している科学者たちは、無秩序と秩序の関係を「混沌からの秩序」[4]と表現している。これらは、カオスと創造性、中断と成長のダイナミクスに光を当てる新しい原則だ。

現実を量子レベルで見た場合、先の二つの逆説はさらに大きくなる。原子以下のレベルでは、どんな精密な予測も超えて、変化が一足飛びに起きる。量子物理学者は、予測ではなく、確率の観点でものを語るものだ。「量子飛躍*」の起こりそうな瞬間と位置を計算はできるが、正確ではない。一方、ニュートン物理学では、世界は必ず決定論的にふるまう、という前提がある（この仮定は、プリゴジンの最近の研究によって疑問視されるようになった）[5]。

量子の世界はまた、客観的な観測についての考え方にも異議を唱える。というのは、原子以下のレベルの世界では、観測者はその創造に干渉せずには、いや、もっと正確に言えば、そこに参加せずには、何も観測できないからだ。量子の世界の奇妙な性質は、科学の中心だった決定論、予測可能性、制御という前提を揺さぶった。一見したところ、量子物理学には、もっと秩序ある宇宙を探し求めている私たちにとって役に立つ概念はなさそうだ。だが、量子レベルで正確な予測が不可能なのは、本来的な無秩序の結果ではない。観測されるふるまい《ビヘイビア》は、量子の相互関連性の結果、深遠で親密な秩序の結果なのだ。さまざまな関係や、溶け合い、変化するさまざまなエネルギー、あるいは継ぎ目のない織地の中で目に見えるようになる一瞬一瞬の波紋が、絶えず紡がれつづけている。[全体としての]秩序があるあまり、個別の事象を区別しようとすると、無秩序に見えるのだ。

＊　原子核の周りを回っている電子がある軌道から別の軌道へジャンプする現象。「遷移」ともいう

歴史的に絶対的な無秩序を意味してきた事象にも秩序が見出されるようになった。そう、カオスだ。カオス理論は、私たちに「ストレンジ・アトラクタ」の画像を見せてくれた。あるシステムの展開をたどる渦巻き状の動きをコンピュータで生成した画像のことだ。次に何が起こるか知ることができなくなったとき、そのシステムはカオスの状態にあると定義される。カオスのシステムは、同じふるまいを二度することはけっしてない。しかし、カオス理論が示すように、そのようなシステムも時間をかけて観察すると、本質的な規則正しさが見えてくる。その自然のままの旋回は、目に見えない境界内に保たれている。システムはその境界内で秩序を保ち、美しいパターン、つまりストレンジ・アトラクタとして、この自画像を描き出すわけだ（カラーページおよび一七一ページ参照）。

宇宙の隅々まで、無秩序の中に秩序が存在し、秩序の中に無秩序が存在する。無秩序とは、「秩序がない」という言葉自体が示すとおり、秩序という自然状態の不在だと考えられてきた。これは正しいのだろうか。カオスとは変則的な状態なのだろうか、それとも、ありのままの状態である無秩序から奪いとった単に幸運なひとときが秩序なのだろうか。私たちは、ものごとを別個の状態として見るように教えられてきた。一方が正常で、他方が例外という見方だ。それでも、矛盾だらけの、この新しい領域に足を踏み入れるにつれて、目の前で起きていることは、カオスと秩序の、変化と安定のダンスなのだということが見えてくる。私たちは、陰と陽を不変のイメージとしてとらえるように、両極で対立しているとしか見えないものに接するとき、実は相補的な関係に接しているのだ。どちらかが優先されるのではなく、両方とも絶対に必要なのだ。成長を観察することは、ダンスの結果を観察することを意味する。

あるシステム論研究者が、システムとは、一時的な構造として目に見える形になる一連のプロセスだと言った。こうした生きている構造は、私たちがつくる固定的な構造とは似ても似つかない。生命の構造は一過性のものであり、必要であれば変化することができる。「たとえば、毛虫とチョウは、同一システムが首尾一貫した変化をする間の二つの一時的に安定した構造だ」[6]。システムは発展しつづけ、必要であれば古いものから自己を開放し、新しい構造を見つけつづける。

私たちは、組織に秩序を切望しながら、秩序が本質的にどこにあるのか理解できていなかった。輝くミラーガラスのビルディングであれ、見事な図やグラフであれ、紙ナプキンの上で始まった計画であれ、自分たちがつくった構造に反映された秩序を見てきた。こうした構造は、時間がかかり、創造力や注意力も大いに必要とするので、永遠に続くことをつい望みたくなるものだ。無秩序を門から締め出そうと懸命に努力してきたために、秩序を探し求めるための全面的なパートナーとして無秩序を歓迎するのは難しいのだ。進化する形、来ては去る構造、そして組織図や職務明細書という固定的な人工物からではなく成長と自己再生という深遠な自然のプロセスから生まれる方向性に基づく状況把握、そんな新しい領域に挑まれている自分がいる。これは、たやすく安住できる土地ではなく、たやすく信頼の置ける世界ではない。私たちはすでに、多様性と独創性に優れた地球を持続させてきたという実績を抱え、そこに住んではいるのだが。たとえ安定した組織であっても、自己組織化のとき、つまり、理想的な計画に基づいてではなく、環境の要求に迫られて、自分たちをつくり直すときが来ていることを、誰もが経験するようになった。古い形を手放せば、新しい方法で組織をつくるにはどうするのが一番よいかわかるようになる。

自分にとって一番大切な仕事上の体験を考えてみると、そんな自己組織化が頭に浮かぶ。これまでの私たちは、ものごとを片づけることにばかり目がいって、役割や職務については、考えてみる暇もなかった。仕事に一生懸命になりすぎて、説明責任や役割の定義に気を遣うことができなかった。だが、何をすればうまくいくか理解し、それを迅速に実行することに対して責任を持つ必要があることは誰もが感じていた。インフォーマル・リーダーシップ*の話になると、人は一様に同じ体験を語る――いかにして人はそのときのニーズに最適なリーダーシップを築くのか。私たちは、ヒエラルキーと権力についての思い込みにがんじがらめになっており、こうしたリーダーをもっと正式に称えるのを怠っているのかもしれないが、誰が真のリーダーで、なぜ進んでその人についていくのかは、いつも常に明らかだ。［オフィス家具の］ハーマン・ミラー社元CEO、マックス・デプリーは、これを「放浪するリーダーシップ、私たちの生活になくてはならない、必要なときにそこにいる人々」[7]と呼んでいる。彼らは、自己主張によってではなく、集団や個人が生き残って成長するために必要なものを理解することによって、集団内で頭角を現して

＊　組織から与えられた正式な権限はないが、人徳があったり説得力があったりなど、自然ななりゆきで発揮されるリーダーシップ

くる。組織コンサルタントのジル・ヤノフは、リーダーシップとは、役割ではなく、行動から考えるのがベストだと述べた。私たちは常にリーダーを必要とするが、このニーズは、その場の文脈に応じて、多様な人々によって満たされる[8]。

これまで、私たちは、管理と秩序を混同してきたせいで、組織の中に自ら困難を招いてきた。世にリーダーシップの本が登場して以来、ほとんど管理機能の観点で定義されてきたことを考えれば、これは驚くにはあたらない。レーニンは「自由はよいことだ。だが、管理することはもっとよい」と多くのリーダーに説いた。私たちの管理の探求も、しばしばレーニンに劣らず有害なのだ。

もし、人間が機械なら、管理の追求は理にかなっている。だが、もし、人間もほかのあらゆる生命体に内在するのと同じ力で生きているとしたら、固定的な構造によって管理を押しつけようとするのは自殺行為だ。もし、リーダーが押しつけないかぎり人間の活動には秩序がない、政策によって命じられないかぎり自己規制がないと考えているなら、そしてもし、責任あるリーダーは、何もかもに手をつけ、あらゆる決定や人や時を管理しなければならないと考えているなら、今ある以上のものを手に入れることは期待できない。死に物狂いの努力をした揚げ句、結局は個人的な活力も集団としての活力も損なわれてしまうランニング・マシンに乗っているようなものだ。

もし、私たちが路線変更したらどうなるだろう。もし、管理を追求するのをやめて、本気で秩序の探求を開始したらどうなるだろう。秩序がこれまで見ようともしなかった場所で見つかるはずだ――身の回りにいくらでもある、自然のダイナミックな生命のシステムに。新しい視点で自然を見るようになれば、教師はいたるところにいるものだ。

私は、例の細い木のほうにじっと目を凝らし、再びヘラジカを見た。私たちが安全を求め、強制的な構造によって組織を管理できると信じているのは、あのヘラジカと同じくらい愚かな行為だ。あの木を寄り目になるほど凝視しているかぎり、身の回り一帯に、私たちが渇望する秩序づくりに役立とうとそこに存在する、生命系の本質的なプロセスは見えてこない。

しかしそれでも、あの木から離れることは難しい。本来的な秩序の存在する世界に心を開くことは難しい。「生命において、問題は管理ではなく、ダイナミックな関連性だ」とヤンツは書いている[9]。私はその知識に基づいて行動したい。この宇宙を大いに信頼して、神を演じるのをやめたい。ものごとを一つにまとめようともがくのをやめたい。宇宙に対する恐れを捨て、知っているかぎりの人たちとともに環境に進んで適応しようとする組織に参加し、少しずつ見えてくる秩序のダンスに優雅に加わりたい。

第2章

量子の時代のニュートン的組織

というのは、今や、社会全体はもとより、個々人にまで、断片化がはびこっているからである。そしてこれは、精神のあらゆる面に一種の混乱をもたらしつつある。それは、際限なくつながりのある問題を生み出し、そのうえ、それらの問題のほとんどを解決できないほど私たちのものの見方を著しく曇らせている……こうした断片がすべて個別の存在だという考え方は、明らかに幻想であり、この幻想は、葛藤と混乱を泥沼化させる以外には何の役にも立たない[1]。

——デヴィッド・ボーム

私は、窓のない部屋で着席し、「二〇世紀族」の記憶に刻まれる儀式に参加している。こういう場に居合わせるのは、文字どおり、もう何千回にもなる。ある問題を解決しようと、会議に出ているところなのだ。誰かが本で読んだとか、つい最近受けた研修で教わったとか、そんな分析的ツールのあれやこれやを使って、私たちはやっかいな状況に真剣に取り組もうとしている。従業員のモラルや生産性が低いという問題かもしれない。あるいは製造日程が、いや職務内容の見直しが問題かもしれない。議題はどうでもいい。重要なのは、その不満に折り合いをつけるまでのプロセスが、どんなにありきたりでひどい代物かということだ。

会議室はフリップチャート*からはがされた紙の間に漂っている——空に浮かぶ雲のように、リスト、問題、スケジュール、計画、説明責任《アカウンタビリティ》などの紙が無造作にテープで壁に貼られている。紙はびりっと破けたり、がさごそ音を立てたり、ずり落ちたりし、しまいには壁からはがされ、きっちり丸められ、何も知らない秘書に手渡される。今度は秘書が、自分の机の回りの床を散らかす番だ。キーボードから目を離して床に散乱した紙をのぞき込みながら、コンピュータに入力

＊　大判の紙をイーゼル（キャンパス用の台）に架けて1枚ずつめくれるようになっているもの

し、できあがった資料を電子メールで私たちに送る。私たちのデスクトップコンピュータには、何時間か何日か後に届くはずだ。それは、コミットメントや計画という弱々しい亡霊と化し、壁に雲をつくったような少しばかりのエネルギーと明晰ささえも失われているだろう。そして、私たちのカレンダーと各自の「やること」リストに漂着する。リストはすでにごったがえし、先延ばしにされた事項がたまっている。「やること」リストに手をつけようとつけまいと、この問題は解決しないだろうが。

こんなリストや、どれくらい時間稼ぎできるかという予測や、問題をばらばらに分解してから一つにまとめようとするやり方やらにはうんざりだ。そんなやり方は通用しない。リストや図表は体験の反映ではない。つかみどころがなく、あいまいで、ややこしくて理解できない現実をコントロールしたいという願望を反映しているにすぎない。うろたえたシャーマンよろしく、奇跡が起きますようにと祈りながら、私たちは代々伝わる儀式を執り行う。この宇宙でもっと賢く生きる方法を教えてくれる新しい賢者はまだ現れない。私たちの世界は、どんどん不穏になり、先行き不透明になっている。私たちの手をすり抜けていった予測やコントロールが、あちこちで私たちをせせら笑っている。それなのに、ほかに何か頼りにできるものがあるだろうか。世界が機械ではないとしたら、私たちのアプローチはうまくいくわけがない。だがそれなら、私たちは今どんな世界にいるというのか。

新しいシャーマン探しが本格的に始まった。一七世紀的な組織は崩れつつある。ニュートンやデカルト以来連綿と、「魔法なんてない、すべてに理由がある」という考え方が勝利したことに私たちは誇りを感じてきた。しかし、「操ること」に魅了されてきた点では、昔の大魔術師と似たり寄ったりだ。三世紀の間、私たちは世界を計画し、予測し、分析してきた。「原因と結果」を信奉し、それにしがみついてきた。計画立案を最高の手腕として掲げ、数字に絶対的な力を吹き込んできた。たとえば、経済の健全度、生産性、身体の健康状態を表すのに数字に頼っている。未来に行くための地図のごとくグラフや図表や計画表を進歩させ、昔の船乗りが海図を崇めたように、それらを崇めてきた。それがなければ、道に迷い、ドラゴンの棲み処をさまようことになると思ってきた。結局のところ私たちは、魔術師にすぎなかった。現代版の魔術の巨匠なのだ。

アイザック・ニュートンが描いた宇宙は、魅惑的な場所だった。大時計が刻々と時を刻むにつれて、人はどんどん頭がよくなり、機械の時代を設計した。振り子は正確な周期で振れながら、人を新しい発見に促した。地球が太陽の周りを回るにつれて（時計のように正確に）、人は決定論と予測の役割を確信するようになった。もはや規則正しさが人間そのものにまで期待されていた。そして、この予測可能な宇宙という前提に立って、仕事や知識を体系化したのだ。

組織のほとんどがニュートン的だという点には興味深いものがある。宇宙の機械的イメージは、組織にも移植され、物質としての構造とそれを構成する多数の部分が重視されるようになった。責任は職務に編成され、人は役割に編成されてきた。何ページにもおよぶ組織図には、部品の数や、何がどこに納まるか、誰が最も重要な部品かなど、機械の営みが描写されている。一九九〇年代には、「リエンジニアリング」が組織改革の目玉となり、組織を機械と見なす考え方が根強いことが露呈した。リエンジニアリングの失敗は高くつき、後に、失敗の大部分は、組織という生命体の人間的な（生きている）側面にいっさい注意を払わないプロセスと考え方が原因だったとされた[2]。組織論に転じた物理学者、ウィリアム・バイグレイヴは、「アルフレッド・チャンドラーから「マイケル・」ポーターまで、経営管理論の専門家には、エンジニア出身者かエンジニア称賛派のどちらかが実に多く、今に続く血統というべきものがあることを指摘している。バイグレイヴによれば、彼らの受けたエンジニアとしての教育と、組織に対して合理的で構造化されたアプローチを確立しようとする試みの間には、密接な関係があるという[3]。

このように部分に還元し、分類を偏重する姿勢は、過去三〇〇年間、欧米社会では組織に限らず、あらゆるものごとを特徴づけてきた。私たちは、知識を個別の分野やテーマに分類し、場所を区切って会社や学校を建て、個別の要因を重視する分析的手法を発達させ、果ては人間まで断片的に行動し、自分自身のいろいろな「パーツ」を状況に応じて使い分けることをよしとした。

組織では、構造と組織設計、大量の数値データの収集、精巧な数式を用いて意思決定をすることが重視された。部品をあちこち動かし、入念なモデルを組み立て、なるべく多くの変動要素を検討し、より正確な分析法を考え出すことに、私たちは何年も費やしてきた。部分を研究すれば、その数がどんなに多くても、全体を理解できる。最近まで本当にそう信じていた。ものごとをまず部分に還元してから、説明をつけ、原因と結果に分類してきた。世界を線と箱で描いてきたのだ。

機械的イメージに基づく世界は、境界によって描かれる世界だ。機械なら、すべての部品に納まる場所がある。同様に、ニュートン的組織でも、いたるところに境界が引かれている。私たちは、役割と説明責任を設け、権限系統と責任範囲を明確にしてきた。経験という流れのあちこちに境界を引いて、相互作用する全体的なネットワークを個別のステップに断片化してきた。たとえば、複雑な統計手法を用いて変動要素の何らかの相互作用を説明しようとするときでさえ、各要素を独立し、しっかり区分されたものとして検討する。情報は、世界を一塊にしてとらえる二次元の図表やグラフに整理される。図表は、市場シェア、従業員の意見、顧客の評価を教えてくれる。権限についてさえ、まさにつかみどころがなく活発な力であるにもかかわらず、「自分の持ち分」と表現されるとおり、境界のある資源として考えるようになってしまった。

こうしたどこにでも存在する境界は、揺るぎない感覚を生み出す。私たちは境界を引いて、自分たちを守り、存在意義を定義する。境界があれば、あるものと別のものとの違いを理解できる。「古典物理学の総体とそれに基づく技術とは、事物の分離、すなわち構成要素に絡むものであり、また、それら構成要素が分離を越えて相互にどう影響するかに関わるものだ」[4]と、ダナー・ゾーハーは『クォンタム・セルフ——意識の量子物理学』に書いている。古典物理学の研究対象は、事物の世界と、影響が分離を越えてどう作用するかだ。事物の世界では、きちんと定められた境界がある。どこであるものが終わり、どこで別のものが始まるのかをはっきりさせることが可能であり、何かの外側に立って、干渉せずにそれを観察することが可能だ。したがって、世界を「もの」ととらえる見方は、科学的客観性に信頼を置く考え方につながった。私たちは、この考え方とともに何世紀も繁栄してきたのだ。あなた――私、内――外、ここ――そこ、という世界でうまくやってきたわけだ。

〔世界という〕広大で複雑な機械の世話は、私たちの手に委ねられてきた。〔生みの親である〕時計職人がはるかかなたへ行ってしまっても、私たちは、その心を知ろうと探求した。そして彼（性別はどうでもよかったが）についていくつかの仮説を立てた。彼は非常に合理的であり、彼の仕事は完璧に予測可能であり、いくつかの単純な法則が見つかれば、何があらゆるものごとを動かしているのか明らかになるだろう。還元主義的な思考が、いつかすべてを解明できる、そう私たちに思い込ませた。何もかも、生と死さえもコントロールできるだろうと。科学が神となったのだ。ブリッグズとピートはこう書いている。「カオスは、現実に科学者が追跡できないほどの甚だしい複雑性そのものだったが、科学者たちは原理的にはいつか追跡できるだろうと信じていた。その日がきたら、カオスなんてものはなくなり、いわゆるニュートンの法則だけが残るのだ。それは人を夢中にさせる考えだった」[5]

物理学では、この究極の法則の探求は、現在「万物の理論」[6]と呼ばれている統一理論の取り組みにつながった。科学者の中には、生命の本質的な神秘を発見し、存在のあらゆる側面をコントロールできるといまだに信じている人たちもいる。経営管理でも、似たような度合いのコントロールを夢見ている人たちがいるが、その予測したいという願望は、めざましい成果をあげているとは言えない。組織をうまく運営させるものについての単純化しすぎた説教話や思慮に欠ける警句をありがたがることで、本当の意味での単純さがわからなくなっている。

この機械論的な宇宙に住むのは簡単ではなかった。機械的な世界はいかにも反人間的な感じがする。ゾーハーが雄弁に語っているように、「古典物理学は、ギリシア時代や中世の生命を持つ調和的宇宙《コスモス》、目的と知性に満ち、人間の幸福のために神の愛が動かす宇宙を、生命のない時計仕掛けの機械に変えてしまった……事物が動くのは、あらかじめ決められた固定的な法則に従うからであった。冷たい沈黙が、かつて生命感にあふれていた天界に広がった。広大な宇宙という機械の営みは、人間とその苦闘、意識の総体、生命そのものとは無関係になってしまった」[7]

科学の世界観から人間的な体験が取り除かれたことは、もう一つ意外な結果をもたらした。科学者たちは、自然とうまく対話していたが、プリゴジンとスタンジェールが述べているように、研究に予想外の結果が出るようになったのだ。「沈黙の世界の発見であった。これは古典科学の逆説である。古典科学は死んだような、受身の自然を見せた。いったんプログラミングされると、プログラムに組み込まれた規則に従いつづけるオートメーションのようにふるまう自然である。その意味では、自然との対話は、人間を自然に近づけるのではなく、人間を自然から切り離した……科学は交わるものすべての質を下げるように思われた」[8]

科学だけでなく、欧米文化全体に孤独が広がった。アメリカでは、個人主義が最高潮に達し、一人ひとりが自分の境界を守り、権利を主張し、ベラーらが書いたとおり「個人を栄光ある、だが恐るべき孤立に漂わせたままにしておく」[9]世界を築いた。

科学界では、二〇世紀の幕開けが、ニュートン的思考の支配の終焉を告げた。原子以下のレベルの不可解な世界の発見は、ニュートンの法則では説明がつかず、宇宙を理解する新しい方法への道が開かれた。ニュートン力学はいまだに科学の発達に大きく貢献しているが、多くの現象を説明するために今やまったく新しい科学が求められている。量子力学が描くのは時計のような宇宙ではない。それとはまったく別世界の話なのだ。

従来の自然の解明の飛躍的な進歩は、ほとんどの場合、それまでに築かれたものを土台にして生まれてきた、という点においてまさに進化と呼ぶのにふさわしかった。既成事実を整理し直し、新しい手法で結びつけ、別な文脈で見ることで科学は発達してきたのだ。ところが、量子物理学は、そんな土台とはきっぱり決別し、既成の結論から飛び出した。量子物理学は、従来の世界観から借りてきたメタファーでは十分に説明することができなかった（今もできない）。そういうメタファーの大半はもはや当てはまらないからだ。それでも、得られた結果は、現実をあいまいなものにしなかったし、ものごとの性質をいっそうつかみどころがなく、漠然とさせたわけでもなかった。それどころか、物理学者の多くは、量子論が科学にもたらしたものは、あいまいさとは正反対のもの——具体性と明快さ——だということに同意するだろう[10]。

量子論は具体的で明快かもしれないが、量子の世界は、科学者にとってさえ不可解なものだ。量子論を代表する二人がそれを鋭く表す言葉を残している。ニールス・ボーアは「量子論にショックを受けない人間は、それを理解していない人間だ」と警告し、エルヴィン・シュレーディンガーは、その難しさに反発して、「好きじゃないね、関わり合いになったことを後悔している」と語っている[11]。

しかし、量子の世界は不可解なだけでなく、魅力的でもある。原子以下のレベルのこうした奇妙なふるまいを考える人が増えるにつれて、マクロのレベルで私たちの暮らしを豊かにする説得力のあるイメージを得られるのではないだろうか。量子のイメージは、さまざまな関係、結びつき、予測、管理をどう理解するかを含め、私たちの基本的な仮定の大部分に疑問をつきつける。量子の現象が、やや大きい規模の研究対象、文字どおり、これまで考えてきた以上のものを私たちに与えるというのもまた本当かもしれない。人間の脳細胞は「単一のフォトン（光子）の吸収を記録できる感受性があり……したがって、風変わりな、量子レベルの一連のふるまい全体に影響される感受性がある」とゾーハーは書いている[12]。また、ウルフは「量子力学の応用範囲が宇宙のより狭い一角へと絞られていくのではなく、私たち物理学者は、その応用範囲が時間的にも空間的にもどんどん広がっていることに気づいている」[13]と書いた。

量子の世界はとても不可解なので、それを言葉で残そうとする者は、新しいメタファーを模索する。ゾーハーは「不動のものや、完全に測定できるものが何ひとつない……何かぼんやりと薄気味悪く、つかみどころのない、広漠とした『粥』のような存在」[14]と描写している。カプラは「絶え間なく相互に入れ替わりつづけるダイナミックなパターン――いつまでも続くエネルギーのダンス」[15]と量子の世界を見ている。また「干渉縞*の広大なネットワークのように、すべてが相互に関連している」[16]場所だと表現する人たちもいる。一九三〇年、天文学者のジェームズ・ジーンズが唱えた、次のような新しい世界のイメージが、私のお気に入りだ。「宇宙は偉大な機械というより、偉大な思想のように見え始めた」[17]

世界が機械であることをやめたとき、私たちがそのダイナミックな性質を認識し始めたとき、慣れ親しんできた側面の多くが失われた。量子論の研究からは「もの」が姿を消した。物質の基本的な構成要素の探求を断固として続けている科学者もいるが、それ以外の物理学者たちは、それを還元主義の最後の無益な探求として、放棄した。素粒子を見つけるための実験をしていくうちに、相互に、そして観測者に反応して形や性質を変える「もの」を発見し、最終的な他に影響を受けない「もの」を研究するのを断念したのだ。「接触力によって動き回る小さいビリヤードの玉に代わって、電子とフォトン、中間子と核子の活発な関係に見られる非常に多くのパターンが存在し、それらパターンは、位置、運動量、粒子、波動、質量、エネルギーと次々に姿を変え、つかみどころのない二面性で私たちをからかう――しかも、すべては相互に、そして環境に

＊　複数の波の重ね合わせによってできる縞模様

反応して生じる」[18]とゾーハーは書いている。

量子の世界では、関係は興味深い対象にとどまらない。多くの物理学者にとって、関係が現実のすべてなのだ。物理学者のヘンリー・スタップによれば、素粒子とは「本質的には、ほかの物体に向かって動こうとする関係の集合」[19]だという。粒子は、ほかのエネルギー源との相互作用を通して生じる短命な存在だ。このエネルギー源にはそれぞれ名前があり、物理学では今でも中性子、電子などと粒子を呼び分けているが、それらは「相互作用のネットワークの中における中間的な状態」だ。物理学者は、こうした相互作用の確率と結果を図で表すことができるが、**ほかの粒子から独立して描くことのできる粒子は一つもない**。どの図でも重要なのは、要素が出会い、変化する全体的なプロセスだ。もっと個別の詳細を分析しようとしても単に不可能なのだ[20]（左図参照）。

組織では、私たちは、この「関係がすべて」という新しい世界の淵にいる。しかし、新しい海図を疑い、そんなものを信じたら針路からそれてしまうといまだに恐れている。高くマストの見張り台に陣取った船乗りは、ときどき「おーい陸地だぞ」と確信を持って叫んでいる。探すべきものを知り、陸地が水平線にどう現れてくるかを知り、雲と陸地の見分け方を知っていても、ときに、その呼びかけは一種の賭けだ。量子力学的な組織の世界を見つけるには、そのような確信が必要だ。とはいえ、私たちがもっと量子の世界に慣れてくれば、その特徴は霧の中から少し姿を現し、輪郭がはっきりと見分けられるようになる。

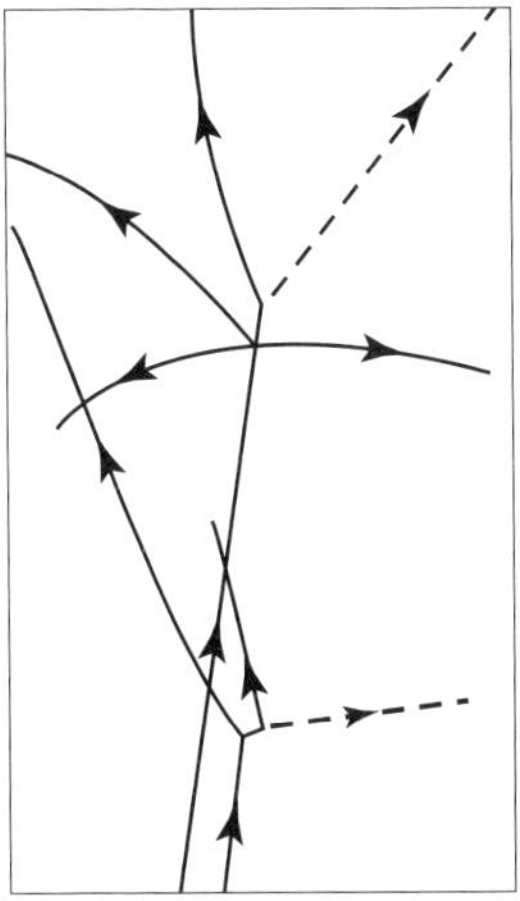

粒子の相互作用―短すぎて把握できないほど一瞬のうちに、K中間子が泡箱（*）に入る。K中間子が別の潜在的エネルギーと相互に作用するにつれて、12種類の粒子が一時的に出現する。
資料提供：カリフォルニア大学ローレンス・バークレー研究所

この関係の世界は豊かで、複雑だ。［人類学者の］グレゴリー・ベイトソンは、「関連するパターン」について語り、事実、つまり「もの」に関する知識を教えるのをやめ、あらゆる定義の基礎として関係を重視すべきだと唱えた[21]。関係に着目すれば、私たちは予測可能性をあきらめ、可能性に心を開く。数年前、素粒子は「可能性の束」だという話を読んだことがある。私は人間のすべてをこのように考え始めた。確かに、私たちは、宇宙のほかのあらゆるものと同程度に定義も分析もできないが、可能性を持っている。他者との関係から独立して存在している人間はいない。一定の状況や人から、ある人は何らかの性質を呼び覚まされるが、別の人は目覚めない。こうしたそれぞれの関係において、私たちは異なっており、何らかの意味で新しい存在となる。

他者との関係から独立して存在するものが何もないのなら、分離した、二極対立の観点で考えたいと

＊　沸騰直前の液体中に粒子の道筋にそって発生する気体の泡によって、荷電粒子の飛跡を記録する実験装置

いう要求と決別することができる。何年間か、私は自分にとって重要なある問いと頭の中で闘っていたことがある。組織では、システムと個人、どちらが行動により重要な影響を与えるか。量子の世界は私の問いに声高に「両方」と答えた。「どちらか」は存在しないのだ。二つのものごとが別々の存在だという前提で、どちらかに決める必要はない。重要なのは、二つ以上の要素の間でつくられる関係だ。システムが個人に影響を与え、個人がシステムを奮起させる。現在の現実を引き出すのは関係であり、どの可能性が現実になるかは、人、出来事、時に左右される。

したがって、予測と再現は不可能だ。このことは、間違いなく人を動揺させる一方、確実に世界をおもしろくする。人は予測可能な存在であることをやめ、意外性のある存在になる。私たち一人ひとりが、ところ変われば違う人間になる。だからといって、私たちがよりどころのない存在になるわけではない。単に量子的な存在になるにすぎない。あいまいなのは私たちだけではない。宇宙全体がそうなのだ。

宇宙があいまいな原因の一つは、原子以下の粒子が元々二面性を備えているという事実にある。二つの非常に異なるアイデンティティを持っているのだ。空間のある点では粒子として姿を現す。あるいは波動、つまり限られた領域全体に散らばったエネルギーとして姿を現すこともある。その全体的なアイデンティティ（「波束」と呼ばれている）には、粒子と波動、両方の形の可能性が含まれている。これは、「相補性の原理」*と呼ばれるもので、哲学的な観点から本音を言わせてもらえば、「多様性における統一」のことになる。

＊　自然は粒子性と波動性という互いに相補的な様相を持ち、一面的に記述できないという基本原理

しかし、一つの粒子のこの二つの補完的なアイデンティティは、統一された全体として同時に調べることができない。ここで、量子物理学のもう一つの大原則「ハイゼンベルクの不確定性原理」に阻まれることになる。粒子の様相か波動の様相、つまり位置か運動のどちらかを測定できるが、両方を同時に測定することは絶対にできない。「私たちは波動の特性か粒子の特性を測定できるものの、二重性の正確な特性は、私たちが考えつくどんな測定方法でもけっして捉えることができない。ある波束について最大限知ることができるのは、あいまいな位置とあいまいな運動量の測定結果でしかない」[22]。決定論的で、定量化できる宇宙を求める私たちの希望をすべて流砂のように吸い込んでしまうのは、この「広漠とした粥のような存在」なのだ。

この二つの原理に基づくならば、測定や観測に対する人間の関係を根本的に変える必要が出てくる。もし、量子の世界の物質が、観測者との関係を発展させ、観測者の予測に合うように変化するなら、科学的な客観性は成立するだろうか。科学者が波動の性質を調べるために実験を組み立てるなら、粒子は波動としてふるまう。実験者が粒子を調べたいなら、粒子はその願いを聞き入れ、粒子の形で姿を現す。観測という行為が、波束の可能性を二つのうちどちらかの様相に「崩壊**」させてしまう。一方の可能性が瞬時に消失すると、他方の可能性が現実化されるのだ。観測行為が始まる前には、おびただしい無限の可能性が存在しつづける。だが、いったん観測者が何を認識するか選択すると、「認識の影響は瞬間的かつ劇的である。観測対象のシステムを表す波動関数***のすべてが、今現実に起きている状態を表す部分を除き、崩壊する」[23]

** 素粒子や原子核が確率的にほかの種類の素粒子や原子核に転化すること

*** 原子より大きな世界では、「物質」と「状態」をはっきり区別できるが、原子より小さな世界は、「物質」ではなく、粒子性と波動性を併せ持つ「状態」である。どのような状態になっているのか、それを関数の形で記述したものを「波動関数」と呼ぶ。波動関数がわかれば量子の状態がわかる

数年前、組織論研究者のカール・ワイクが、組織における同様の観測のジレンマ、彼が「イナクトメント」と名づけたものを指摘した。ワイクによれば、私たちは所属する組織の現実の創出に参加しているという。「組織が懸念している環境は、組織が自らそこに置いたのである」。ワイクの観測は、社会科学の観点から、量子物理学者とまったく同様の感受性の問題を提示した。組織においても客観的な現実はない。私たちが経験している環境は「あちら」には存在しないということだ。環境は、私たちの観測行為、つまり注目し、心配する対象を通して共同作業でつくられる。もし、本当に組織という生命体にこの感受性があるなら、環境の「客観的」性質をめぐる議論でこれ以上時間を無駄にすることはないだろう。何が正しくて何が誤っているかという対立は、複数のものの見方をしようとすれば消えてしまう。ワイクは、誰が正しい、誰が正しくないという議論をやめて、私たちの関心を、有効性の問題、つまり、起きてしまったこと、もっとよい結果になっていただろう行動への内省的な問題提起に集中させるよう提唱している。そうすれば、何が真実かを議論するのをやめ、何が最もうまくいくかを判断することができるはずだ[24]。

ワイクは組織分析の新しい視点も提唱した。計画の前に行動ありき。なぜなら、人が何かを実行することによってのみ環境は創造されるのであって、この環境との相互作用を開始しないかぎり、考えや計画をまとめることができるわけがないからだ。それがワイクの主張だ。戦略を立案する場合、人はあたかも環境からの要求に応じているかのように行動するが、実際は、自分自身の意思で環境を創造しているという。戦略は「ジャストインタイム（必要なものを、必要なときに）」

であるべきで、「一般常識、レパートリーの広いスキル、迅速に学習する能力、直観の信頼、損切りをスマートに行う能力、これらに投資を惜しまないことが支えとなる」[25]

戦略立案の分野全体で見直しの機運が高まるにつれ、システムとそれをとりまく環境とが共同で自分たち自身を創造していくというワイクの説は、近年さらに発展してきた[26]。従来の計画重視派の多くが、今では戦略立案よりも戦略考察に重きを置くようになり、組織は新しいスキルを必要としていると強調する。私たちに必要なのは、分析や予測の能力ではない。常に今起きていることを鋭く認識できるようになること、今起きたことから学ぶ達人になることなのだ。頻繁に予定外の変化が起き、やつぎばやに押し寄せてくるのだから、それに反応するには敏捷さと知性が必要だ。ゼネラル・エレクトリック社の伝説的ＣＥＯ、ジャック・ウェルチは、絶え間なく変化するこの現代社会において、「予測は反応よりも重要ではない」[27]と語っている。

こうした戦略や計画についての考え方の変化は、重要で注目に値する。その結果、私たちが、ニュートン的な世界観に由来する計画のプロセスにとんでもない時間と費用を投資してきたという事実が明るみに出た。苦心し、費用をかけて戦略を立てたおかげで、大きな利益を得たし、持続的な成長も遂げた、そういう会社がいったいどれくらいあるだろう。あってもほんのわずかだろうし、ないも同然だろう。量子の視点は、こうした失敗に対して一つの説得力のある回答を提示する。世の中に客観的な現実がないのなら、環境と私たちの未来は、私たちが現在に取り組まないかぎり白紙の状態だ。私たちは、これから創造するものを理解するために世界と相互作用しなければならない。今、現在との関わりを通して未来を呼び出すのだ。

これは、組織はどこまでも刺激に反応するだけの状態で存在するのだと言っているわけではない。組織の意思とアイデンティティには重要な役割がある。自分が何者で、何を達成しようとしているか、はっきり感じていなければ、組織は環境が変わるたびに翻弄されてしまう。人であれ、組織であれ、自分が何者になろうとしているのかをはっきり自覚せずに環境と共同で何かを創造しようとしても、うまくいくことはない（第七章参照）。

私たちが議論し、心配する組織の問題のほとんどは、「客観的な現実」があるという思い込みから来ている。どこかに何か「現実」があって、こちらの分析や予測のスキルをお手並み拝見とばかりに見ている、そう信じているわけだ。そして、それが何であるかをはっきりさせるために、とにかく適切な専門家を雇わなくちゃと考える。ところが、見極めがつくような客観的な未来を探すことなど、そう認めるかどうかは別にして、遠大な宇宙的ジョークのようなものだ。私たちは、現実を特定したり、それを目標に据えたり、ことによるとスタッフを集結させることだってできると考えていた。でも、つかみどころのない可能性に満ちたこの世界で、いったいどうすればそんなことが可能だろうか。私たちは、「干渉縞の広大なネットワーク」と戯れ、「いつまでも続くエネルギーのダンス」と戯れてきた。この世界は独立して存在するものではない。それは複雑で、けっして動きを止めない、永遠に未完のタペストリーなのだ。

量子の世界に住むためには、つまり、ここでもあそこでも、やすやすと優雅にタペストリーを織るためには、行動を変える必要がある。職務内容の説明は手短にして、プロセスを円滑に進めるにはどうすればよいか、関係を育み、成長と発展を促すにはどうすればよいかを理解する必要がある。強い関係を築くのに不可欠な、聞くこと、話すこと、互いの独自性を尊重することを誰もがうまくできるようになる必要がある。徹底した個人主義の時代が終わり、チームプレーの時代が到来したのだ。しかし、これはほんの始まりにすぎない。量子の世界は、私たちが互いに無関係な独立した個人だという概念を崩した。広大な生命のネットワークの向こうで、もっともっとたくさんの関係が待ち受けている。

組織力でさえ純然たる関係と言える。ある晩、私は頭のいい友人と長時間まじめな話をした。その友人は「組織力は関係からつくられる能力だ」と言った。それは関係を通して生まれるエネルギーだ。この会話以来、組織を見る目が変わってしまった。今私は職場の健全な関係をつくり、維持する能力に注目している。職務、役目、管理の範囲、ヒエラルキーなどの組織形態ではなく、強い関係をつくるのにもっと根本的なものごとに着目している。社員が相手の話を聞き、自分の話を伝えるにはどうすればよいか知っているか。多様なメンバーとうまく働くには？　社員は組織の誰とでも自由に接触できるか。社員に対して情報公開はされているか。組織の価値観が社員を一つに束ねているか、それとも断絶させているか。協力が本当に尊重されているか。社員が互いに正直に話すことができるか。

力はエネルギーなのだから、組織全体に流れていなければならない。特定の役目やレベルに束縛されたり、限定されたりしてはいけない。関係の性質が、プラスの方向であれマイナスの方向であれ、組織を動かす力の源となる。「全員参加型マネジメント」や「自己管理型チーム」などの職場改革で力が共有されると、プラスの創造的な力が充満する。こうした新しい関係のプラスの影響、つまり生産性や個人の満足度を大幅に向上させる力の大切さが指摘されるようになって久しい[28]。

これとは反対に、リーダーが強制と競争によって強引によい結果を出そうとする職場もある。部下やその能力が、目に余るほど無視される場合さえある。そのような組織でも、高いレベルのエネルギーが生み出されるが、それは完全にマイナスのエネルギーだ。力が、能力ではなく問題になってしまう。部下は、自分の創造力をリーダーに逆らって、あるいはリーダーを無視して働くために使うようになる。積極的に組織に貢献するのを拒否するようになるのだ。

誰もが学ぶべきことがはっきりしたようだ。力が人間関係から生まれる能力ならば、私たちはその関係の質に専念する必要がある。愛が最も強力な力の源だという認識をじっくり考えてみるとよいだろう。

量子の世界には、ほかにも私たちがじっくり考えるべき謎がある。量子の世界は、関係のネットワークがどこにでも存在していることを教えてくれたが、今度は、ある疑問で私たちをじらす。影響と変化はネットワーク内でどのように起きるのか。物理学者は、別個に存在しているように見える粒子の間にも、互いに離れている距離が極端に長い場合でも、あるレベルの関連性があることを観測してきた。一九三〇年以降、著名な物理学者たちの間に大論争が吹き荒れた。特にニールス・ボーアとアルベルト・アインシュタインの論争が激しかった。物質は「非局所的な原因」によって影響され得るか。物質は、光の速度より速く移動する影響によって変化し得るか。アインシュタインは、距離が離れていても原因となり得るとする宇宙観に真っ向から反対し、その説全体を反証するために、ほかの二人の物理学者とともに思考実験を組み立てた。

アインシュタインの実験は物理学界に活発な論争を巻き起こし、三〇年後、論争はまだ沸いていたが、物理学者のジョン・ベルが、「即時的遠隔作用」が起こり得ることを示す数学的証明を打ち立てる。最終的には、一九八二年（その後も多くの実験で立証されたが）、フランスの物理学者、アラン・アスペが実際の物理学的実験を行い、素粒子は、確かに、時間や空間を越えて存在する目に見えない関係によって影響されるということを証明した[29]。

即時的遠隔作用をどのようにして確認するか、一例を挙げてみよう。まず、二つの電子を組み合わせて対にする、つまり相関させる。次に、その対の電子が、たとえ離れていても、一体化した一つの電子として活動しつづけるかどうかを確定するテストを行う。電子の関係は距離が離れても存続するだろうか。これら電子が一つの電子としてふるまうかどうかを確定するのに、物理学者はそのスピンをテストする。電子は軸に沿って、上下もしくは横から横へスピンする。ただし、量子の現象なのだから、軸が客観的な現実としてあらかじめ存在しているのではない。科学者がどの軸を測定するか決めるまで、では、軸は可能性としてのみ存在する。電子にとって固定的なスピンはない。電子のスピンは、科学者が選ぶテスト対象に基づいて現れる。電子は科学者が選ぶ測定対象に反応するのだ（もし、これを理解するのが難しければ、量子の分野は科学者にとっても不可解だということを思い出してもらえばいい）。いったん二つの電子が対になると、もし一方が上向きスピンとして観測されれば、もう片方は下向きスピンになる。あるいは、もし一方が右向きスピンとして観測されれば、もう片方は左向きスピンになる。

この実験で、二つの対の電子は別個に存在している。理論上は、これらは宇宙全体に存在することが可能だ。どんなに距離が離れていても、一つの電子のスピンが測定される瞬間（垂直軸が選ばれたとして）、第二の電子が即座に垂直の、だが正反対のスピンを示す。この第二の電子は、非常に離れているのに、どの軸が測定対象として選ばれたのかなぜわかるのだろう。

かつて科学者は、光の速度より速く移動する物質はないと考えていたが、この実験はそれを否認しているようだ。物理学者が唱える説の一つは、二つの電子は、目に見えない関係で結ばれているというものだ。二つの電子は、実際、たとえ空間的に離れていたとしても、パーツに分解できない不可分の全体だ。個別のパーツとして電子を測定しようとしても、その不可分の関連性という事実によって、科学者は身動きがとれなくなってしまう。

日々、秩序と予測を追い求めている中で、私たちは直接には関わりのない因果関係に翻弄されている。ベストな計画があるにもかかわらず、見ることも、テストすることもできない影響に見舞われ、どこにでもふっと現れる不思議な出来事を経験する。誰もが、よかれと思って立てた計画の予想外の結果に対応することを余儀なくされてきた。一つの問題を解決するのに役立つことをしていると思っていたのに、突然、最初の解決策から派生した新しい問題が八つも突きつけられる。このような厄介な結果を防ぐ方法はない。私たちは、しっかり計画を立ててもそういう面倒を避けることはけっしてできない。なぜなら、現実にそこにあるすべての関係を見ることは、とうていできないからだ。一歩を踏み出すとき、あるいは何かを決定するとき、私たちは、めったに見えないが、常に存在している関係のネットワークを力いっぱい引っ張っているのだ。

私たちはこれまで、あまりにも長い間世界をパーツや断片に分解してきたので、別の秩序が全体を動かしているということを理解するのには準備が足りていない。イギリスの物理学者、デヴィッド・ボームによれば、「こうした断片がすべて個別の存在だという考え方は、明らかに幻想であり、この幻想は、葛藤と混乱を泥沼化させる以外には何の役にも立たない」[30]という。何世紀もの間、分離と断片化がはびこってきた後だから、全体を理解できる新しい考え方、感じ方を見つけ出すことは、私たちにとって大きな難問の一つだと思う。これはいまだに未知の領域であり、その土地は、多くの人が熱心に探索することを求めている（第八章参照）。

現在のところ、世界の複雑性を受け容れるのに最も優れた手法は、入念なシステム図をつくることだ。ただし、システム図は、予測可能性を追及するために、その影響を受けることが非常に多い。私たちが地図――思考内容がすべて関連要素であり相互作用であることを示す――を作成する場合、期待する結果を出そうとシステムを操作できることを望んでしまう。ニュートン主義者のお手本のような発想をしてしまうわけだ。だが、それは望んでも得られることはない。予測という安全な港に戻るルートはない。熟練した船乗りでも、量子の海では正確な針路を決めることはできない。私たちの課題は、ものごとが一貫性のある存在としてどう動き、どう変化するか、よくわかるように後ろに下がり、無数の断片の先に全体を見ることだ。私たちは、非常にあいまいな世界に住んでいる。そこでは、境界がつかみどころのない性質を持ち、期待どおりであることはめったにない。境界のこのまぎらわしい性質は、私たちが境界をもっと詳しく特定することを重視しているかぎり、あるいは、私たちが別個のものとして扱っているが、実はそうではない複数の概念の間に生じる原因と結果の明確な一線を読み解こうとしているかぎり、私たちを翻弄しつづけるだろう。

量子の宇宙を特徴づけると思われるのは相互関連性だが、その程度について考えるための手慣れた方法はない。孤独な虚空ではなく、その中をばらばらの粒子が動くことで、空間は関係で満たされるようになる。これが、「ネットワーク」や「タペストリー」、あるいは「偉大な思想としての世界」というメタファーが使われる理由だ。重力は「即時的遠隔作用」を示す日常的な例だが、科学者は、観測対象の関係を説明するために、重力以外の「場」、つまり空間を編成する目に見えない力を提唱してきた（第三章参照）。ボームはもっと刺激的な見解も示している。私たちが識別できないレベルに完全な全体性があるというのだ。もし、その表面下を見ることができれば、一見無関係だが実は関連性のある事象が発生する源である「内蔵秩序」* を観測できるだろう

* ボームの代表作として『全体性と内蔵秩序』（井上忠ほか訳、青土社、2005年）がある

と述べている[31]。

量子飛躍は、量子の相互関連性を端的に示す例だ。専門的には、量子飛躍は突発的で不連続な変化であり、中間的な段階をまったく通過せずに、電子がある軌道から別の軌道にジャンプすることだ。電子は、ある場所にいたかと思うと、次の瞬間には別の場所にいる。しかも、その途上に遷移点が一つもなく、軌跡が残らない。物理学者は、ジャンプが起きる確率を計算することはできるが、いつ起きるかは正確に計算できない。ここで作用しているのは、瞬間的に電子を新しい場所にジャンプさせる条件を、姿を見せずに整える全体系（全体システム）だ。全体のすべてを知ることは絶対に不可能なので、いつ・どこでその影響が現れるかを正確に予測することも絶対に不可能だ。この考え方は、組織をリードしようとしている人間にとって心地よいものであることはまずないが、量子飛躍のイメージは、私が組織や社会変革で体験してきたことをほかの何よりも正確に反映している。

たとえば、ベルリンの壁の突然の崩壊を説明するのに、これ以上ふさわしい理論を私は知らない。壁が崩壊する前に、東ドイツ全体でたくさんの小さな変化があった。そのほとんどは、変化のすぐ近くにいる人以外の目には見えなかった。だが、反体制の小さな動きの一つひとつが、あるいは新しい行動の仕方が、タペストリー全体の内部で起きていた。小さな動きの一つひとつが、水面下でほかのすべてとつながっていたのだ。そして、グローバルな影響は、人々が壁を壊した数日間で突然目に見えるようになった。ベルリンの壁崩壊は、「グローバルに考え、ローカルに行動せよ」の威力を見せつけた。ローカルな行動が、自分を変えようとするあらゆる政治的な試みに抵抗してきた巨大なシステムに途方もない影響を与える可能性があることを証明したのだ。ドイツは、既成の権力政治《パワーポリティックス》、あるいは大国の高位高官の行動によっては再統一を果たすことができなかった。ドイツ再統一は、システム内部のローカルな行動の数々が、ほかの多くの影響とグローバルに結びつき、重大な変化の瞬間に結集したものだ。

ネットワークでは、ローカルな行動の潜在的な影響力は、その規模とは無関係だ。ローカルに行動することを選ぶと、だんだんシステム全体に影響を与えたくなっていくかもしれない。だが私たちは、今いる場所で、よく知っているシステムを利用して、手の届く範囲の人とともに行動する。ニュートン的な視点から見れば、私たちの活動はあまりに小さく見えることが多く、こんなことでは何も変わらないのではないかと悩む。あるいは、小さな活動がだんだん大きな規模の変化に貢献するようになればいいと期待するかもしれない。少しずつ、システムごとに、大きなシステムを変えられるような規模に成長し、力をつけていくことを目指すのだ。

しかし、量子的なものの見方では、小さな活動の成功は、これとはまったく違うプロセスになる。ローカルに行動するということは、自分たちがシステムの動きとフローの中に入り、同時発生している複雑な出来事のすべてに参加するということだ。そのシステムのダイナミクスに敏感になり、したがって、より成果を出せるようにもなる。一方、小さな部分で発生した変化もグローバルなシステムに影響を与える。漸進的な段階を経た結果ではない。小さなシステムのどれもが完全な全体性に参加した結果そうなるのだ。全体の中のある部分の活動は、離れた場所に影響を生じさせる。この見えないつながりのおかげで、システムのどこにでも働く価値が潜在している。自分の小さな活動が、関係性という目に見えない構造を通して、ほかのものにどう影響するのかはけっしてわからない。私は、この精緻につながり合った世界では、「クリティカルマス*」はけっして重要ではないことを知った。大切なのは常にクリティカルコネクションなのだ。

協力して働くことを音楽、特にジャズに喩えて表現してきた人たちは、この量子の世界の性質をよく感じとっていると言える。この世界は、私たちがともに存在し、進んで即興演奏することを要求する。まずメロディ、テンポ、調を確認してから演奏に入る。注意深く耳を傾け、絶えずコミュニケーションをとっていると、突然、音楽、というより想像を超えた可能性が湧きあがってくる。この音楽はどこかほかのところからやって来る。全員が参加する一体感のある全体、つまり分離という間違った感覚を超えた関係からやって来る。音楽が湧いてくると、驚き、感謝せずにはいられない。

この量子の世界に敏感になるにつれて、組織を研究する私の仕事のほうも深く影響されるようになってきた。私は今、システムをシステムとして見る姿勢を忘れないようにしようともがき、理解に至る通り道として、自分に身についているものごとを分解し、分離する習性を捨てようともがいている。今はプロセスを見極めることに力を注いでおり、量より質を重視し、今起きてい

＊　ものごとが一気に普及・定着する分岐点となる数量

るものごとのパターン、方向、感触、内部リズムのようなものに注目している。単純な原因と結果を探そうとするのをやめてずいぶん経った。同様に、ものごとを二極対立させるのも無駄なことだと感じている。私たちは、対決路線をやめ、1＋1の「＋」をこそ理解する必要があるのだ。

私は個人的には複雑な計画や予定表にもう時間をかけていない。詳細な計画立案や分析にかけていた時間を従業員のために組織の条件を整えることに使いたいと思っている。そうすれば、そこで働く人たちが、はっきりした目的を設定し、協力して仕事をするにはどうすればよいか合意を形成し、環境と共同で創造力を発揮していくときに、よき観察者であり、よき学習者であり、よき同僚であるための練習をすることができる。また、一人ひとりの関与を増やせば、大きなものごとが可能になるということも学んだ。より多くの人たちが、よりいろいろな仕事や場所から集まってその場に参加してほしい、いつもそう思っている。人と人を結びつける関係と思いやりのネットワークを探求するとき、人が創造するものにいつも驚かされる。最後に、私はもう何が真実かについて議論するのをやめた。私たち一人ひとりが真実をつくる。私がそのことに興味を覚えるようになれば、自分以外の人間から多くを学べるだろう。その人たちは、きっと私とは違うものの見方をし、私をはっとさせてくれることだろう。

こうした実践上の変化のそれぞれを裏づけているのは、感受性のほうの重大な変化だ。私は何かをコントロールしようとすることをやめた。これに気づくにはだいぶ時間がかかったが、最終的には、宇宙のほうが、神を演じたいという私の望みに協力するのを拒んだ。

ときどき、コンサルタントをしている友人たちから電話がかかってくる。プロジェクトに深入りし、欲求不満をため込んでいる友人たちだ。これは、そんな電話の一つで聞いた話だ。友人のクライアントの会社が、データを集め、主な問題の領域を五つに絞り、それぞれを解決するためのプロジェクトチームを発足させた。しかし、マネジャーたちは、プロジェクトチーム間の調整に手間取っていた。プロジェクトチームが問題を研究すればするほど、五つの問題には相関性があるように見えた。問題のつながりはそこかしこにあったにもかかわらず、五つのプロジェクトチームは依然として個別に活動していた。結果は疲労と焦燥感。関係者は単純に何かを実行することを望んだ。活気のないミーティングと詳細な計画をさんざん繰り返した後では、何を実行しても救いになるのだ。

友人の話を聞きながら、私は「ニュートン的絶望」に共感した。友人の気持ちはよくわかった。このまま個別の活動を追求していけば、事態がどうなるかもわかった。もっと深いシステムの知性を活用するために、システム全体を一つにまとめることについて二人でしばらく話し込んだが、友人は、それがうまくいくとすんなり信じることはできずに迷っていた。友人は新しい方法で対処することを望んでいたが、この世界でもっと確信を持って何をすべきか、どうあるべきかという豊かなビジョンが彼には欠けていた。私はもっと助けになりたかったが、そのときは、彼を失望させてしまった。私は、この世界の不可解さと美しさを十分に伝えることができなかった。あるいは、この世界の本質的な秩序を十分にわかってもらうことができなかった。私自身も発見し始めたばかりだったのだ。

宇宙の本質を見抜く新しい力を求めて、夜明けに散歩したときのハイゼンベルクもそうだったに違いない、という心境だった。私も地面が揺れるのを感じている。その重々しいとどろきを聞いている人は大勢いる。今にも、地球がぱっくり割れれば、私たちはその暗黒の中心部をじっとのぞき込むだろう。そして、そのもくもくと煙るカルデラの中に、これまで大切にしてきたものの大部分を、自分は有能だと感じさせてくれた手法やツールの大部分を投げ捨てるように求められるだろう。

私たちは何をすべきか知っている。最終的にその一歩を踏み出すとき、生け贄の供物を知性の神々に差し出すとき、この破壊はやむだろう。癒しの水が地面を覆い、新しい命が生まれ、過去の解釈という大昔のさびついた機械は永久に地中に葬られる。そして、この水上で、今はまだ想像することしかできない場所へと船出する。そこで、私たちは新しいビジョンと新しい力を授けられ、この神秘的な世界の創造的な一員だと再び感じるだろう。だが今は、待とう。直観を信じて行動せよ。さあ、陸地が見えてきた。

第3章

ふるまいを形づくる見えない場

私たちが世界を見るとき、「場」というものが世界にどう作用するかはかなりわかっているのだが、それでは場とは何かとなると、誰も本当にはわかっていない。場の本質の説明として一番近いものでも、宇宙自体の構造のうち空間的なものという程度の説明がせいぜいだ。

――マイケル・タルボット

ユタ州では、空はどこにでもついてまわる――青く、広々として、注目を浴びないと気がすまない。クリスタルのような透明感をひけらかしながら、山々の上に舞い上がり、長い渓谷に飛び込む。夜になると、自己顕示欲なんてものじゃない。あるとき、友人がハートフォード（コネティカット州）から飛行機の長旅で訪ねてきて、うちの庭でブランコに揺られていたが、真夜中をとっくに過ぎ、疲れて、あくびをしているというのに、ちっとも家に入ろうとしなかった。星々に目が釘づけになっていたのだ。私にとっては、ここに越してきて以来、ここの星や空とともに暮らすことは、ある意味、空間とは何かを体験することだった。自分までこの広大さの中に広がっていくような感じがするし、自分の境界が外界に対してオープンになり、目線が高くなり、心のガードも消えていくような感じがする。これだけ空間があるのだから、外に出る以外に行くところなどない、というくらいだ。

空間は宇宙の基本的な構成要素であり、ほかのどの構成要素よりも多い。原子というミクロなレベルでさえも、私たちは中身が詰まっていて、押し固めたようなものを想像してしまうが、実はほとんどが空間なのだ。原子の内部では、原子以下の粒子どうしはとてつもなく離れていて、原子は九九・九九％が空っぽだと言えるほどだ。自分の体をはじめ、私たちが触れるものはすべて、この空っぽの原子でできている。中身の詰まった身体からは想像がつかないが、私たちは意外とすかすかなのだ。実際、私たちは、比率からいえば、銀河系と同じくらいすき間がある[1]。

ニュートンの考えた宇宙では、空間というのは言語に絶する孤独感のある虚空だった。物質は、孤軍奮闘しながら、その虚空を動いていく。いわば、めったに人に出くわさず、どこまでも無限に広がる大きな溝を永久に横断していく一人旅だった。この孤独な宇宙は、長い間、私たちの自己表現にあらゆる点で影響を及ぼしてきた。人間の生は〔神が望むようにではなく〕自分自身で〔自由に〕創造しなければ意味がない、とする実存主義哲学から、悪条件にもかかわらず成功する孤独なチャンピオン型（西部劇でも企業でも）のアメリカ史に残る英雄的人物に至るまで、その影響を受けてきた。その広大で、孤独な世界では、変化を起こすのは至難の業だ。空間内で自分自身を動かす推進力となるエネルギーを生成し、ほかの物体に出会い、反応を引き起こすまでがんばらなければならない。原因と結果で成り立ち、力が力に作用するニュートンの世界では、他者を動かすために個人がエネルギーをたくさん消費すること、何かを起こすために広大な空間領域を横断することが欠かせなかった。孤独なだけでなく、なんとも疲れる世界ではないか。

ところが、量子の世界では空間に何か異変が起きた。空間はもはや孤独な場所ではなくなった。空間は、今では「場」で満たされていると考えられている。場とは、目に見えない、非物質的な影響であり、宇宙の基本的な実質だ。場を見ることはできないが、その影響を観測することはもちろんできる。ある要素が直接的な力を行使せずに別の要素を所定の場所に押し動かすことができるのは、遠隔作用があるからだとされているが、場はその遠隔作用を説明する有力な理論の一つになっている。

科学思想では、場の理論は、量子物理学が登場するずっと前に、いくつかの分野で遠隔作用を説明する試みとして発展した（「場《フィールド》」という言葉は、盾をかたどった紋章の地《フィールド》に由来する）。ニュートンは、最初の場である重力を導入した。ニュートンのモデルでは、重力は、たとえば地球など、力の中心から生まれ、そこから空間に広がっていく。力の仮想線が空間を満たし、物体を地球のほうに引きつける。ニュートンの引力モデルでは、力は一つの源から発して、ほかのものに作用するというわけだ。

アインシュタインは、ニュートンとは異なる重力場の説を展開した。相対性理論では、重力は空間を構成する作用だ。物体が地面に引き寄せられるのは、時空が物質の質量でゆがむからだ。重力は、力というよりも媒体であり、空間の目に見えない幾何学的配列と考えられている。

日常生活で、私たちは重力以外の場も直接体験している。ちょっと磁石のそばに鉄くずを置いてみよう。磁石の周囲に生じる一定のパターンは、見えない磁場によるものだ。また、電気をつけるたび、電化製品のコンセントを差し込むたびに場の影響を体験している。現代の発電所は、巨大な磁石を回転させて磁場を生み出し、その磁場が電場を生み出し、その電場が電子の流れを送り出している。

場についてはいろいろな考え方がある。重力場は、時空のゆがめられた構造だと考えられている。電磁場は、電磁放射（電磁波）として現れる乱れを生み出す。量子場は、おそらく粒子ごとに異なる場だが、エネルギーであり、二つの場が交わるときに形となる。だが、こうした理論に共通しているのは、場とは、その効果を観測しなければわからない、空間の見えない力、見えない効果だという考え方だ[2]。

場の理論はまず、一九世紀にマイケル・ファラデーやジェームズ・マクスウェルなどの科学者たちが、特定の粒子ではなく、空間を研究することを選んだことで進歩した。彼らは直観的に、空間は空虚ではないとわかっていた。現代のある物理学者が述べているように、「目には見えないが、強い影響力のある構造の宝庫」[3]だと感じていた。ファラデーとマクスウェルは、近くから遠くに退がってものを見るように、ものの見方の意識転換を図ったのだ。そして、その転換の中で、忙しく、騒がしい場所だという宇宙観への道を切り開いた。小さく、個別の、目に見える構造の背後に、関係の媒体となるもので満たされた目に見えない世界を認めることは、重大な焦点の変化だった（カラーページ、大気中の電磁場とエネルギー場によってつくられる北極光の写真参照）。

物理学者のフランク・ウィルチェックとエンジニア出身の作家・ジャーナリストであるベッツィ・デヴィーンは、目に見える影響を及ぼす見えない力を考えるうえで、わかりやすいイメージを編み出した。もし、魚を、それが泳ぐ媒体である水を意識せずに観察するとしたら、私たちはおそらく、魚の動きの説明を一対一の影響という観点で探すだろう。そして、一匹目の魚が通りすぎ、二匹目の魚が少し進路をそれたのを見たら、一匹目の魚が二匹目の魚に力を及ぼしていると思うかもしれない。ところが、魚の群れ全体がある規則的なパターンで進路をそれるのを見たら、魚以外の媒体が群れの動きに影響しているのではないかと考え始めるだろう。たとえその媒体が目には見えなくても、その影響を妨害するものを生じさせて魚の反応を見ることで、この媒体はテストできるはずだ。原子の中から宇宙まで、あらゆるところに存在する空間は、この海に近いと言ってよく、影響を及ぼし、物質に形を与える場で満たされている。

ニューサイエンスが描く世界は、いろいろな意味で思わせぶりで、つい引き込まれてしまうところがある。場の理論もそうだろう。生物学者のルパート・シェルドレイクは、場を「見ることも、触れることも、聞くことも、味わうことも、においを嗅ぐこともできない」[4]と表現している。場は、人間の五感では感知できないわけだが、量子論では粒子と同じように、現に存在するものだ。作家のゲーリー・ズーカフは、場を宇宙の実質と呼んでいる。実験で見たり観測したりするもの、つまり物質の物理的な現れである粒子は、場の副次的効果なのだ。粒子は、二つの場が交わったときに、一時的に一瞬だけ生まれる。エネルギーとエネルギーが交わる合流点で、粒子は現れる。早変わりの芸人のように粒子が現れては消えるという事実は、さまざまな場の絶え間ない相互作用の結果だ。粒子は物質の基本的な構成要素だと考えられてきたが、実は、粒子は移ろいやすく、観測できる物質として記録できるのは、ほんの一瞬の遭遇なのだ。こういうわけで、ややこしい話になるが、物理的な現実は、物質的とは限らない。場も物理的な現実だが、非物質的なものだからだ。

この逆説があるからには、私たちは重要な新しい領域に立ち入らないわけにはいかない。「もの」思考から、つまり、つながりの希薄な要素からなる宇宙という考え方から、抜け出しなさいと言われているということだ。場の理論の登場で、私たちは、相互浸透型の影響と見えない力のつながりで満たされた、海にそっくりな宇宙を考えざるを得なくなった。これは、従来よりも豊かな宇宙像だ。場の世界では、影響の可能性は、二つのエネルギーが出会うところなら、どこにでもあるのだから。「たくさんの粒子がひしめき合っていて、それぞれ独立した存在であるとするニュートン的な世界像は廃れ、いくつかの能動的な媒体で満たされた、場に着目した世界像が台頭してきた。たくさんの相互浸透型の場が空間を満たしており、私たちはその真ん中に住んでいるわけだ。運動の法則は、場の視点から言えば、この海の流れの法則だ。そして進化の法則は、この世界で、宇宙という海の構成要素の間にどんな……反応が起こるか、私たちに教えてくれている」[5]

生物学では、シェルドレイクが提唱した「場の概念*」が物議を醸した。種の行動に影響する形態〔形成〕場が存在するという仮説を立てたのだ。このタイプの場は、それ自体はほとんどエネルギーを持たないが、ほかの発生源から生じたエネルギーを形づくることはできる。形態〔形成〕場は、同一種の成員が何か新しいことを習得するときに蓄積されるスキルによって築かれる[6]。

＊　シェルドレイクの仮説（形態形成場仮説）。直接的な接触がなくても、ある個体に起きたことが仲間に伝播するのはなぜかを説明するもの

ある種の成員の一部（数ははっきりしない）が、たとえば、自転車に乗るという行動を習得すると、同じ種のほかの成員は、もっと簡単にその行動を習得できるようになる。自転車に乗るという行動が、形態〔形成〕場に集まり、それが個体のエネルギーと結合すると、場がその個体の行動をパターン化する。すると、仲間は実際に練習する必要はなくなり、場からそのスキルを引き出せばよくなる。自分と同類の他者からの影響を受けるプロセスを通して学習するのだ。シェルドレイクはこれを「形態共鳴」と呼んだ。こうした場は、ボームによれば、「受け手のエネルギーによって手に入る形態の質」を提供するという[7]。

こうした場の理論が持つイメージは、空間に対する私たちの考え方を変える、かなり刺激的なものだ。私たちはすでに、新しい空間意識を持って暮らし、仕事をしている。〔電子ネットワークという〕「どこにあるのかわからないもの」から情報を引き出し、その情報を頼りにしているが、サイバースペース（電脳空間）を見たことのある人などいない。目に見えないものは、私たちの暮らしの中で、かつてないほど積極的な役割を果たしているのだ。

しかし、サイバースペースにとどまらず、組織という空間でほかには何が起こっているのか考えるときだ。私たちの共有空間も、これまで述べてきた「相互浸透型の影響と見えない力のつながり」で満たされているのかもしれない。どうすれば私たちは〈組織場〉を理解できるのだろう。〈組織場〉をもっと理解できるようになれば、望みどおりに行動するうえでプラスになるのだろうか。少なくとも、人と人の間の空間に何かが起こっているかもしれないということをじっくり考えることが大切なようだ。空間は空虚ではない。目に見えない影響が行動に作用するのだから。

ここ数年、文化、価値観、ビジョン、倫理など、組織の非物質的な力の影響にリーダーの目を向けさせようとする傾向がある。こうした概念は、組織という生命体の「質」を物語る。質は、行動を見ればわかるが、行動と切り離して探してもどこにも存在しない。昔、私が大手小売チェーンの顧客サービスのコンサルタントをしていたとき、社員にいろいろな店舗を訪ねてみるよう提案したことがある。たくさんの店舗で時間を過ごしてから、全員でメモを比較した。そして、よい顧客サービスは店に足を踏み入れたときから「感じる」ことができる、という点で意見が一致した。視覚的な手がかり、商品レイアウト、顔の表情などを検討して、もっと具体的な理由を探そうとしたが、どれも、サービスがよさそうな店舗に足を踏み入れたときにはっきり感じるものを説明するのには不十分だった。ほかの何かが起きていた。感じることはできるが、なぜそう感じたか説明はできない何かが。

このことをはじめ、組織につきものの謎に対する説明として納得がいくのは、場の理論だと私には思われる。〈組織場〉の可能性について考えることは、何かにたとえてものを考えるおもしろい練習になる。それは、見えない影響、直接的なアプローチでは変えるのが難しかったと思われる行動をじっくり見つめるうえで役に立つだろう。社員の行動に影響するもの、優れた顧客サービスの実践を後押しするものは何だろう。これが、場の理論に立つと芽生えてくる新しい問題意識なのだ。組織の空間を満たしているメッセージについて問いを持ち、そのメッセージこそが行動に影響する〈組織場〉だと考えられるのではないか。あるいは、場にあるものは何か、それは調和したメッセージなのか、不調和なメッセージなのかを見分けようとするかもしれない。さらにまた、優れた顧客サービスをめざしたいと口では言いながら、反対の圧力をかけるメッセージがあることを発見するかもしれない。たとえば、今期何が何でも自分のノルマをこなさなければならないという信号を受け取ることもあるだろうし、あるいは上司の顔を立てることを最優先にしなければならないという信号を受け取ることもあるだろう。

場を見ることはけっしてできないが、人の行動を見れば、場の影響は簡単にわかる。場に何があるか知りたければ、人が何をしているか見ればいい。人はメッセージを拾い上げ、何が本当に大切かを見分け、それに応じて自分の行動を形づくる。組織の空間がばらばらのメッセージで満たされている場合、矛盾ばかりが空気に漂っている場合、この見えない不協和音は、問題のある行動として見えるようになる。なぜなら、そこには意見の一致というものがなく、議論や競争や攻撃的行動ばかりが目立つからだ。人は本音を言わず、互いを信用しない。組織は方向がしょっちゅう変わり、行き先が定まらない。

さきほどの小売チェーンに話を戻すと、場が訪ねた店舗に実際に存在するかどうかはさておき、顧客サービスがよい店舗には、顧客サービスはどうあるべきかについて、言葉でも行動でも、明確で一貫性のあるメッセージを発して空間を満たしているリーダーが必ずいた、ということは断言できる。そういう場は、調和が強みであり、行動に与える影響の方向が一つに絞られていた。この場の力のおかげで、結果は約束され、抜群の顧客サービスとして実を結んでいたのだ。

組織という生命体にはほかにも漠然とした側面があるが、それらを管理するうえでも、場の理論が明らかにする見えない影響という視点が役に立つ。たとえば、ビジョン——目的や方向についての組織の明快さ——は、場の理論の格好の候補と言える。直線的な発想では、ビジョンとは、未来の設計、つまり組織の目的地を決めることだと考えることが圧倒的に多かった。そこには、目的地のイメージがはっきりしていればいるほど、未来が現在に及ぼす力が大きくなり、私たちを理想の状況に引っ張っていく、という思い込みがある。それは、あまりにニュートン的なイメージであり、昔の重力の概念だ。だが、ニュートン的な科学から脱して、ビジョンを場として見たらどうなるだろう。

もしビジョンが場だとしたら、その形成力を利用してどんな新しいことができるか考えてみよう。まず、ビジョンの策定というのは、場所ではなく力を、目的地ではなく影響をつくっていくことだと認識するところから出発することになる。この場というメタファーは、調和のある空気、つまり、ビジョンあるメッセージとそれにマッチしたビジョンある行動が必要だということを理解しやすくしてくれるはずだ。また、ビジョンは、全社員の行動に生き生きした影響を与えるものとして、組織全体に浸透していなければならないということもわかるだろう。さらに、達成しようと夢見ていることに悪影響を及ぼすものは何かが理解できるようになるので、ビジョンと矛盾した行動に心の底から危機感を覚えるようにもなるだろう。メッセージがかけ声だけにとどまらず、行動として目に見えるようになれば、言行一致の正直な組織になれるはずだ。

かつて、組織をゴミ箱にたとえるモデルが提唱された。組織の「空間」とは、あてもなく循環している人、解決策、選択の機会（会議など）、問題が、絶えず混ざり合うごちゃ混ぜのものであり、ときどき、その四つの要素が同時発生し、そのつなぎ目で何かを決定する、という挑発的な考え方だった。「組織とは、議題となる問題を探している選択の機会、公表されて判定が下る状況を探している論争と感情、自らが答えになれそうな論争を探している解決策、そして仕事を探している意思決定者の集まりだ」[8]

このモデルは、ニュートン的組織の生命観をシニカルに、だが偽りなく描いている。個別の断片が放浪し、衝突するか、衝突を避け、予想外の方向に針路を変える——組織の無政府状態はときどき、偶然に統一がとれたときだけ解消される。このメタファーは、いまだに辛らつだが、あまりにも多くの組織の会議室に蔓延する不合理なエネルギーというおなじみの光景を描写したものだ。ゴミ箱に秩序をつくる仕事、悪臭のするごちゃ混ぜのものに構造と意味を押しつける仕事は事実上、不可能だ。

しかし、量子の感性でものを見れば、秩序をどうつくるかについて新しい可能性が生まれてくる。組織のふるまいは、目に見えないものによって影響される。私たちが、自分たちがつくる場に専念し、その場に統一感を持たせて磨きあげれば、組織という生命体のゴミを一掃することができるのだ。

いろいろな意味で、場が強力なまとめ役《オーガナイザー》になり得ることを私たちはすでに知っている。昨今、組織の文化や価値観や目的が重視されるようになるとともに、この傾向に場の役割が貢献することもより深く理解されるようになってきている。理由がはっきりわからなくても、重要だということはわかるのだ。リーバイ・ストラウス社の元CEO、ロバート・ハースは、これを「コンセプトによるコントロール」と呼び、「コントロールしているのは、権限のある管理職ではなく、企業の理念だ」[9]と述べている。場と同じように理念というものが組織の中で現実に力を発揮することを私たちが理解すれば、なぜコンセプトには実行するだけでなくコントロールする力もあるのか、それを理解するためのイメージをもっとはっきり持てると思う。イメージが変われば、人が何にどう注意するかも変わるのだ。

場の視点で組織を見れば、私たちは真っ先に明快さを気にかけるようになる。あいまいな話し方をせず、自分の言行の一致にこれまでになく高いレベルを求めなければならない。そして、場が誰にでも開放されていて、情報がどこででも入手できる、そういう環境を確立しなければならない。ビジョンを、壁からはがして、廊下を歩かせ、全従業員、組織の隅々にまで行き渡らせる。かつて私たちは、自分を有能な組織の設計者だと考えていたかもしれない。部品を組み立て、収納ケースを描き、丹精を込めて、あらゆる必要なつながり、モチベーション、構造をつくるのにエネルギーを注いできた。今、私たちは自分が情報の発信塔だというイメージを持つ必要がある。発言の一貫性を高く保ち、矛盾のないメッセージをあらゆる場所に送り出す。私たちはひとり残らずそこにいて、発言し、はっきりさせ、熟考し、モデル化し、そして関心を持っているメッセージで空間を埋めつくす必要がある。そうすれば、強力な場が育っていく――それとともに、一体感のある優秀な組織をつくる驚くような能力もまた育っていくのだ。

空間はけっして空虚ではないということを思い出してほしい。空間が調和のとれた声で満たされれば、力強く、説得力のある歌が生まれる。対立で満たされれば、不協和音にうんざりし、そこにはいたくなくなる。調和があるかどうかなんて問題ではないとごまかすとき、「有言実行」の必要はないと思い込んでいるとき、失うのは個人の一貫性では済まない。私たちの人生に秩序をもたらし得る、場に恵まれた空間の協力も失うのだ。

皮肉なことだが、従来の権威型ではなく、価値観やビジョンで組織をリードするよう私たちを説得しようとする人たちの話は、どうも中身が薄い。彼らのアドバイスには、秩序を約束する構造やマネジメントのコントロールが欠けているように思われる。価値観、ビジョン、倫理――あまりにソフトで、あまりにひらひらしているため、とてもマネジメントツールとしての役目を果たさない。カオスに直面している私たちが必要としている秩序をどうやってつくるというのだろうか。ニュートンの世界は、内面的な整合性は問わない世界なので、そのような懸念は正当化されていた。個々の部品は乱暴に個々の軌道に乗せられた。だが、ニュートンの世界の先にあるものを見て、視野を変えれば、もっと繊細な秩序のプロセスのある世界が見えてくる。

もし、私たちが、空間の湾曲に沿ってそっとすべり出て、その中に深く入り込んだらどうなるだろう。いったんそこで、見えないものに目を向けたらどうなるだろう。そこには、空虚さではなく、豊かなものごとをまとめあげるエネルギーがあることに気づくだろう。かつて私たちは、見えるもの、見える構造に安住していた。今や見えないものを受け容れるときだ。物質が非物質になる可能性のある世界、影響が目に見えないまま私たちの間を動く世界の中で、場の影響をじっくり考えてみてはどうだろう。そんなちょっとした冒険を、空間は可能性をいっぱいに満たして待っている。

第4章

宇宙の持つ全員参加の性質

あまりにもたくさんの秘密を見破ると、
人は不可知なものの存在を信じなくなる。
だが、それでも、敵は依然として舌なめずりしなが
ら静かに待っているのだ。

——H・L・メンケン

〈シュレーディンガーの猫〉は、量子物理学の古典的な思考問題だ。物理学者のエルヴィン・シュレーディンガーは、量子の世界では現実と言えることは何もない、ということを説明するために、一九三五年にこの問題を提起した。あるものごとに何かが起きているかどうかは、それを見ていなければわからない。そして、もっと不思議なことに、人が観測するまでは何ごとも起こらないというのだ。量子の世界で中心的なのは「観測されていない量子の現象は、観測されたものとは根本的に異なる」という考え方だ、とゾーハーは書いている[1]。

〈シュレーディンガーの猫〉はいまだに解明されていないが、ここにその思考実験を紹介しよう。生きた猫を箱に入れる。箱にはすき間がなく、外からは中が見えないようになっている。この思考実験は、これから起きる現実の中で観測者が果たす役割を探求するものなので、中が見えないことは非常に重要な条件だ。箱の中にはある装置が入っていて、毒かエサのどちらかが出るしかけになっている。どちらかが出る確率は五〇%ずつ。時間が経つ。箱の中は観測されないまま、しかけが始動する。猫は運命を迎える。

本当にそうだろうか。観測によって粒子か波動のどちらかとして崩壊するまで、電子が波動と粒子の両方の性質を持つのと同様に、シュレーディンガーは、人が観測する瞬間まで猫は生きており、かつ死んでもいると主張した。箱の中では、誰も見ていなければ、猫は確率波動としてのみ存在する。猫のあらゆる状態の可能性を数学的に計算することは可能だ（シュレーディンガーの波動関数）。しかし、観測するまでは、猫が生きているか死んでいるかを示すことは不可能だ。猫の波動関数の崩壊を決定し、生死を決めるのは、観測という行為なのだ。人が箱の中をのぞくまでは、猫は確率としては生死が重なり合った状態で存在する。人の好奇心が猫を殺しもし、生き返らせもするわけだ。

私はこれまで〈シュレーディンガーの猫〉の量子論の論法はけっして理解できず、こんな屁理屈には関わらなくて結構と思いながらも、この問題をあてもなく頭の中で遊ばせてきた。それなのに、まるで波動関数のように、この考え方の可能性が知らないうちに大きくなり、ある日、まさに量子論風に「ポンとはじけて」、具体的に腑に落ちる瞬間があった。自分は、これまで所属したことのあるどの組織でも、〈シュレーディンガーの猫〉の世界で生きていた、そう悟ったのだ。こうした組織で作成されつづける組織図には無数の箱があった。そんな箱の一つ一つに「猫」ならぬ人間が置かれ、可能性は豊かだが、その運命は、常にそして不可逆的に、観測という行為によって決められた。

自己充足的予言とそれが人の行動に与える影響はよく話題になる。あるマネジャーが、今度の新人は特別優秀だよ、と聞かされたとしよう。するとマネジャーは、その新人の話を聞くにつけ、意味がよくわからない話であっても、やっぱり才能があるなと思ってしまう。ところが、今度の新人は少し頭の回転が鈍いよ、と聞かされたとすると、その新人の出すすばらしいアイディアも、いい加減だとかわかりにくいと解釈してしまう。組織における機会の影響についての研究によれば[2]、組織の「エリート」、つまり昇進の早い野心家は周囲の人間に勝者であることを期待されることによって、少なくとも幾分かは出世のスピードが速くなるということがわかっている。彼らの発想や意見にはより多くの信頼が寄せられ、彼らはより多くの資源とより高い地位を任される。人ははじめから、彼らが成功するものと決め込んでおり、だから、きっと自分の信頼は裏切られないだろうという期待を込めて、ずっと彼らを注視するのだ。

そんなエリート以外の組織の人間は、衆目を集めることもなく、永遠に目立たず、誰も見向きもしない可能性のかたまりとして生きていく。あるいは、一瞥《べつ》されるだけで、「死んだ」と観測され、その後は新しい可能性を示すチャンスのない仕事に縛りつけられてしまう。量子の世界では、見たものが結果だ。人間の組織では、私たちは日々〈シュレーディンガーの猫〉と戯れ、お互いの中に観測すると決めたものによって、私たち全員の運命——生または死の質——を決定している。だから、観測の不可解さに取り組まなければならないのは、量子物理学者だけではない。観測問題は、私たちにとっても物理学者に負けず劣らず切実なのだ。

量子物理学では、観測問題はさまざまな学派の発展につながり、各派が、意識が演じる役割を論じた。世界を呼び覚ますのは意識なのか。観察という人間の行為とは無関係な現実などあるのか。そのような問いは、科学の問いであると同時に古来からの哲学的な問いでもある。サイエンス・ライターで物理学者でもあるフレッド・アラン・ウルフはこう問う。「世界が存在し、客観的に不変なものではなく、しかも私が姿を現す前から存在しているなら、いったいそれは何だろう。最善の答えは、世界は可能性にすぎず、私なり、あなたなり、それを観測する人間がいなければ存在しないということのようだ。それは、本質的には、誰かが観測するたびにひょいと実質的な存在に姿を変える幽霊のような世界だ。世界にたくさんある事象のすべては、潜在的にそこに存在しているのだが、誰かが見たり、感じたりすることで、初めて現実となって見られたり、感じられたりするようになるのだ」[3]

こうした問いは、物理学者の哲学的な関心からだけでなく、量子論の実際の実験をめぐる論争からも生まれる。二重スリット実験というのが、量子の世界における観測の役割を示す実験として、最も頻繁に引き合いに出される実験だ。

ごく簡単に説明すれば、この実験は、電子（もしくはほかの素粒子）を飛ばして、ボードに開けた二本のすき間（スリット）のどちらかを通過させるという内容だ。二本のスリットのどちらかを通過した後、それぞれの電子はスクリーンに到達し、そこで電子がぶつかった場所に白い跡が残される。一個の電子は一つのスリットしか通過せず、スクリーンにどんな跡が映し出されるかは、電子がスリットを通過するときに、スリットが片方だけ開いていたか両方とも開いていたかによって決まる。

電子は、量子と見なされるすべての存在同様、波動と粒子という二つの存在の形を持っている。両方のスリットが開いているとき、単独の電子は波動としてふるまい、記録スクリーンには、波動に特有の干渉縞が映し出される。片方のスリットしか開いていないときには、映し出されるパターンは個別の点、つまり粒子のふるまいになる。

一つのスリットを通り抜ける途上で、電子は、もう一つのスリットが開いているかどうかを「知っている」と言わんばかりにふるまう。電子は、科学者が何を観測しているか知っており、それに応じてふるまいを調整する。観測者が、電子を「だまそう」として、電子がボードに接近してくるときに、スリットを開いたり閉じたりしても、電子は、自分が一つのスリットを通り抜ける瞬間の両スリットの状態に適した方法でふるまう[4]。電子は観測者が見ているかどうかも知っている。スクリーンに記録装置がなかったら、電子は記録されているときとは違うふるまいをする。観測されていない場合、電子は潜在的な波動としてのみ存在する。もし誰かが見ていなければ、「どちらのスリットを電子が通り抜けるかはわからない」[5]

二重スリット実験のどれをとっても、古典物理学では説明することができない（あるいは、私たち素人にとってはまったく納得がいかない）ので、物理学者のリチャード・ファインマンは、二重スリット実験を「量子力学の基本的な特性」をすべて含んだ「量子力学の精髄」[6]と呼んだ。物理学者でない私たちは、観測と観測者の役割といった謎めいたことも別にどうということはないと思うかもしれない。しかし私にとっては、結局は私たちがさんざん格闘する羽目になる現実を、人や出来事に対する知覚がどう形づくるのか探求するには、こうしたジレンマをあれこれ考えることが役に立つような気がする。

〈シュレーディンガーの猫〉と観測問題は、私たちの組織の周りをさまざまな形で音もなく歩いている。フレッド・ウルフは「知ることとは中断させることだ」と言っている。何かを計測しようとするたび、私たちは邪魔をする。量子波動関数は、計測される瞬間まで、つまり波動の未来が一つの様相に崩壊するときまで、可能性を高めていく。その波動関数のうち、どの様相が前面に出てくるかは、大部分、私たちが何を計測するかによって決まる。

物理学者のジョン・アーチボルド・ホイーラーは、参加型の宇宙を熱心に提唱した。参加型の宇宙とは、ある情報を探す行為が、探そうとしていた情報を生じさせ、同時にほかの情報を観測する機会を排除するような環境だ。ホイーラーによれば、宇宙全体が、観測から現在をつくるだけでなく、過去をもつくる、参加型のプロセスだ。あらゆるものごとに現実性を与えるのは、何が起きているか気づいている観測者の存在なのだ[7]。私たちは、一つの様相を実験することを選択するとき、ほかのものを見る能力を失う。何かを計測するということは、常に得る情報よりも失う情報のほうが多い。それは、けっして後戻りできない、ほかの可能性を永遠に箱から閉め出す行為なのだ。

量子の感受性によって引き起こされる観測の難しさは、量子物理学に限らず、あらゆる科学研究にとって問題だ。現代科学は、私たちを取り囲む世界を体系的に観測しようと試みる。だが、科学は、観測者の影響を受けずに、客観的な世界で行われるものではない。どんな観測も何を観測するかという選択が先行する[8]。科学者であれ、リーダーであれ、子どもであれ、誰ひとりとして、世界を純粋に観測することはなく、与えられるままを取り込むこともない。私たちは例外なく、自分自身が作製したレンズを通して世界を組み立て、そのレンズを使ってフィルターにかけ、取捨選択している。私たち一人ひとりが、積極的に自分たちの世界をつくることに参加しているのだ。だから、観測は非常に複雑で重要な問題だ。プリゴジンとスタンジェールは「私たちが現実と呼ぶものは何であれ、私たちが参加する積極的な構築行為を通してのみ、私たちに姿を見せる」[9]と忠告している。

リーダーは、観測のジレンマに対して注意を怠ってはならない。マネジメントは数字中毒と言ってよいほど、調査、月度進捗チェック、四半期報告書、年次評価などで頻繁に組織の脈をとる。どんな形式であれ中立的な計測はない、という認識を常に持つことが重要だ。計測という行為は必ず、得るよりも失う情報のほうが多い。それなら、確実に健全な情報を入手して、聡明な決定をするにはどうすればよいのだろう。どうすれば何が探すべき正しい情報だとわかるのだろう。情報を探して手に入れたとき、失った情報に対してもオープンでありつづけるにはどうすればよいのだろう。

私たちは、組織の中でこうした疑問を表面化させることはあまりない。それよりも、わずかな重要指標、あるいは信頼している人たちの意見を重視する傾向がある。そして、失った膨大な量の情報よりも、持っている限られた情報の精度や最善の分析方法のほうを心配する。まったく新しいデータを探そうとするときでさえ、あいかわらず「どこかに」そんなデータが存在するかのような、そして、適切なレンズや専門家を見つけさえすれば、それが手に入るかのような行動をとる。私たちはいまだに客観性を、真実を、信頼できるデータを、確定した数字を信じている。観測のジレンマで露見する、あいまいでぼんやりした世界を受け容れることを避けてきたのだ。フレッド・ウルフが言ったとおり、「量子の法則に従えば、原理上知ることが可能なものはすべて、知ると同時に経験することはけっしてできない……ただし、一つはっきりしていることがある。自分自身は、自分自身ではないと見なされるものの中で役割を果たすのだ」[10]

しかし、それでも疑問は残る。客観的な情報なしで私たちはそもそも存在できるだろうか。自分が住む世界を自分がつくるなら、その仕事をするのに必要な情報はどうすれば集められるのか。問題が宇宙の参加型の性質にあるように、解決法もその性質の中にある。参加は、つまり真剣に取り組むことは、私たちが住んでいる、この非客観的な世界の不確実で幽霊のような性質から抜け出す、一つの道なのだ。世界を賢明に理解したいなら、どんどん広がっていく膨大なデータや意見や解釈が必要だ。もっともっとたくさんの人たちの目が必要だ。そして絶えずこう問わなければならない。「ほかに誰がここにいるべきか。ほかに誰がこれを見ているべきか」

参加というものが組織の戦略としてなぜそれほど有効なのか、量子論から見た解釈をさせてほしい。従来のモデルでは、データの解釈は管理職や専門家に任せている。データの解釈に対応する一握りの人たちが、データに含まれる可能性のごく限られた部分だけを観測する。こうした孤立した観測に依存している私たちは、人目に触れずに消えていくデータのすべてについて考えてみることが、いったいどれほどあるだろう。

ちょっとここで、空間を移動し、さまざまな解釈の可能性が残されている量子波動関数にたとえて組織のデータを考えてみよう。この可能性を秘めた波動は、たった一人の観測者と遭遇し、その特定の人物の期待に反応しながら、たった一つの解釈に崩壊する。それ以外のあらゆる可能性は、その観測という単独行為によって視界から消え、失われる。そして、この一つの解釈が、組織のほかの人たちにも伝えられる。ほとんどの場合、解釈は（本当は違うのに）客観的で、（そんなことは不可能なのに）最も信頼のおけるものとして提示される。

データが波動として認識され、さまざまな解釈の可能性が残されており、どの意味が引き出されるかは観測者に完全に依存しているとき、量子論のイメージでは、どれだけの違いがあるだろうか。そのようなデータが自由に動き、たくさんの多様な観測者に遭遇する。観測者はそれぞれデータと相互に作用し合い、自分独自の解釈をする。人間が一人ひとり違うように、解釈も違うはずだ。データに含まれる可能性の大半を失うかわりに、たくさんの観測者がたくさんの多様な反応を引き出し、観測には本物の豊かさが加味される。多様な解釈が共存する組織は、何が起きているか、何をすべきかの感覚が磨かれる。そうした組織はさらに知的になる。

私たちが、この参加型の宇宙にたくさんの参加者を引き込めば引き込むほど、宇宙の潜在能力をたくさん引き出せるようになり、その分、私たちも賢くなれるようだ。この幽霊のような宇宙から幽霊を消すには、私たちが行動パターンを変え、何が起きているかを観測するプロセスに、そして一人ひとりの独自の解釈を組織に役立てるプロセスに、もっともっと多くの人たちを巻き込むことだ。

ここ数年、私が関わってきた組織に本当に奇跡のような出来事が起きている。それは、システム全体を巻き込む変化をめざした努力だ。数百人ほどの人たちが、外部の利害関係者も含め、組織のあらゆる部分から参加を要請される。二、三日の間、参加者は組織の過去・現在・未来の共通のビジョンづくりに協力して懸命に取り組む。解釈の豊富さと創造される未来のシナリオを目の当たりにして、私は参加の威力を思い知らされている。この会議では、システム全体が一緒になって、情報を発信し、自身を振り返り、自分は何者になりたいのかを考えるため、まったく新しい、びっくりするような解釈が得られる[11]。そして、この集団の多様性が、自分たちがともに何を創りあげたいのかという、複雑だが統一されたビジョンとして一つにまとまるとき、奇跡がもたらされる。この未来のビジョンは常に、一個人にはとても想像できなかったほど影響力があり、独創的だ。

私たちが参加型の宇宙に住んでいるという認識はまた、「所有すること《オーナーシップ》」の意義についての私の理解も深めてくれた。所有するとは、文字どおりの所有者を意味するだけでなく、それ以上に重要なのは、従業員が自分の仕事に心情的な投資をすることを意味する。それは、個人と組織のつながり、人を触発して組織に貢献させる強い帰属感を表す。私の専門である組織行動論において立証されている、人の行動原理とは「人は自分が創造したものを支持する」ことだ。先輩コンサルタント同様、私も心理的な所有意識の価値を説いてきたわけだが、量子論の宇宙はこの概念をもっと強く支持し、それがどのように現実的で具体的なエネルギー源となるのか説明していることを、今、私は理解するようになった。

所有意識を醸成する最善の方法は、実行する責任のある人に自分自身で計画を立てさせることだと私たちは知っている。単にお仕着せの書式で他者に計画を提出させるだけでは、誰も成功しない。計画のすばらしさや正しさはどうでもいい——計画を立てるプロセスに関わらせていないのに、署名を求めてもうまくいくわけがない。

ここが、量子物理学の観測の現象から学べる部分だ。量子論の論法では、人が個人的に計画や発想と相互作用する機会がなければ、どんな計画や発想もその人にとっての現実となることを期待できない。現実感は、観測のプロセスによって、つまり観測者が何に注目するか選ぶことを決定することから、共同でつくられるものであり、そういう行為から切り離して存在するものではない。したがって、人に自分の現実感を「言葉で」わからせることはできない。自分でつくり出さないかぎり、何も本当の現実にはならないからだ。人が提案された計画を実感できるのは、その計画と相互作用するときだけ、個人的な観測のプロセスを通してその計画の可能性を呼び覚ますときだけなのだ。

あなたが何かを相手に受け容れさせたいと思うとき、どんな体験をするか考えてほしい。計画が提案される数々の会議で私はそれを何度となく見ている。どんなにすばらしい計画でも、分析され、批判され、却下され、また元に戻され、ついには、ほとんどいつもそうだが、元の形にわずかな修正が加えられただけで承認される。参加者は一人残らず、優秀な科学者のように、計画を詳細に観測する。重箱の隅をつつき、中身をほじくり出し、可能性をもてあそんでみる。観測者はそれぞれ、観測という行為によって計画の自分版を再現しているのだ。ときには激論の末、分析は終了し、エネルギーとコミットメントに満たされて人は充足感に浸る。合意に至った計画が結局ははじめに提案されたものと何ら違わないようなことがあまりに多いものだから、なぜいつもこれを通過しなきゃならないんだ、そう思いながら、私たちはたいていこのプロセスに耐えている。だがそれが、計画を個人の現実として生き返らせる参加のプロセスなのだ。人は、自分にとっての現実になって初めて、それに主体的に関わることができるのだ。

参加、所有意識、主観的な情報――私が量子物理学から学んだ組織の見方のそれぞれは、すぐに私にとって核心をついた真実となった。私たちは、関係がすべての基本である宇宙に住んでいる。量子の世界では、何かが何か別のものに出会うことなく何かが起きることはない。何かとの関係を持たずに存在するものはない。私たちは、世界のさまざまな相互作用に参加し、たくさんの可能性から取捨選択しながら、絶えず世界を創造しつづけている。これは、プロセスの世界、関係づくりのプロセスであり、そこでは「もの」は関係の結果として生じる、一時的な存在だ。

物理学者は、この新しいプロセスの世界に適応することにかけては有利なスタートを切っている。彼らは、物体よりも事象や相互作用に注目しており、したがって、ゲーリー・ズーカフが「踊る物理学者たち」と形容しているように、ダンスの観測者でもある[12]。ところが、私たちといえば、オフィスに座り、硬直した関係に組み込まれ、日々たまっていくデータの山に攻囲され、複雑な解釈の公式で武装しているのだから、そのダンスフロアに降り立つまでにはまだ長い道のりがある。それはまるで他人事のようで、観測しているあらゆるものごとの創造に私たちが参加するという実感がわかない。

とすると、未来の組織はどんな設計になるのだろう。私たちが官僚的組織に代わる組織の設計に取り組むときは、プロセスに多様なテンポのダンスが許され、必要な仕事がしやすいように構造が柔軟に変化し、必要な関係を支えるような形が生まれる、そういう組織を考案しなければならない。

物理学者も、相互に関わるまでは物体ではない「物体」どうしの反応を図式化しようとするとき、同様のジレンマと闘っている。粒子が現れ、変化し、ほかの粒子の生成に参加する反応を図で描く方法には何通りもある。たとえば、線がさまざまな点から集まり、別の方向に離れていく新しい線を形成する描き方がある。こうしてできあがる入り組んだ格子のようなデザインは、粒子は物体としてではなく、出現、つまり、延々と続く反応のネットワークの一時的な状態として

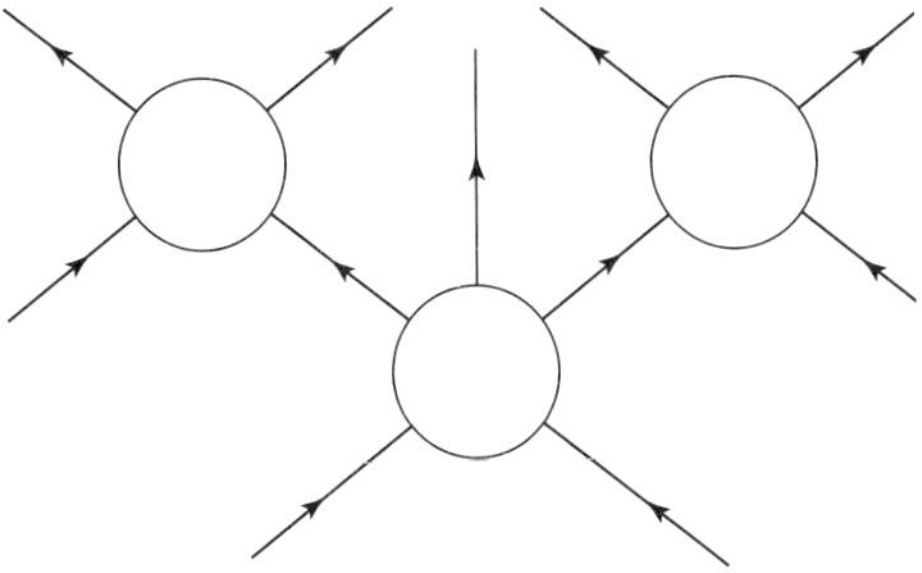

S行列ダイアグラム――粒子は、相互作用のネットワークの中で中間的な状態として出現する。どの粒子のエネルギーもほかのエネルギー源と結合し、新しい粒子を生成できる。線は粒子を「反応チャネル」として表しており、そのチャネルを通してエネルギーが流れる。円は相互作用の領域を表している。

のほうがよく理解できるという考え方を裏づけている。物理学を詳しくは知らないが、私はかねてS行列ダイアグラムの概念に興味を引かれてきた（上図参照）。

物理学において、ダイアグラムは、高エネルギー粒子のダイナミックな生命をモデル化し、また、利用可能なエネルギーに応じて、それらがいくつかの異なる形として現れる様子をモデル化する一つの方法だ。私は、素粒子反応のダイアグラムは、組織の構造について、役割と関係を別々に図式化する方法について何か参考になると思い、ダイアグラムを見つめるのに長い時間を費やしてきた[13]。

まず私が興味を引かれるのは、「反応チャネル」の概念だ。ダイアグラムの中で、線は衝突円に集合し、そこから別の線が出現する。各線には粒子名がつけられているが、線は、粒子や物体としてではなく、エネルギーが一時的な形を持つ場所である「反応チャネル」として理解するのが一番よい。相互作用で生成されるエネルギー量に応じて、いくつかの異なる形（粒子）が反応チャネル内で出現する可能性がある。

従来の組織図は、境界のはっきりした四角い枠を結ぶ線で埋めつくされている。その線を、反応チャネル、つまりエネルギーがほかのエネルギーに遭遇して新しい可能性を創出する場所、として考えることは大進歩かもしれない。だが、S行列を知って、役割や固定的な存在としての人間という発想を捨てる必要に迫られることで、私の考えはもっと広がった。自分が何者かは自分が誰に会うかによる、という「もののない」世界に導かれたのだ。

原子以下の粒子は、粒子のエネルギーと粒子がエネルギーを交換する関係のネットワークによって定義される。この原子以下の粒子というのは、カプラによれば「個別の存在ではなく、進行中のダイナミックなプロセスにおける相互に関係のあるエネルギーのパターンである。これらのパターンは、互いに相手を『包含』するのではなく、むしろ互いに相手を『巻き込む』……」[14]こうした粒子は、さまざまな反応に参加する傾向として説明されている。これはその存在の持つダイナミックな性質を尊重した定義づけである。物理学者は、S行列ダイアグラムを使って、絶え間ない変容、出現、崩壊、そして高エネルギー粒子を特徴づける新しい形など、それぞれのプロセスを説明する。その結果、非常におもしろい相互作用のネットワーク、つまりプロセスと潜在的な関係で構成される構造ができあがる。

もし、これを組織図が表す役割や関係に当てはめれば、仕事がうまくいくようにするための違う発想がわいてくる。関係のネットワークとその人の仕事を支えるのに必要な資源を理解しなければ、役割には何の意味もない。この相関的な世界で、孤立した職務や説明責任から見て、人を単独に定義することができると思うのはばかげている。私たちは、その人が仕事をするのに必要なエネルギーの流れのパターンを概念化できるようになる必要がある。どんな人の役割もエネルギーとエネルギーが出会い、何かを起こす場所として見なければならない。一見意味不明な粒子相互作用ダイアグラムは、組織を進化させるほどの働きをするために、個人とその関係のネットワークを支えるには何をしなければならないか、についてまったく新しい視点を与えてくれる。

従来の組織図とは異なり、S行列ダイアグラムは回転させることもできる。だから、役者である粒子間の反応を変更することができるわけだ。一個の粒子が基本要素や原因となる行為者《エージェント》なのではない。それぞれが他者と相互作用し、新しい結果を生み出す能力を持っている。ダイアグラムを回転させると、あるエネルギーが演じていた役割を変えることができる。ある反応に影響を及ぼしていた力が、ダイアグラムをひっくり返すと、別の力によって影響される反応チャネルになる。ヒエラルキーや既定の権限は重要なものではない。重要なのは、エネルギー交換のための場所が用意できるかどうかなのだ。

このように、組織における役割を、相互作用とエネルギー交換の中心として考えるようになれば私たちの関心事は大きく変わるだろう。職務や説明責任が役割別なのに、どうしたらその役割がエネルギーを他者に与えるのか。どうしたら、必要な相互作用を強調し、同時に組織全体がエネルギーの流れを促進することができるのか。私たちの興味は、望む結果を達成するのに必要なエネルギーや関係に向けられるようになり、もし、組織をこのように考えることができれば、私たちはプロセスと関係を基調にした組織、つまり、この相関的な世界でもっと効果的に機能する量子的な組織を築き始めることができる。

ハイゼンベルクは、現代物理学の世界を「対象のグループで分類されるのではなく、関係のグループで分類される」世界と表現している。ハイゼンベルクによれば、区別の可能な、重要なものは、関係の種類だという。この世界の中で、私たちは組織を設計し、管理しなければならないのだ。組織についての一般的な考え方に課題をつきつける物理学のイメージが、今後もっと増えていくことは間違いない。

おそらくこれらは、量子物理学を理解しようとして、(あらゆる量子の現象と同じように)考え方があいまいになってしまった人が、ふらふら歩いているようなものだ。だが、この関係から成り立つ新しい世界に反応し、その世界で私たちが堂々と現実を呼び起こす役目を果たす、そんな組織をつくるという緊急の課題がある。旧態依然とした考え方は、私たちを束縛し、私たちがこの可能性に満ちた世界と十分に関わることを妨げる。

可能性にあふれ、波紋が広がるにつれて可能性がどんどん増えていく、そんな波動関数がいくらでも空間にあることを考えるにつけ、なぜ人は自分を性急に一つの考え方、一つの構造、一つの認識に限定してしまったり、「真実」は客観的な形で存在すると思い込んだりするのかと不思議に思う。宇宙が多様性を要求し、多義性の上に繁栄しているときに、なぜ「何かをする正しい方法は一つ」「一つの状況には一つの正しい解釈」という固定観念に縛られてしまうのだろう。

賢明になるためにもっともっとたくさんの目が必要なときに、なぜ参加をためらい、そのリスクについてばかり心配するのだろう。協力して世界を創造しようとしているときに、なぜ現れてくる力強いビジョンと未来に抵抗するのだろう。生産的な生命のダンスに参加するよう招かれているときに、なぜ安定や予測可能性を選んでしまうのだろう。

そしてなぜ、猫は死んだと予測して箱の中をのぞき込むのだろう。猫を生かすも殺すも、私たちの観測の力次第なのに。

第5章

自己組織化という逆説

不正なき正義
混沌なき秩序を求める者は
天地の原則を理解していない
万物がいかに結びついているかを
わかっていない

——荘子

子どものときのことだ。ある日、私は頭上にそびえるブランコの下にいた。一緒に遊んでいた年上の子が、ある女の子がブランコをこいで、こいで、ついに一回転してしまったときの話をしてくれた。私は、すっかり感心して黙りこくって聞いていた。その子は、私たちが夢に見るだけのことをやってのけた。めちゃくちゃに高くこいで、ついには重力さえも振り切ったのだ。

今、小さな公園で、末の息子が次から次に遊び回るのを座って見守りながら、私はこの本当かどうかわからない話のことを考えている。息子は、回転遊具に乗ってぐるぐる回りながら、よじ登ったり、揺れたり、ジャンプしたりしていたかと思うと、次は回転丸太の上をよろよろ歩き、そのうち笑い声をあげながら、バランスを崩した。そして今度は、シーソーにまたがり、相手が地面にぶつかったら、自分が高く空中に蹴り上がるのを待っている。私が見渡すかぎり、動いている体、冒険を求めるエネルギーでいっぱいだった。

こうした子どもたちが求める体験はどれも、まさしく私たち大人が避けているもののように思われる。不安定、目新しさ、コントロールの喪失、驚き。そうでなければ公園は楽しくないが、普通の生活がそうでは危なっかしい。私たちはこうしたものごとをやたらと避けるので、もし組織がシーソーだとしたら、両端をつっかい棒で支えて、安定した板になるようにするだろう。だが、なぜ大人の生活では平衡、つまり安定した状態というものが大切な目標になるのだろう。なぜそんなに熱心にバランスをとりたがるのだろう。そんなに必死で避けるほど変化は恐ろしいものなのだろうか。

あやふやな概念をはっきりさせるには、言葉の一般的な定義に立ち返ってみることが役に立つことがある。というわけで、『アメリカン・ヘリテージ・ディクショナリー（American Heritage Dictionary）』を開き、平衡・安定（equilibrium）という言葉を調べてみよう。「一．作用している影響のすべてが相殺されて、安定し、釣り合いがとれ、変化しないシステムになる状態。二．【物理】すべての作用力の合力がゼロになるシステムの状態。……四．精神または感情の釣り合い。平静」

最初の二つの定義の否定的な感じにびっくりさせられる。すべての活動の結果がゼロになる状態？　それなら、なぜ、私たちはそんなに平衡を望むのだろうか。精神や感情が健康で幸福な状態をこの言葉で表すのだろうか。私自身の生活では、平衡が常に望ましい状態というわけではない。組織にとって望ましい状態だとも思わない。その正反対だ。組織が平衡を追い求めれば、必ず組織の死につながる。びくびくした人たちのせいで停滞へまっしぐらだということを見てきた。平衡の悪影響をたくさん見てきたので、なぜ平衡というものがこんなにも高い地位を得ているのか考え込んでしまう。それはきっと熱力学の時代遅れの考え方と関係があるに違いない。

　平衡は熱力学第二法則の作用の結果である。この法則が何なのかは知らなくても、私たちは日々この仮定に基づいて行動している。私の息子は四年生のときの物理の授業で、これを「怠惰の法則」と習った。閉鎖系は、外部から何のエネルギーも受け取らずに不可逆的にエネルギーを放出し、消耗していく傾向にあるという意味だ。生態学者のガレット・ハーディンは、この法則をかみくだいて「人は必ず衰える」[1]としたが、言い得て妙だ。生命は存続する。が、必ず下り坂だというわけだ。

　古典的な熱力学では、平衡は、閉鎖系の進化の最終状態、システムが変化する力を使い果たし、仕事を終え、生産力を無駄なエントロピーに散逸させてしまった時点を指す（エントロピーはシステムの変化する能力の逆の尺度。つまり、エントロピーが大きいほど、システムの変化する能力は小さい）。平衡状態では、システムにとって何もすることが残されていない。それ以上、何も生産できないのだ。もし宇宙が（外部から何も影響を受けない）閉鎖系だとしたら、段々に動きが止まり、平衡に達することは確実だ。科学者のピーター・コヴニーとロジャー・ハイフィールドの言葉を借りれば「エントロピーと乱雑度が最大に達し、あらゆる生命が死に絶える」[2]環境になるのだ。

　熱力学第二法則は、たとえば機械など、孤立した、閉じたシステムにしか当てはまらない。この法則の例外の最たるものは生命体だ。生きているものはすべて、開放系であり、環境と関わり、成長し、進化しつづける。それなのに、私たちの科学と文化は両方とも、古典熱力学の退化のイメージから多大な影響を受けてきた。衰退は必然、社会は滅びゆくもの、時間は容赦のない死に至る道という見方をしているのなら、無意識のうちに第二法則の賛美者になっているのだ。生物学者でガイア仮説の提唱者、ジェームズ・ラヴロックは、熱力学の法則を「ダンテの地獄の門の銘文のようだ」[3]と述べている

もし、宇宙は容赦のない死に至る道を歩んでいると考えるなら、変化を恐れながら生きるしかない。下り坂の世界では、どんな変化であれ、私たちの貴重なエネルギーの蓄えを使い果たして、私たちをすっからかんにし、死に一歩近づける。このような考えのもとでは、じっとしていることやバランスを保つことが、自然の侵食力に抵抗する手段になる。変化を願わないのは、衰退が待っているだけだからだ。現状の平衡状態のほうが、どんな形にしろ、悪化するに決まっている未来よりはましというわけだ。

しかし、平衡を尊重する陰で、私たちは生命を育むプロセスに目をつぶってきた。組織というものが生きている、自己再生する能力のある開放系だったにもかかわらず、死んだも同然に私たちが行動し、組織を機械のように扱ってきたのは悲しむべきことであり、皮肉なことでもある。この悲劇は、人が人を機械として扱うことで拡大されてきた。他者を動かすには強引に押して、せっついて行動させ、自分自身のエネルギーの力をもって相手の惰性に打ち勝つしかないと思い込んできた。だが、私たちは、成長し、進化しつづける宇宙の中の生命系の生物として存在している。古い熱力学を投げ捨て、ものごとの核心に触れることができるだろうか。組織の生命に反

応し、死に至る様を見守る考え方を捨て去ることができるだろうか。何でもぎこちなくバランスをとろうとすることをやめ、変化を受け容れることができるだろうか。

生命系は開放系であり、環境とパートナー関係にある。それだけでもう、平衡は目的地でもなければ、生命系の宿命でもないと言える。生命系が「開放」系と呼ばれるのは、絶えず環境からエネルギーを取り込み、エントロピーを外に出す能力があるからだ。エネルギーが失われるままに、おとなしく傍観しているのではない。平衡など求めない。まったく正反対だ。

開放系においては、生存能力を維持するために、システムが変化し、成長できるように自分自身のバランスを崩し、非平衡の状態を保つ。環境との開かれた交流に参加し、自分自身の成長のためにそこにあるものを利用する。自然の有機体はすべて、私たち人間も含め、このようにふるまっている。

これまで、システムアナリストと科学者は、主にシステムの構造に焦点を当てて開放系を研究してきた[4]。この研究路線が、システムを存続させる変化や成長のプロセスを観測したり、理解したりすることから研究者たちを長年遠ざけ、代わりに、機械に望まれる特性である安定性を支える影響に注目させた。システムの安定性を維持するために、今何が起きているかを監視するフィードバック・ループがつくられた。このタイプのフィードバックは調節フィードバックまたは負のフィードバックと呼ばれる。設定した目標からはずれると警告を発するフィードバックだ。たとえば、暖房装置ではサーモスタットがこの機能を果たす。標準的な基準に対して業績を評価したり、計画と進捗を比較したりする管理職も同様の機能を果たしている。調節または負のフィードバックは、いったんコースが設定されたらシステムを軌道からはずれないように調節する働きをする。情報は、システムがあらかじめ設定された結果を達成するために利用される。

ところが、もう一つ別なタイプのフィードバック・ループもある。増強フィードバックまたは正のフィードバックと呼ばれるものだ。こちらは、情報の利用方法が異なり、調節するためではなく、何か新しいことに気づき、それを変化させなければいけないと合図するメッセージにまで増強するために使われる。

たとえば、正のフィードバック・ループで捕らえられた、［つまりアンプで増幅された］耳をつんざくようなかん高い音がマイクから流れたら、誰でも後ずさりする。成長ではなく、安定が目標なら、そのような増強は大変な脅威であり、鼓膜が破れる前に慌てて抑えようとするのが普通だ。だが、正のフィードバックは、生命が環境に適応し、変化するために不可欠な能力だ。このループでは、情報が増加し、外乱も増大する。システムが、次第に増強してくる新しい情報に対応しきれなくなれば、いよいよ変化が求められているということだ。

長年、科学者は、正のフィードバックと非平衡、つまり不安定な状態がシステムの進化を促す役割を果たしていることを見落としていた。ものごとをありのまま理解しようとする中で、システムの安定を維持しようとするあまり、開放系に成長と変化を遂げさせる内部プロセスに気づかなかったのだ。

それに終止符を打ったのがプリゴジンだ。彼は、熱力学の研究に時間という要素を導入し、研究対象をシステムの構造からシステムのダイナミクスに移した。プリゴジンの研究、そして彼の研究を発展させた後継者たちは、開放系がいかに非平衡を利用して衰退を避けるかについて、私たちの意識をがらりと変えた。開放系のダイナミクスを長い間見ていくうちに、科学者は、かつては観測できなかったエネルギー変換の影響を理解できるようになった。システムが終焉する恐怖の尺度であるエントロピーは、依然として発生していたし、ときには大量に発生していた。ところが、科学者は、単に現在のエントロピーがどれだけあるか測定するのをやめて、エントロピーに何が起きたかというダイナミクス――エントロピーがいかに迅速に発生したか、環境から取り込むエネルギーと交換されているかどうか――に着目できるようになった。

　システムが、有用なエネルギーとエントロピーを交換して、新しいエネルギーを取り込むことができるとわかり、科学者は衰退は必然ではないと悟った。外乱は非平衡を生み出すが、非平衡は成長につながる。システムが反応し、変化する能力を持っているなら、外乱は必ずしもびくびくさせられる敵ではなかった。この見方で世界を理解するには、科学者は衰退とエネルギーの散逸という見方を手放す必要があった。非平衡の役割についての考え方を変え、無秩序との新しい関係を築かなければならなかったのだ。

　プリゴジンの研究は、非平衡はシステムの成長に不可欠な条件だということを示した。彼はこのシステムを「散逸系」と名づけ、逆説的な性質に注目した。散逸系は、自分自身を新しい形につくり直すために今の形を散逸させる、つまり放棄する。外乱が増えるにつれて、新しい情報を処理できるように自分自身を再編成する内在的な能力を持っているのだ。このため、「自己組織化システム」と呼ばれており、硬直し、安定しているシステムよりも適応力と弾力性に優れている。

あらゆる生命は散逸構造をとっている。しかも化学の世界でさえ、化学物質は非生物に分類されるにもかかわらず、この自己組織化能力の驚くような実例が豊富にある。一例を挙げると、「化学時計」と呼ばれる、一つだけの状態で存在するのではなく、二つの異なる状態を振り子のように周期的に往復する溶液がある。通常の化学では、化学物質を混合すると、それらの物質が均等に分散した溶液ができる。青い化学物質を赤い化学物質に混ぜれば、混合液は紫色になる。これは、化学時計で言えば、平衡状態にあり、何の反応も起きない場合に当たる。ところが、ここに変化が持ち込まれる（新しい化学物質を混ぜるか、状態を変化させる）と、このシステムは非平衡な状態に陥る。このとき、システムは一般的な予想を裏切るふるまいを始める。紫になるはずが、「時計」と言われるにふさわしい規則性を持って、赤、青の順に拍動し始める。この時計のような拍動を持続させるには、混合液に外乱を与えつづけなければならない。状態が安定し、外乱がやむと、拍動は止まり、溶液は静的な紫色の状態に落ち着く。平衡が戻り、見ても何もおもしろくないものになってしまう。

こうした化学反応は多大なエネルギーを使う。この反応の間にエントロピーは増大するが、有用なエネルギーと交換される。このシステムが環境に対して開かれていて、物質とエネルギーが交換されつづけるかぎり、システムは平衡状態を回避し、「つかのまの構造」のままで「絶妙に秩序立てられたふるまい」[5]を見せる。

並はずれた自己組織化のふるまいを表す化学反応の例はたくさんある。最も美しいものの一つは、ベロウソフ・ジャボチンスキー反応と呼ばれている、化学物質が、温度と攪拌の変化に反応して、ウクライナ・イースターエッグの美しさに匹敵する渦巻状のらせん模様を描く反応だ。システムが外乱に反応し、新しいレベルの複雑な組織をつくり出しているのだ（カラーページ参照）。

ベロウソフ・ジャボチンスキー反応で現れる渦巻きは、自然においても、芸術においても、さまざまな場所に現れる渦巻き形によく似ている。「らせんは、自然の基本的なデザインの形だ」と写真家のアンドレアス・ファイニンガーは書いている[6]。科学者の中には、芸術の中のらせん形が、変化、創造の後の散逸、次なる新しい秩序という典型的な体験を表現しているのではないかと考える人たちが以前からいる。ハリケーンの衛星写真もらせん模様だし、私たちは渦巻き銀河に住んでいる。天文学者が、ベロウソフ・ジャボチンスキー反応で使われているのと同じ反復モデルが、星団の渦巻き形に適合するという結論を出しているほどだ。サイエンス・ライターのジョン・ブリッグズとライター仲間であり物理学者でもあるデヴィッド・ピートは、芸術によく見られる渦巻き形、特に世界中の古い時代のモチーフに見られる連結した渦巻き模様についてこう述べている。「このような集合知は、結びついたまま広がっていく自然の中の全体性、秩序と

単純さ、偶然と予測可能性に対する直観を表現しているのではないだろうか」[7]（カラーページ参照）

こうした自力では変化を起こさない化学溶液が示す自己組織化のダイナミクスは、あらゆる開放系、あらゆる生命体に見られることがはっきりしている。このダイナミクスは、科学を分野に分けられないほど横断的に幅広い範囲の現象に当てはまる。だが、もっと重要なのは、私たちに新しい世界観を与えてくれることであり、「絶え間ない変化を背景にして常に新しい多様性と常に新しい秩序を生み出す世界の性質を私たちに感じさせる」[8]点だ。

私は自己組織化システムの開放性に特に興味をそそられている。その外部環境との関係が私にとって新鮮に感じられる。組織において、私たちは環境を混乱と変化の原因と見なし、それに対抗するのが普通だ。せっかく手に入れた貴重な安定を維持しようと、自分たちをできるだけ長く環境から隔離しようとする傾向がある。組織の境界の外からの力と要求に反応する必要があるとわかっていながら、最強の防御構造を崩さないようにすることに全力を注ぐ。私たちは、安定と開放性の間につきものの、常に綱引き状態の緊張を経験している。だが、自己組織化システムに関する本を読むと、こうした二極対立は存在しない。開かれた状態を保つことで強さを保っているシステムが現にあるのだ。

自己組織化システムの生存能力と弾力性は、必要に応じて適応し、そのときに合った構造を創造する高い能力から生まれる。形も機能も単独でシステムをどう編成するか指示するのではない。それらはプロセス構造であり、アイデンティティを保つために別の形に再編成するのだ。システムは、必要に応じて、自己を現在の形に保つこともあれば、新しい秩序に進化することもある。一つの構造に束縛されることはなく、現在の状況に最適だと判断した形であればどんな形にでもまとまる能力がある。

自己組織化の力を利用して、もっと身軽になり、もっと業績をあげるにはどうすればいいか模索する組織も現れ始めた。永続的な構造に頼るのをやめた組織の話を耳にする機会が増えている。こうした組織は、物理的にも精神的にも硬直性を排除し、もっと流動的なプロセスを選択している。流動的なプロセスでは、そのときそのときでチームを編成し、常に移り変わっていく具体的なニーズを処理する。また役割を最小限の分類に単純化したり、オフィスの壁を取り払い、人、発想、情報が自由に循環する職場に改修したりもしている[9]。

デンマークに本社を置く補聴器メーカー、オーティコン社では、大がかりで全社的な「破壊」の一環として、自分たちの物理的な空間を再設計する自由が社員に与えられた。彼らは、オフィスやオフィス家具の既成概念の一歩先を行くことで、自分たちのために最大限の柔軟性を創出した。遊牧民のようなオフィスが考案され、社員一人につき携帯電話、ラップトップコンピュータ、キャスター付きのファイルカート各一台が支給された。チームが結成されると、隣接したテーブルまで自分のファイルカートを転がしていって仕事を開始する。同社のCEOは、一日執務室を離れていたら、自分のファイルカートがマーケティング・チームに運ばれていたという話をしている。マーケティングにもっと時間をかけなくてはならないとCEOが言うのをスタッフが聞いていたからだ[10]。

組織がこうした適応力という生命を救う性質を発達させようとするなら、いろいろな意味で開かれた組織になる必要がある。特に重要なのは、組織と情報の関係、とりわけ新しい、それも不安な情報との関係だ。まず情報は、どこからでも、人が以前は見ようと思いもしなかった場所や情報源からも、積極的に探し求められなくてはいけない。そして次に、たくさんの人が解釈できるように情報が自由に循環していなくてはいけない。この新しい情報の目的は、システムのバランスを崩し、システムがどう変わる必要がありそうか注意を怠らないようにすることだ。開かれた組織は、耳に心地よい情報、過去を立証し、現在を検証する情報を求めない。あえて、安定を脅かし、バランスを崩し、成長を抵抗なく受け容れさせるような情報を求める。これが、防御の固い組織の情報の扱い方とは大きく異なる点だ。こうした組織では、既存の計画やリーダーシップを追認する情報だけが入るのを許される。そして、外乱を避けて閉じこもり、平衡を保つことに懸命になっているうちに、衰退、退化、死の道をたどる（第六章も参照）。

自己組織化システムが不安定を受け容れることは、あまりにも予測が成り立たず、気まぐれにさえ見えるかもしれないが、そうではない。自己組織化システムは、深い中心、つまり自分が何者で、何を必要とし、自分を取り巻く環境で生き残るには何が要求されているかをはっきり知っていることから安定する。自己組織化システムはけっして受け身ではなく、哀れな犠牲者でもなく、環境に無理やり反応させられているのでもない。システムが成熟し、自己認識がしっかりしてくるにつれて、環境との共同作業はもっとうまくなる。手に入る資源をもっと効果的に利用し、自己を持続させ、強化する。次第に安定性も増していき、環境のさまざまな要求から身を守れるようになる。この安定性は、おどおどした反応ではなく、主体的に選び取った方法でシステムが発達しつづけるのを可能にする。

このパターンの発達の典型例は生態系に見ることができる。生態系が単に形成されていく初期の段階では、優位を占める初期の種が多数の子孫を産む。安定や保護を与えるシステムは存在しないため、初期の種の生産プロセスはまったく非効率的だ。脅威に対して非常に脆弱であり、たくさんの子孫を産むのに多大なエネルギーを使うが、そのほとんどはいずれ捕食されてしまう。この初期の段階では、環境が大きな圧力をかけ、どの種が生き残るかを決める支配的な役割を演じる。しかし、多様な種の間の関係が築かれて、生態系が発達するにつれて、安定性と弾力性を兼ね備えた大きなシステムが出現する。環境からの圧力は減り、したがって、エネルギーをより効率的に利用する種が生き残るようになる。多産の種に比べれば、ぐっと少ない数の子どもしか産まない哺乳動物が、今では繁栄している[11]。逆に環境のほうが、生態系との関係によって影響されながら、変化している。気象パターン、湿度、土壌の条件——すべてが生態系の発達の影響を受けて変化する。

この生態系で起きていることは、私たちの通常の考え方とは逆だ。環境に対する開放性が、時間をかけて強いシステム、外的な変化に影響されにくいシステムを生み出す。いつのまにか優勢になるものは、外部の影響ではなく、システム自身の自己組織化のダイナミクスなのだ。環境とパートナー関係にあるからこそ、システムは環境から次第に自律していき、環境を次第に［自分たちが生活しやすい］資源の豊かな場所に変える新しい能力も向上していく。

私たちはたいてい反対の思い込みで行動しているのだから、思うにこれは逆転の発想だ。自活し、個人の自由を守るためには、外部の力から身を守らなければいけないと私たちは信じている。孤立、秘密主義、強固な境界こそが、個性を保つ最善の方法だと考えがちなのだ。けれども、この自己組織化の世界は、境界の役目は区別をつけるだけではないことを教えてくれる。境界はコミュニケーションと交流の場でもあるのだ[12]。システムの成員が、自分たち自身の間でも、環境とも絶えず交流しているからこそ、システムは環境からだんだん自由になれるのだ。

私は、この逆説が実行に移されるのを目の当たりにしたことがある。それは、厳重に統制された化学メーカーの施設、ウェストバージニア州ベルにあるデュポン社の工場でのことだった。政府職員、地域住民、児童、報道陣、果ては環境保護運動家にまで工場の門戸を開くにつれて、同社はこの多様な集団との関係を徐々に築いていった。その関係ができてくると、関係者が互いに学び合い、擁護し合うようになった。そして、信頼感が高まり、守りの姿勢が薄れると、従来の境界は消え去った。工場長の、リチャード・ノールズはこう語っている。「私はもはや工場の敷地がどこまでかなんてわかりませんし、それを知っていることは重要じゃないということを学びました」。関係が工場の垣根を越えて外に発展したときに、並はずれた新しいレベルの安全と生産性を実現する自律と実験の条件が工場内に整ったのだった。

あらゆる自己組織化システムにとって不可欠な第二のプロセスは、自己準拠のプロセスだ。環境が変わり、自分も変わる必要があるとシステムが気づくとき、システムは常に自己矛盾がないように変化する。これは、行動のオートポイエーシス、つまり自己を維持し、自己を創出することに専心するシステムだ。システムは、それまでの自分と一致する未来だと信じるものへ至る道を選択する。変化はけっして行き当たりばったりではない。システムとは風変わりな新しい方向には向かわないものなのだ。矛盾するようだが、何かまったく新しいものになるよう向かうのも、システムが自己を維持するために必要なことなのだ。

強いアイデンティティを中心に組織ができている企業は、より安定し、より自律したシステムをつくる際の自己準拠が果たす役割がよくわかる好例だ[13]。自分は何者か、自分の強みは何か、何を達成しようとしているのか、これがわかっている組織は、環境の変化に聡明に対応できる。何をするにしても、このはっきりした自己意識に基づいて決定されるのであって、単に新しいトレンドや市場にふりまわされてのことではない。こういう組織は、特定の製品や事業部を、ただ存在しているからといって支持したり、流行っているからというだけでやたらと流行を追いかけたりすることに縛られない。はっきりしたアイデンティティがあると、環境のなすがままにされることが少なくなり、環境にどう対応するか決定する自由度が高まる。

しかしそれでも、そのような企業は環境に対して極めて敏感であり、特有のスキルを好む新しい機会やベンチャーを偏見なく受け容れようとする姿勢を保っている。また、環境を形づくる能力も伸ばし、まったく何もないところから市場を創出する。C・K・プラハラードとゲイリー・ハメルの評価によれば、コア・コンピタンスに特化している企業は、「新市場を創出し、新市場に迅速に参入し、既存市場で顧客の選択パターンを劇的に変える」[14]ことができるという。

自己準拠は、激動する環境の真っ只中で、秩序ある変化を促進するためのカギを握っている。組織では、個人とまったく同様、はっきりしたアイデンティティ意識——価値観、伝統、歴史、夢、経験、能力、文化のレンズ——が、環境から独立するための唯一の道だ。環境が反応を要求しているように思われるとき、その要求を解釈する手段があれば、動揺しなくてよい。頻繁に組織を変更したり、新しい顧客、新しいベンチャーはないかと必死で探したりする必要もない。そうやって多くのビジネスがどんどんつぶれていくのだ。

自己組織化システムのもう一つの特徴は、長期にわたる安定だ。自己組織化システムが安定していると言う場合、科学者はグローバルな、つまりシステム全体の質について述べている。そのようなグローバルな安定は、これもまた逆説的な状況なのだが、システム全体で起きているたくさんのローカルな、つまり部分的な変化と不安定の存在によって維持される。

再び生態系を例に挙げると、成熟した生態系はどれも、個体と種の間でたくさんの変化と不安定を経験している。生態系全体は、システム内の変化を支持することによって安定を達成する。

小さい、ローカルな混乱は抑圧されず、こうしたローカルな不安定を鎮圧する中央指令機能はない。グローバルなシステムの全体的な安定と完全さが維持されるのは、ローカルな不安定を受け容れるからなのだ。

ヤンツは、こうしたシステムに隠されている深みのある教えをこう書いている。「単純なエネルギー散逸的な構造の自然のダイナミクスは、人間の世界ではあきらめがちな楽観的な原則を教えてくれる。**自己組織化の自由に任せるほど、秩序が保たれる**」[15]。これは、私にとっては、あらゆる逆説の中でもひときわ啓発的な逆説だ。対極にある二つの力——自由と秩序——が健全で、秩序正しいシステムをつくるパートナーだということだ。自己組織化は二つの決定的な要素、明確なアイデンティティ意識と自由によって円滑に進む。組織では、準拠できる明確な組織のアイデンティティに沿って、人が自由に自分の決断を下せるなら、システム全体の一貫性と強さが向上するということだ。この組織は中央制御には欠けるが、秩序はしっかりする。

こうしたじれったい逆説に加えて、自己組織化システムは、生命系では変化がどのように起きるかについて、ある大切な教訓を与えてくれる。システムが安定とはほど遠い状態にあるとき、単独の、もしくは小さな影響が、多大な影響を及ぼす場合がある。変化を起こすのは、大数の法則やクリティカルマスではなく、システムに入り込み、それからネットワーク経由で増強される小さな外乱の存在だ。いったんネットワークに入り込むと、この小さな外乱は循環し、それ自体に返ってくるようになる。システムの個別のパーツがそれを入手し、解釈し、手を加えると、外乱は拡大する。そして、ついには、無視できないほど増強される。私たちはすでに、おそらく一度以上は、この経験をしている。会議で何気なく口にした言葉が、組織中に広まり、突然、議論や感情のもつれや噂話の嵐の渦中に投げ込まれるのだ。

自己組織化システムが増強プロセスを経験するときは必ず、変化が目前に迫っている。増強がシステムを揺さぶるレベルにまで達すると、システムはもはや現状のままではいられなくなる。このとき、システムは、死と変容のどちらに転んでもおかしくない岐路に立たされる。科学では、これは「分岐点」という専門用語として知られている。私たち人間にとっては、おそらくは、かすかな期待感も入り混じった、大きな不安の時として知られている。この時点では、システムの未来は白紙に近い状態だ。システムは、現在の形を放棄し、変化した環境を受けて新しい形を自由に探し求めることもできる。無理に進化するわけではない。ここでは自己準拠が仕事をする番だ。さもなければ、システムはまったく未知のコースを歩むことになる。分岐点では、「そのようなシステムは、考えられるさまざまな進化の方向の間で『ためらって』いるように見える」とプリゴジンとスタンジェールは述べている。「小さな変動が、マクロなシステム全体のふるまいを根底から変えてしまうような完全に新しい進化の出発点になる場合もある」[16]

たった一人の顧客の問い合わせや一社員の提案が、まったく新しい商品の開発につながり、それが大成功した。この手の自慢話をする企業が、特に顧客志向の企業だが、いくつか思い浮かぶ。彼らは、事前計画も、長期の戦略的目標もないままに、これらの市場に参入した。一人かせいぜい数人の人の創造力がすべての始まりで、彼らは組織の関心を買うことに成功し、自分たちの提案がさらに力を増し、それに対応するために会社が再編されるレベルに達するまで見守ることになる。

　自己組織化の話になると、システムと環境の間に存在する見事なパートナー関係に、私はいつも釘づけになってしまう。システムが変化し、進化すれば、環境にも影響を及ぼす。このダンスに参加しているかぎり、他者に起きる変化の影響を受けずにいることはけっしてできない。科学者はこれを共進化と呼ぶ。組織論研究者のウィリアム・スターバックは、何年も前に組織のこのプロセスについて書いている。環境から課せられた制約が、こういうふうにふるまえと組織に強制することはない、と彼は述べている。「組織とその環境は、お互いがよりよく適合することをめざして同時に進化している」[17]。この視点で進化を見ると、システムが変化すれば、環境も変化し、そして進化の法則さえも変化することが見てとれる。「進化はあらゆるレベルの自己超越の結果である……［進化は］基本的に未決定のものであるが、ダイナミクスと方向は自分で決定していくのだ……このダイナミックな相互関連性によって、進化は自分自身の意味をも決定する」[18]

　命あるものはすべて、変化を受容する世界でバランスを崩しながら生きている。そして、あらゆる生命が自己組織化している。私たちは不安定を恐れる必要はないし、そんなにびくびくしながら変化に近づく必要もない。絶え間ない変化の渦中でどう成長し、どう進化すればいいかは、あらゆる生命と同様に、私たちも知っている。それを理解すればいいのだ。もっと独立し、もっと弾力のある存在へと至る道は、変化の中にある。私たちは、固有のアイデンティティを維持することによって、全員の自己決定の要求を尊重することによって、この道に沿って踊るのだ。

リーダーが、管理を押しつけ、人の自由を制限し、ローカルな変化を抑えることで、平衡と安定をめざそうとすれば、組織の存続を脅かす状況をつくり出すだけだ。組織という生命体の中で、私たちは誰もがこれを経験してきたが、動揺と変化を制限することがどんなに危険なことなのか理解するために、ここで再び、人間が生態系と関わって体験したことを見てみよう。小さな、自然の変動から保護することで、あるいは捕食者を駆除することで、原野を保存しようとする管理行為の結果、どれだけ多くの生態系の混乱に私たちは対処しなければならなかっただろうか。イエローストーン国立公園では、人為的な安定が、やぶや枯れ木を定期的に一掃する営みである、小さな山火事の自然のプロセスを長年妨げていた。その結果、公園の大部分を焼きつくす大火事に対してまったく無防備な脆弱な安定ができあがった。安定させようと管理する試みと不自然な平衡の押しつけは、常に大規模な破壊につながる。

自己組織化システムについての本を読めば読むほど、それが喚起する自由と可能性のイメージにますます驚嘆してしまう。これは、独立と相互依存の世界であり、頭に染みついた二元論のほとんどを解消するプロセスの世界だ。秩序と自由、存在と生成［現在と未来］という一見矛盾する二つのものごとが、渦を巻いて一つの新しい、だが、古来からあるイメージになる。そう、一体化して創造というらせん模様を描くのだ。静止、バランス、平衡、これらは一時的な状態にすぎない。持続するのはプロセス――ダイナミックなプロセス、適応のプロセス、創造のプロセス――なのだ。

世界はどう動くのか、変化にさらされながら秩序はどう保たれるのか――自己組織化システムは、この問いに説得力のある答えを提示する。これは、私たちにとってまったく新しい領域である。しっかり身についた線形の考え方を沈黙させるのは簡単ではないし、自分の仕事にすぐ応用できるかどうかという狭い視野の発想やテクニックへの欲求を止めるのも難しい。だが、応用の前に、静かに座って、この新しい土地の深遠な逆説をじっくり考えてみてほしい。うつむいて、過去の思い込みに惑わされ、この知識をすぐに利用するための狭量なノウハウだけを探そうとして、この土地の見所を急ぎ足で素通りしないようにしよう。それよりも、ある時をじっと待ち、もともと秩序のある世界、逆説的だが自然な成長と自己再生のためのプロセスが存在している世界に私たちは住んでいるという認識を持とう。

私は、こうした新しい考え方を自分の中で自由に渦巻かせることに喜びを感じている。雲のように、それは霧から始まって、形になり、そして消えていく。雲自体が、環境の変化に応じて、雷雨、ハリケーン、降雨前線として新しい形をとりながら、自己組織化している。私たちも同じように変容することができる。新しい発想が自由に自己組織化するのを許せば、それは力強い洞察力として姿を現すかもしれない。それに、私たちは雲から学ぶことがたくさんある。雲は、私たちがこれまで可能だと思いもしなかった構造を持ち、流動的で敏感に反応するシステムの壮観な実例だ。「結局、目に見える支えの手段もないのに、いったいどうやって一〇〇トンもの水が空気中に保たれているのだろう。雲をつくればいいのだ」[19]

第6章

宇宙の創造的エネルギー——情報

秩序がつくられるか否かは、情報が創造されるか否かにかかっている……秩序創造の本質は、情報創造にある。

——野中郁次郎

なぜ、組織には「コミュニケーション不足」という流行病があるのだろう。私がこれまで関わってきた組織では例外なく、従業員が職場の主な問題のトップにそれを挙げていた。それが一位にランキングされるのが当たり前になってしまい、私などはいささかそれに麻痺してしまっていた。コミュニケーション不足というのは表面的なことで、実は別のもっと具体的な問題がその裏に隠されている、そう思っていた。長年の間、私は「コミュニケーション問題」となると条件反射的に対応し、調査結果を無視していたのだ。そんな何にでも当てはまる言い方は「やめて」、コミュニケーション不足の「もっと具体的な例を教えてください」と人をせっつくようになっていた。コミュニケーションとは関係のない「本当の」問題にたどり着く途上に自分はいるのだと思い込んでいた。

今は自分が間違っていたとわかる。都合のよい言い回しへの私のいらだちは、人々が何に悩んでいるのかはっきりわかっていないことから生じているのではなかった。彼らは正しかった。彼らは情報に関する問題に悩んでいたのだ。もっと詳しく、もっと具体的な問題を教えてくれと要求することは、彼らをまったく間違った方向に押しやることだった。なぜなら、本当の問題はもっと大物、私の想像以上に大きな問題だったからだ。みんなが悩んでいた問題は、昔も今も、根本的な情報の誤認、つまり、情報とは何か、情報はどのようにふるまうのか、情報を仕事にどう活かせばいいのか、それがわからないことなのだ。

問題の核心は、私たちが情報を「もの」として、物理的な存在として扱ってきたことにある。「もの」には具体的な形がある。手で輪郭に触れることができ、ある場所から別の場所へ動かすことができ、そのままの形で人から人へ伝わると思ってよい。ものは人が管理できる。

数十年間、情報理論は情報をこの形あるものとして扱ってきた。情報は量で言い表され、ビットやバイトで数えられ、伝達され、受け取られ、保存されてきた。情報は、私たちがある場所から別の場所へ移動させる物資だ。私たちは今でも情報を物資として扱いつづけており、情報伝送回線の伝送率やコンピュータの容量を情報量で評価する。このように情報の「客観的実在性」にばかり目を向けてきたために、私たちは情報のほかの側面、内容や性格や情報のふるまいを考えてこなかった[1]。情報がなめらかに、阻害されずに伝送されることが、情報技術における一番の関心事であることには依然として変わりはない。エンジニアもリーダーもいまだに、情報が手つかずの状態で、あたかも処女のようにシステム内を移動することを望んでいる。

私たちを悩ませてきたのは、この情報理論の歴史だと思う。私たちは情報をまるでわかっていない。

しかし、おかしなことに、はじめはみんなもっと高いレベルで気づいていたはずだ。「伝言ゲーム」を思い出してほしい。耳から耳へとささやかれていくうちに、内容がこんなに歪曲されてしまうものかとわくわくし、びっくりしたのではないだろうか。子どものときは、情報の持つダイナミックな性質に、予測がつかず、常に変化していく性格に魅力されたものだ。それなのに、大人になって組織に所属すると、その体験を忘れてしまう。情報がコントロールできて、安定していて、従順であることを期待する。管理できることを期待するのだ。

ニューサイエンスが探求している世界では、情報は「もの」ではまったくない。私たちの思い込みのように限定された数量化できるものではなく、電子メールにして送るわけにはいかないものだ。進化と秩序の新しい理論では、情報はダイナミックに変化していく要素であり、理論の中心を占めている。情報がなければ、生命体は新しいものを生み出すことができない。情報は、新しい秩序が生まれるのに絶対に欠かせないものだ。

あらゆる生命体は、自己を形にまとめるのに情報を利用している。生物は、安定した構造ではなく、情報を統合していく連続的なプロセスだ。人が自分のイメージをつきつめて考えるとき、尋ねることではっきりさせていくことがこの端的な例だ。自分は何者か。自分は情報を処理する物理的な構造物か、それとも自己を物質的な形にまとめあげる非物質的な情報か、と。

私たちは自己を安定した形だと感じているが、人間の体というのは頻繁に変化するものだ。医師であり哲学者のディーパック・チョプラが説明しているように、人間の皮膚は毎月新しくなり、肝臓は六週間で新しくなり、大切な細胞ばかりの脳でさえ、炭素、窒素、酸素が約一年ごとに入れ替わる。毎日、息を吸ったり、吐いたりするたびに、古い細胞を捨て、ほかの有機体の要素を取り込んで、新しい細胞をつくっているのだ。「私たちは誰しも、時間的、空間的に不動の存在というより、流れる川にずっと近い存在なのだ」[2]とチョプラは見ている。このように肉体的には変化しているにもかかわらず、私たちがむしろ不変のままでいられるのは、人間の体に含まれている情報の統合機能のおかげだ。

ボディマインド（身心）にはどこをとっても二つのもの——情報と物質がセットされている。両者のうち、**情報のほうがパートナーである物質より寿命が長い**……この事実を見ると、記憶は物質より不変であることがわかる。では、細胞はどうだろう。**物質を自分の周りに組み立て、一定のパターンを描いているのは記憶である。体は記憶にとってわが家という場所にすぎない**[3]。

ヤンツも、あらゆる生命体に同じ現象が見られると指摘しており、自己組織化システムは、エネルギーをまとめる物質的な構造として、あるいは物質の流れをまとめる情報のプロセスとして理解するのが、一番説得力があるのではないかと問いかけている。彼の結論によれば、自己組織化システムは、物理的な形として現れるエネルギーのプロセスだと考えるべきだという[4]。生物学者のスティーヴン・ローズも同じ結論から重要な問いを展開している。「体の全分子は一生涯の間に数え切れないほど入れ替わるにもかかわらず、有機体は、変化しながらも、一生の軌跡のはじめから終わりまで持続する形を持っている。形はどうつくられ、維持されるのだろう。生きている有機体は何からできているのだろう」[5]

生命体は情報を利用して物質を形にまとめあげる。私たちが目にする物理的な構造はすべてその結果だ。「情報（information）」の役割は、「in-formation（形づくる）」という語源に示されている。私たちの身の回りは、見たり、触ったりできるものであふれているので、形づくるプロセスに情報が欠かせないものだとは誰も気づかない。これに私たちはだまされる。システムの物理的な現れと、そのシステムを生み出すプロセスを混同しているのだ。しかしそれでも、持続し、進化する現実のシステムが、一連のプロセスだということは事実だ。情報は、こうしたプロセスの結果、異なった形を持つようになる。新しい構造が姿を現すとき、そのシステムが自己を別の「形につくった（in-form）」のだとわかる。

絶えず進化する、ダイナミックな宇宙において、情報は重要だが目に見えない役割を果たしており、物理的な形をとるまでは人の目には見えないものだ。見たり、触ったり、手を置くことができない何かが確かにそこにあり、生命体に影響を与えている。情報は私たちを操っているように見える。

システムが生存しつづけるには、宇宙が成長しつづけるには、情報が絶えず生成されなければならない。何も新しいものがなかったり、情報がすでに存在するものを単に確認するだけだったりすると、死が待ち受けている。閉鎖系は、熱力学第二法則の犠牲となって、活動が徐々に縮小し、衰退する。生命の源泉は、新しい構造に整理される新しい情報——目新しさ——にある。私たちは、システム全体に脈々と情報が流れ、あえて平和を妨げ、情報が触れるものすべてに新しい可能性が吹き込まれるようにしなければならない。したがって、私たちは、情報に対する新しいアプローチ、つまり管理するのではなく促進する、コントロールするのではなく発生させるアプローチを育てる必要がある。この情報というすばらしい生命の源泉をどうすればもっと豊富に生み出せるだろうか。

情報は、自らを生成できる。その点で資源としては独特の存在だ。それはいわば組織の太陽エネルギーだ。それも人が解釈するたびに新しい子孫を増やす可能性がある、無尽蔵のエネルギーだ。共通の状況でコミュニケーションが発生するかぎり、繁殖力が衰えない。この新しい子孫の誕生には自由が必要だ。情報が自由に循環し、新しいパートナーを見つけられる環境でなければならない。情報を最も活発に生み出す環境は、カオスという自由だ。カオスでは一瞬一瞬が新しい。あまりにもたくさん新しいものが生み出されるため、科学者は、大事なものを見落とさないように、カオス状態にあるシステムの活動を慎重に観察することを余儀なくされる[6]。

もちろん、そのような自由は、まさに私たちが防ごうと努力しているものだ。私たちは、情報を玉石混交のまま勝手にぶらぶらさせて、行く先々で子どもを生ませ、カオスを起こす気などさらさらない。マネジメントの仕事は、コントロールを強制すること、抑制のきいた情報にしておくこと、余計な新しさなど発生しないように情報を伝達することだ。情報の貞操帯を守ることが、マネジメントの中核を占める任務というわけだ。最も避けたいのが、情報が組織の中で自由に走り回れるようにすることなのだ。そして、私たちの情報に対する厳格な姿勢には格好の口実がある。これまでの経験から、情報の足かせをはずすとホラー映画のような事態が蔓延し、頻繁な魔女狩りが正当化されることになる、という言い訳だ。

しかし、もし情報を組織の活力の源泉として機能させたいなら、コントロールという黒いマントを脱ぎ捨てて、情報が欲しがっている自由な動きを信頼しなければならない。もちろん私たちの組織においてもだ。情報は新しい秩序、つまり、私たちが押しつけるのではない秩序、人為的ではない秩序に欠かせない。あらゆる生命体は情報をこのように利用している。それなら、組織にもっと大きな秩序をつくるうえでの協力者として情報を利用することはできるのだろうか。

情報は、組織の中でそのような役目を果たすことができる。なぜなら、組織は開放系であり、ほかのあらゆる生命体と同じ自己組織化のダイナミクスに反応するからだ。組織の中でこの自己組織化能力を育てるには、私たちもほかの生命体がしているのと同じやり方で情報を扱う必要がある。もっと自由に情報にアクセスし、新しい情報の出現に敏感に気づくようになる必要がある。自分たちが情報を管理できるという錯覚が悩みの種《たね》になる種《しゅ》は、人間以外にはいないようだ。他の生命体は、今何が起きているかに絶えず警戒を怠らない。最も単純な形態を持つ生命体でさえ、多くの場合、人間より優れた自己認識能力があるように見えるのは、皮肉なものだ。生命体が、自己を保存するためだけでなく、成長し、新しい能力をつくり出すために集めた情報をどう利用しているのか、さまざまな科学の分野においてその一端に触れることができる。

プリゴジンは、「非生物」の化学反応にさえコミュニケーションのプロセスがあることを観察し、それに触発されて、この種の問題を考えるようになった。彼が出した結論は、ある無生物の化学溶液では、分子が互いにコミュニケーションをとり合って、新しい秩序をつくる、というかなり驚くべきものだった。彼が研究した化学時計では、無作為な分子の混合が、ある時点で一定の調和がとれた状態に変化する。たとえば、濁って反応のない溶液が、急に拍動し始め、青くなり、次に透明になる。分子は完全に同期してふるまい、その化学的なアイデンティティを同時に変化させる。「不思議なのは、比較的距離が離れているにもかかわらず、各分子がほかの分子が同時に何をするか、何らかの方法で知っていることである。これらの実験は、分子がコミュニケーションをとる方法の実例を示している……それは生命系においてはどの生物も当たり前に身につけている特性であったが、非生命系においてはまったく予想外のことであった」[7]とプリゴジンは書いている。

情報を処理し、情報に気づき、情報に反応する能力があるなら、システムには知性があるということになる。身の周りで起きていることを整理し、解釈する手段を持っているということだ。人工生命の研究者は、知性はある存在の構成要素からは判断がつかないと示唆する[8]。有機体は知的であるために脳さえ必要としない。知性は、組織のシステムのレベルが、情報を処理できるレベルに達すると現れる特性だ。情報を処理する能力が高いほど、知性のレベルも高い。

［米国の人類学者］グレゴリー・ベイトソン[9]は、「精神」の定義に同様の基準を設けた。フィードバックのために、自己制御のために、情報を生成し、吸収する能力のある存在は何であれ、精神があるとする。これらの定義は、私たちが組織の知性というものを考える手段となる。ある組織はなぜ聡明に見え、ある組織はなぜ長く存続することができないのか。さらにまた、ある組織はなぜ同じ過ちの繰り返しにはまってしまうのか。組織の知性は、少数の専門家やリーダーにあるものではない。私たちはそう見方を変える出発点にいる。組織の知性は、組織が新しい、否定的な情報をどれだけ抵抗なく受け容れるか、その情報を組織の誰であってもどれだけ有効に解釈できるか、に直接関係するシステム全体の能力にある。

誰しも仕事をするには情報が必要だ。私たちにはこの資源がどうしても必要なのだから、本物が手に入らないならば、つくるまでだ。噂話がはびこり、ゴシップの収拾がつかなくなっているときは必ず、人々が本物の記事、つまり偽りのない、意味のある情報に飢えている兆候だ。もし、誰もが常に情報という栄養を必要としているなら、「コミュニケーション不足」が職場の問題として筆頭にあがることには何の不思議もない。人はよい仕事をするには情報が不可欠だと知っている。そして、どんなときに情報に飢えるかもわかっているのだ。

ハーマンミラー社の元CEO、マックス・デプリーは、官僚主義を「あらゆる関係の中で最も表面的で、「愚鈍なもの」と評したが、私たちはその官僚主義という狭い領域であまりに長く生きてきたため、開放的で、知的な組織で生きることを学ぶには、時間がかかる。これには、情報とのまったく新しい関係、情報の生きている特性を私たちが受け容れる関係が必要だ。それは、行き当たりばったりのカオスを許容するためではなく、常に私たちを驚かせる世界でうまく反応する能力を高めるためだ。生命系の貴重な特性である、弾力性のある組織を求めているなら、情報は重要な味方だ。

私たちが一般的に情報をどう扱ってきたか考えてみよう。私たちは、情報は大切だと知っていながら、それに生命を与える特性の多くを殺してしまうようなやり方で情報を処理してきた。理由の一つは、私たちが新しさに興味を感じなかったことだ。混乱や変動を取り上げて、まとめて平均化し、違和感のない統計になるように操作してきたし、教育や研修では、大きな数字や重要な傾向、目立つ相違点を見つけることが重視されてきた。私たちは、標準というものを定義し、何事もこの虚構の基準に照らして判断できると信じている社会に生きている。差異をなめらかにし、基準を守り、基準に達しようと奮闘しているのだ。だが、実際には、新しさは差異としか現れない。差異を探そうとしなければ、何が変わったはわからない。結果的に、反応できないのだ。

新しい情報に気づいたときでさえ、慌てて抹消してしまうことは少しも珍しくない。私たちを新しいレベルの理解に導いてくれるかもしれない豊かな可能性をありがたく思うのではなく、即断で知られる「イスラエルの賢者」ソロモン王を演じるほど、自分たちは頭がいいと思っている。混乱した状態にとどまるのを嫌い、即決こそ賢い決定だと考えている。「これを片づけてしまおう」「とにかく決めてしまおう」とよく言うではないか。私たちの努力の目的は、もっと豊かな理解という光をめざして探検してみようともせず、安定した地面をがむしゃらにめざすことにある。あまりにも長い間、うわべを取り繕う、ものごとを丸く収める、事態に蓋をする（表現は数あれど）といったことに関わってきてしまったため、私たちの組織は、文字どおり生きていく糧となる情報の不足で飢え死にしそうになっている。不足しているのは、今までのものとは異なり、気休めではなく、むしろ不利な情報、システムがものわかりのいい解決策に落ち着くのを妨げるような新しさに満ちている情報だ。

人は情報の気まぐれに左右されて存在しているわけではない。情報に飢えた世界で悲惨な展望が私たちを待ち受けているというわけでもない。そこでは意味を解釈するという私たち自身の能力が、決定的な役割を果たすのだ。私たちは、個人でも集団でも、判断者としての仕事をしている。どの情報に注目し、どの情報を抑圧するか判断しているのだ。私たちはこれに関してはすでに高度なスキルを身につけているが、どれくらいの意義づけをしているのか正確に把握し、どうすれば新しい眼力を伸ばせるのか知っておいて損はないだろう。そうすれば、もっとたくさんの情報を、もっとたくさんの場所で活用できるし、あいまいで、複雑な、おそらく関連性のない情報までも探し出すことができる。情報を遡上するサケとしてとらえている組織がある。組織という川が満々と水をたたえていれば、情報は存在すべき場所に至る道を見つけるだろう、というのがその組織の考え方だ。情報は産卵場所まで遡上する。組織の仕事は、川をきれいに保ち、情報が苦労せずに遡上できるようにすることだ。その結果は、新しい発想やプロジェクトの水揚げとなる。

情報をたとえるメタファーを変えることで、情報に対するアプローチを変えられた組織もある。その組織は、「情報は力である」という限定的な考え方をやめて、情報を「栄養」として考え始めた。その結果、情報は誰にとっても不可欠なものであり、情報をたくさん持っている人のほうが、情報が枯渇している人よりも知的な労働者だ、という事実を社員が見失わないようになった。

情報は常に不確実な、カオスと言ってもよい状況から生まれる。これは安心感を与えてくれる展望ではない。情報を生み出すプロセスがあいまいで意外なものだというなら、私たちはどうやって組織に情報を迎え、秩序を見つけるためのパートナーとして情報と協力関係を結べばよいのだろう。高度な技巧にも「驚かない」ことを看板にしてきたプロならば、そんな不確実で意外なプロセスを支持することは、自滅への不吉な処方箋としか思えないだろう。あいまいさを増やすことは、ほかの何よりも人をうろたえさせる。ものごとがはっきりしないことや、すぐに答えを出せない疑問があることは、苦痛なのだ。だから、一つの要素に集中し、近視眼的な解決策を考え出し、処理していること以外は見て見ぬふりをして、一刻も早くこの不快さから抜け出そうとする。人は、このあいまいさに目を開いても苦痛が増すだけだと懸念し、目をつぶっているほうが安全だと感じるものだ。目をつぶったままでいると、もっと「弱点をつかれる」羽目になることが往々にしてあるものだが。

生活の一部としてあいまいさや驚きを受け容れるのを拒否するのは、予測やコントロールが可能だという神話にしがみついているからだ。私たちはいまだに機械の全部品をコントロールできると信じている。あらゆる場所で何が起きているか知ることができる（また知らなければならない）といまだに信じている。システムを一つにまとめているのは自分であり、自分のリーダーシップだといまだに信じている。あらゆるものに秩序をもたらしているのは、自分の知性であり、組織全体に幅広く分散している知性ではない。だから、ものごとが混乱したり、あいまいになったりすると、私たちが不安になるのももっともだ。あいまいさは私たちにもっと不確定要素を考えるように要求し、混乱は私たちに「わからない」と言わせようとしているのだ。すでにそうだが、ストレスを感じ、緊張しながら、さらに多くの要素をコントロールするなどとても無理だと私たちにもわかっている。私たちのコントロールの限界が伸びたり縮んだりしているうちに、突然、私たちは管理不能に陥るのだ。そのような精神的重圧の下では、新しさを締め出し、過去にうまくいったわずかなものごとを盲目的に固守するのも無理はない。

だが、あいまいさから生じる足がすくむような恐怖から抜け出す道はある。それには、数歩退いて、部分からシステムの全体像に関心の焦点を切り替え、ほかのプロセスも進行していることを理解する必要がある。私たちのリーダーシップのスキルを超えて、というより、にもかかわらず、システムは自己組織化して自分の仕事をやり遂げる。

　これは、今までとはまるで違うものの見方であり、私たちに新しいスキルを要求する。誰もが、お互いの働きを支えるにはどうすればよいか学ばなければならないし、知性は分散していること、他者を嘘のない、意味のある情報で育むことが自分の役割だということを理解しなければならない。そのような情報を養分にすれば、どの人も自分の担当分野に生じる問題やジレンマをもっとうまく処理できるようになる。すべての問題を少しずつ、けっして満足のいかない線形のやり方で処理するのは、もはやリーダーの仕事ではない。情報を制限された道筋に沿って慎重に移動させ、伝達ルートのすみずみまで用心深く情報を見張り、警戒しながらそれをほかの人に引き渡すのも、もはやリーダーの仕事ではない。これは、一昔前にリーダーが教えられた管理の手法であり、脳の機能の機械論的なモデルがこれを正しいアプローチとして補強した。初期の脳生理学では、情報はニューロン*からニューロンへ少しずつ、ちょうど組織のリーダーがめざしたように整然と伝達されるものと考えられていた。ところが、脳の機能は今や、こうしたかつての機械論的な概念とは似ても似つかぬイメージで説明されている。脳生理学の新しい考え方は、情報を伝播させるもっと開かれた方法が見つかる可能性がたくさんあることを示唆している。

　新しい脳の理論では、情報は幅広く分散しており、必ずしも特定の部位にあるニューロンに限定されていないと考えられている。特定の信号に関連する脳の領域（たとえば、手の動きに関連する

＊　神経細胞。情報処理と情報伝達を行う

領域）を研究する脳機能マッピングでは、このような「部位」が特定のニューロンに対応していないことが発見された。特定の物理的な場所ではなく、電気活動のもっと流動的なパターンが観測されているのだ。たとえば、特定の指を動かすという命令は、流動性のあるネットワーク全体に配布されているらしい。また、現在では記憶は「神経ネットワーク全体の内部にある関係として生じるに違いない」[10]と考えられている。もし、情報がこのニューロンどうしの関係のネットワークに保存されているなら、脳の特定の領域が損傷を受けても、その情報は失われないことになる。ネットワーク内のほかの領域が、その情報を何らかの形で保持する可能性があるからだ。

　このニューラルネット（神経回路網）は当初、六万台以上のコンピュータを集め、それらを並列処理するように接続して、貧弱な程度ではあったが再現された。ゾーハーは、脳のニューラルネットを「かなり乱雑で、ごちゃごちゃした配線設計であり、すべてが自己以外のすべてに行き当たりばったりに接続されているようだ」[11]と表現している。私たちの脳では――それから脳を真似ることはかなわぬ夢のコンピュータもだが――複雑な情報が広々とした場所を旅しており、整然とした道筋にけっして統合されることはなく、それでいて記憶や機能としてまとまる能力がある。

　ニューラルネットは、経路の決まった情報の流れではなく、あらゆる方向に同時に動いている情報というイメージだ。このかなり「ごちゃごちゃした」システムがどう働くかは、はっきりしていない。科学の力では、正確に追跡することができないし、そのような成り行きまかせの情報の配布がどのようにして意味のある能力を達成するのか掌握することもできない。だが、私たちがそれぞれ、ニューラルネットのプロセスの働きに依存している体の中に住んでいることは確かだ。

数年前、ある大手長距離電話会社が、受発信の最適経路の選択は、中央制御装置による経路制御を行わないほうが、地球上のどこにおいても効率的かつ効果的に処理される、ということを発見した。そこで集中制御をやめて、さまざまなスイッチの間で迅速に情報が交換されるようにする技術が開発された。それにより、通話ごとに、システム内で何が起きているかすばやく判断して、最適なルートを探せるようになった。しかし、あるマネジャーが悲しげに報告しているとおり、この方式が機械にとっていかにうまくいくかを発見すると同時に、社員どうしという人間のレベルでも、同じプロセスをたどれば大幅な業務改善につながるだろう、と同社は確信していたのだ。

情報に自由にアクセスすることが、自己組織化を促し、大きな効果をあげることを示す組織モデルはたくさんある。組織改革《イノベーション》や創造力、ナレッジマネジメントの文献には、それに該当する教訓が豊富にあり、驚くには当たらないが、そこには自然界全体も特徴づけるプロセスが描かれている。イノベーションは、新しい関係から集められた情報、別の分野や場所に旅して得た観察眼から集められた情報、そして活発で対等なネットワークと流動的で開放された境界から集められた情報によって育成される。知識は、関係の内部、つまり、情報が単に個人によって蓄積されるのではなく、積極的に共有される情報交換の絶え間ない循環から成長する。情報が豊富にあるあいまいな環境は、驚くような新たな誕生の源泉なのだ。

開かれた情報が個人の能力や知識にどう貢献するか知りたいなら、コンピュータの中身ではなく画面を見れば十分だ。インターネットは、以前なら一握りの人たちのものだった情報に完全に自由にアクセスできる環境を提供している。インターネットの初期の頃、自分の症状をオンラインで調べる患者は、治療の選択肢を医師よりも知っているという医師の報告があった。これは、医師にとって厄介な変化だった。患者を診てやるというより、患者と対等のパートナーになるという変化だったのだ。現在、保険医療システムの多くが、医師の診断に患者が自分で調べた内容を補足することを前提にしている。ローンの交渉をする、大きな買い物をするという場合に、あらかじめウェブで市場動向を調べておいたほうが、ずっとやりやすいということは、ご存知のとおりだ。ウェブで検索すれば、必要な情報がすぐに見つかるようになってから、私たちの生活は一変した[12]。

新しい豊富な情報が自己組織化を促すことを前提にした、まったく新しいプロセスとして、「ホールシステム・アプローチ」と総称される組織変革の手法がある[13]。その中でも、現在、広く採用されているモデルは「フューチャーサーチ」だ[14]。全体《ホール》システム――文字どおりの意味の場合と、選ばれたメンバーという意味の場合がある――が、一つの部屋に集まり、組織にとっての理想の未来を展開する。実際に密接な関係にある「部外者」も含め、組織のあらゆる部分から集まった人たちが、協力して組織の歴史や現在の能力、外部の要求に関する情報を生成するのだ。初日は、組織のニューラルネットに含まれる情報、つまり部屋に集まったありとあらゆる人たちの胸の内にある意見や解釈や歴史を表面化させることに費やされ、情報は、意図的に圧倒されるような量で生成される。

それほど大量の情報があると、人は一時的に自信を喪失し、無力感を味わうことが少なくない。情報をどう理解すればいいかわからなくなり、混乱してひどく不快な状態に陥る。だが、情報がどんどん増殖しつづけ、混乱が激しくなるにつれて、運命の時がやって来る(たいていは、会議の最終段階だ)。参加者が集団として、すべての情報を新しい、説得力のある未来のビジョンに自己組織化し、成長させる時が来るのだ。最大公約数の合意に基づいてというわけではなく、会議に出席している全体システムが、新しい創造に自己組織化し、自己のために、新しい意欲的な方向を設定する統一体になる。

この時間においては、圧倒されるほど膨大な情報があえて生み出されるわけだが、情報のボリュームが重要なのではけっしてない。説得力がある・ないは、あくまで情報の意味にかかっている。有意義だと認められれば、情報は変化の力になる。システムのネットワークとフィードバック・ループの中で、そのような情報が循環し、成長し、会話や相互作用に突然変異する。私たちの目を楽しませる、整然とした秩序がありながら、多様な美しさを自然が創造するのは、このプロセスによるのではないだろうか。一方、情報は、システムによってその成長と変化を絶やさないように自由に生成され、情報自身にフィードバックされていくのだ。

言葉にできない美しさがあるフラクタル（カラーページ参照）を生み出すのもまったく同じプロセスだ。この幾何学的な図形は、少数の非線形方程式で表される比較的少ない情報からコンピュータによって生成される。非線形方程式は、一度だけ解くためにあるのではない。一回解くごとに複雑なパターンが生まれる。ある解が見つかると、即座に方程式にフィードバックされ、別の異なる解が展開され、このプロセスは「進化フィードバック」と呼ばれている。方程式が、反復のたびに新しい解を進化させながら、自己にフィードバックするとき、精巧なパターンと分化が生み出される。これらのパターンは無限であり、反復プロセスがつづくかぎり、パターンも無限に進化しつづける。

フラクタルは……無限に繰り返される細部と独特の数学的な特徴ゆえに複雑だ（一つとして同じフラクタルはない）が、それでいて単純なのは、単純な反復の連続的な適用によって生成できるからだ……還元主義の新ブランドと言える……ただし昔の還元主義とはまったく別物だ。昔の還元主義は、複雑さを単純な形の積み重ね、たとえば、少数の単純な形やレンガでできた建物として見た。**ここが違う点だが、単純な反復は隠されている複雑さを実際に開放し、創造的な可能性にアクセスする。**フラクタルの方程式は、ユークリッド幾何学のように形のプロット

（点描）ではない。むしろ進化フィードバックの出発点となる[15]。

フラクタル作成のプロセスは、開放すればするほど秩序に近づくという逆説とともに組織には生きる道があることを示唆している。フラクタルでは、はじめに単純な方程式があり、それを基準に自己準拠を繰り返しながら、複雑な形が生成されていく。このように、チームや組織の仕事も、何を成し遂げようとしているのか、どのように協力し合いたいのかを明らかにしてから始める必要がある。この合意形成が初期の方程式だと私は思う（第七章も参照）。いったんそれがはっきりすれば、人はそれを自分の判断基準として、情報を解釈し、驚き、体験する。やがて、自分は何を、どのようにすればよいのか見つけ出せるようになる。一人ひとりの決定は異なっているかもしれないし、全員の行動が一致している必要もない。だが、そのうち自然に、個人の解決策がシステムにフィードバックされていき、学習が共有されるようになると、やがて秩序あるパターンの出現が期待できるようになる。

組織のあらゆるレベルで、そしてあらゆる活動のために、私たちは、情報へのアクセスをもっと増やし、情報の流れを制限しているコントロール機能を縮小することに挑むべきだ。私たちは、情報技術や経営管理システムを門番として立て、誰が何を知る必要があるかをあらかじめ決めたりするやり方をいつまでも続けることはできない。それよりも、自分の仕事は自分が一番わかっているのだから、また組織やチームの目的を全員が把握しているのだから、一人ひとりが情報を理解できると信頼し、自由にさせて、そこから貢献を引き出す必要がある。情報を制限し、情報を慎重に保護していては、私たちはよき責任者になれず、よい人材がよい仕事をするのを妨げるだけだ。スカンジナビア航空の元社長であり、顧客サービス革命のパイオニアの一人であるヤン・カールソンは、はっきりこう述べている。「情報を持たない人間は責任をとることができないが、情報を与えられた人間は責任をとらざるを得ない」[16]

情報へのアクセスを増やし、刷新に成功している組織の最も顕著な例は、おそらく米軍だろう。陸軍と海兵隊の両方が現在、かつては指揮官しか知らなかった情報、戦場で何が起きているかに関する情報を個々の全兵士に提供する技術を持っている。大規模な実地試験を経て、陸軍は次の結論を出した。個々の兵士がそうした戦地情報を持ち、「指揮官の意図」を知ったうえで、その情報をどう解釈すればよいかわかるほうが、よい成果につながる意思決定ができる。直ちに、理知的に反応し、自分の決定の責任を引き受ける。大きな管理権限を手放すのに難色を示す古参の指揮官もいるが、人員が［情報］技術によって互いに結びつき、意味を共有しているネットワーク型組織のほうが兵士が優秀だ、という証拠は極めて明白だ。それだけ歴然とした差があるからこそ、陸軍と海兵隊は、軍創設以来の伝統とはまったく異なるネットワーク型の指揮系統に移行する声明を出した。

この陸軍の事例が示すように、何かを学びたい組織は、過去の信念と実践を否定する情報を積極的に検証しなければならない。活気を維持したい組織は、驚くこと、不快なもの、場合によっては衝撃を受けることまでも探し求めなければならない。そして組織は、時間、同僚、内省といった資源を提供して、この動揺するような不快な情報を人々がじっくり考えられるように後押しする必要がある。この方法の真価は、シナリオプランニングなどのプロセス、および品質管理やナレッジマネジメントに対するアプローチにはっきり表れている。これらの手法では、違いを見つけ、異質なものに触れ、新しさをもたらすこと、協力して考えること、そして情報の意味を一緒に判断することが奨励される。

非公式な交流のための建物内のスペースやミーティングのための時間を含め、組織の新しい、異質な部分どうしの内省的な会話を支援するものは何であれ重要だ。こうしたプロセスを通して、新しい情報が生み出され、新しい意味が展開し、組織は知的に成長する。こうした計画がうまくいくのは、従業員の貢献度と参加度が向上するからだけではなく、宇宙に再び秩序をもたらすためにまさしく必要な実質――すなわち新しい情報――が豊富に生成されるからだという考えに私は興味をそそられる。

ヤンツは、科学者として、マネジャーが新しい役割、つまり「平衡を打ち破る」役割を担うことがぜひとも必要だと考えている。コントロールの番人をやめ、堂々と妨害者になるのだ。ついに事態が混乱し、システムが自己を新しい形と新しいふるまいに再編せざるを得なくなるまで。ものごとをかき回し、壷の中の水を濁らせ、常に挑発、いや混乱させようとするのだ。もし、私たちが平衡を打ち破る役割を果たすというこの挑戦を引き受けるなら、もし、私たちを存続させるものは安定ではなく不安定だと評価を変えるなら、課題はやさしいものになる。そもそも私たちの生活にはこなすべき混乱やあいまいさがあふれ返っている。さらにつくり出そうとする心配は無用だ。すでにあるものでもっと手際よく仕事をすることだけを心配すればよい。

昨今、情報の過多で混乱を感じていない人などいるだろうか。あるいは、情報の洪水に飲み込まれそうになり、負担を感じていない人などいるだろうか。技術がもたらした大量の情報を処理する方法を、私たちはまだ学び始めた段階にすぎない、ということを忘れないでおくことは重要だと思う。私たちが学校やビジネスで学んだ分析的な思考プロセスは、浴びるように降ってくる大量の情報を処理する準備にはならない。創造力を育成する教師の多くが、私たちは線形思考が強いために知的能力のごく一部しか使っていないと指摘する。整然とした、階層的手法で世界を理解することはもはやできない。ニューラルネットに似た脳に合わせた思考プロセス、つまり開放的で非線形、乱雑で相関性のあるプロセスで実験していく必要がある。こういうプロセスを発達させれば、今は私たちを圧倒する一方の大量の情報を処理する新しい方法を学べるだろう。情報をありのまま処理する方法を学ぶにつれて、欠かせないパートナーとして情報を大切にするようになるだろう。

もっと創造力を発揮し、「四角い枠の外で」考える必要があるのは個人だけではない。組織もまた、自分が描いた枠を越えて役割や関係を描かなければならない。多くの組織が、関係のもっと流動的なパターンを描く新しい組織図で実験中だ。それぞれが組織という生命体のもっと正確な描写を伝えようとしているが、関係の本当の複雑さを描くことに成功している組織はまだない。リーダー・トゥ・リーダー・インスティテュート（元ピーター・F・ドラッカー財団）の会長、フランシス・ヘッセルバインは、私たちは「丸い世界でどうにかやっていく」こと、つまりヒエラルキーの世界ではなく、パートナーシップに取り囲まれている世界でやっていくことを、再び学んでいるところだと考えている[17]。［化学材料開発メーカーの］バックマン・ラボラトリーズ社は、「命令の鎖から影響の網」に移行しているところだ[18]。またゴアテックス®のメーカー、ゴア＆アソシエイツ社は、自社を「格子状の組織」と称している。これらのイメージは、役割と構造が必要性と興味関心から創出される組織、従業員どうしの関係が組織の創造力と成功の第一の源泉として育まれる組織を描写している。ゴア社の関係者によれば、重要なのは、誰が、もしくはどの役職が問題を片づけるかではなく、どんなエネルギーやスキル、影響、知恵が問題解決に利用できるかだと述べている[19]。

どう情報を活用すれば、もっと知的になれるか。多くの組織がそれを模索している。考えることは重要なスキルの一つであり、経営の上層部以外にとっても大切だと認められるようになった。今、もっと多くの従業員が複雑な情報を解釈できるようになる必要があると認識されている。かつてはリーダーの権限だった情報と思考のスキルは、組織の奥深くにまで浸透しつつある。この努力は、学習する組織、ビジネスリテラシー（ビジネスに必要な基礎能力）、知的資本、ナレッジマネジメントなど、さまざまな旗印の下に取り組まれている。どれも、知性が広く分散されるべきだということを想定したものだ。〔米国農務省森林局初代長官で自然保護論者の〕ギフォード・ピンショーは、「組織の知性の尺度は、しごく単純だ。一人に一つ脳がある」と語っている。バックマン・ラボラトリーズ社が組織の知識を大きく育てることに乗り出したとき、それは、二一カ国で働いている二〇〇〇人以上の頭脳に分散している情報にアクセスできるようにするにはどうすればよいか、という課題に挑むことだった[20]。

組織にとって最も重要な能力の一つは、新しい知識を生み出す状況とそれが自由に共有されるのを妨げない状況の両方を創出することだ。組織内部そして組織を超えて知識を共有する、門や妨害を撤廃する、隠しておくことや恐れから脱却する、信頼できる関係を育てる、これらの恩恵がますます認知されようとしている。これは組織の知性が発達し得るということなのだろうか。

私自身は組織がより高いレベルの知性に進化していると信じているが、そう思うのは、本来しっかりした秩序が備わっている宇宙に私たちは住んでいると理解しているからだ。ニューサイエンスの文献をいろいろ読んでいると、生命系は私たちとは違うやり方で生命に関与していることがわかる。私たちが慎重に一層ずつ秩序をつくろうと奮闘している一方で、生命体の秩序は創発的に現れる。私たちはものごとを一つにまとめようと懸命に努力しているが、生命体は出入り自由に参加して協力し、自己組織化された構造を生み出す。ヤンツは、ブロックを一つずつ積み上げていくような私たちの伝統的なアプローチを「展開していく」という自然のプロセスに対比させている[21]。「さまざまなプロセスを織り交ぜる」ことから、新しい能力と構造が生まれる。秩序は、上から下へ、あるいは外から中へ押しつけてできあがるものでは絶対にない。秩序は、システム全体が協調して働き、お互いを発見し、一緒に新しい能力を創造するというプロセスの要素として現れるのだ。

私たちは、このような秩序の根源についてもっと学ぶ必要がある。システムは、私たちが見落としてきた方法で自己組織化する能力を持っている。この能力を利用して仕事をすることを学べば、私たちの関心は部分、つまり昔の組織から受け継いだ錆びついた遺物から離れ、優秀な組織をつくるという、もっと深い内在的なプロセスに集中するだろう。ボームはこう書いている。「必要なのは、理解するという行為であり、その行為において、私たちは実際のプロセスとしての全体性を見る。そのプロセスは、適切に実行されれば、調和のとれた、秩序ある総合的な行為をもたらす傾向があり、そこでは部分の分析は何の意味も持たない」[22]

量子物理学では、相同《ホモロガス》プロセスは、相関的ホーリズム（全体論）と呼ばれ、そこでは、全体システムが原子以下の粒子どうしの関係によってつくられる。このプロセスでは、部分は部分として残らず、内部の一体感というプロセスによって引き寄せられ、一つにまとまる。電子は、互いに出会うときに、この親密な関係に引き寄せられ、重なり合い、融合し、個々の性質は見分けがつかなくなる。「全体は、全体として、明確に限定された質量や電荷やスピンなどを持つようになるが、どの電子がこれの何に貢献しているかはまったく漠然としている。実際のところ、構成要素である電子は全体の要求を満たすように絶えず変化しているのだから、その個的な特性について話すことはもはや意味がない」[23]

これは組織にとってもおもしろいイメージではないだろうか。私たちを組織の中の電子にたとえることは難しくない。動き、互いに融合し、新しい全体を形づくり、プロセスの中で永久に変化させられる。これを体験するのは、チームが「まとまった」と表現するようなときだ。チームが突然、調和して働けるようになり、崖っぷちの危機が去り、難なく仕事への流れができる。誰しも、ものごとが「一つにまとまる」のを経験したり、自分一人ではとてもできないようなチームの活動に身を置いたりしたことがあるものだが、こういうことは往々にして奇跡的にうまくいったのだと思われてしまう。開かれた情報を糧に成長し、もっと能力の高いシステムに自己組織化するために共に動く宇宙の参加者だという自覚が、私たちにはまるでなかったのだ。

最近は、流動的で透過性のある境界の大切さが前より話題にされるようになり、際限のない変化のプレッシャーに応えるためには、組織がもっと開かれたものになる必要があるということを私たちは知っている。「透過性のある境界」という概念は、不安と好奇心の両方に火をつける。おそらく、自然の成り行きから受ける大きな助けを理解していれば、不安は吹き飛ばされるだろう。現在の構造を解体したり、境界のない世界を話題にしたりするからといって、私たちが混沌に向かっているわけではない。むしろ、秩序との根本的に新しい関係に取り組んでいるのだ。この秩序は、一時的にしか構造という形を持たないプロセスの中で確認されるものだ。秩序自体は、固定的なものではなく、何か一つの構造に定住することもない。それはダイナミックな組織化のエネルギーだ。この組織化のエネルギーが情報によって育まれるとき、私たちは生ある宇宙の恩恵を受けられる。この恩恵とは、進化と新しい形への成長だ。生命は、より豊かに、前よりもっと創造的に進化しつづけるのだ。

第7章

カオス、そして意味という
ストレンジ・アトラクタ

まず原初に、大きく口を開けた深い裂け目、カオスが生じ、次に、神々の永遠に揺るぎない御座である、胸幅広い大地、ガイアが生じ……さらに、不死の神々のうちでも比類なく美しく、四肢を萎えさせる愛の神、エロスが生じた[1]

——ヘシオドス

数千年前、人間の想像力が原初の力にとりつかれていた頃、天地の創造について説明するために偉大なる神々の神話が生まれた。この世の始まりは、形も中身もない、どこまでも深くぱっくり口を開けた裂け目を象徴する神、カオスだった。また、形と安定を生む、母なる大地を象徴する女神、ガイアもいた。ギリシア神話では、カオスとガイアはパートナーであり、対立と共鳴の二重唱を奏で、私たちが知っているあらゆるものを創造する二つの根源的な力だった。

この二つの神話的な象徴が今、再び私たちの想像力と科学に宿るようになり、科学者がこの宇宙の営みをより深く探求するようになって、新しい命を吹き込まれた。私にとっては、この神話的な知恵への回帰は、好奇心をそそられることでもあり、元気づけられることでもある。それは、激動の時代にあっても、カオスとの新しい関係構築が可能だということを意味している。古代のガイアのように、私たちの創造力を解き放つ生命のプロセスとしてカオスを理解し、カオスとパートナーになれるかどうかを私たちは問われている。カオスの大きな裂け目から、支持と対立の両方が生まれ、「どんな形もそれなくしては見えぬ光」[2]が創造される。生成者である私たちが、創造力を発揮してカオスを秩序立て、形と意味を生み出す。私たちは、虚空を自分たちの手による世界で満たし、カオスに背を向ける。だが、忘れてはならないのは、これはギリシア神話と私たちの科学がともにそう言っているのだが、ガイアの中心の奥深くはカオスにとってもなくてはならない心臓部だということだ。

カオスの中心は、現代のコンピュータ技術で明らかになった。カオスの状態にあるシステムのふるまいをコンピュータの画面で追跡しながら観察するのは、催眠術でもかけられたような体験だ。コンピュータが、システムの混沌としたふるまいの一瞬一瞬を画面の光の一点として表示しながら、システムの変化を記録する。コンピュータの処理速度のおかげで、システムがどのように変化していくかすぐに観察できる。システムは、前に後ろにまったく予測のつかない猛烈な勢いで動き、同じ地点には二度と現れない。だが観察していると、この無秩序なふるまいは、あるパターンに収束していき、観察者の目の前で画面に秩序が出現する。システムの無秩序なふるまいが、自分たち自身をある形につくりあげたのだ。この形が「ストレンジ・アトラクタ」であり、画面に現れたものはカオスに内在する秩序だ（一七一ページの図参照）。

ストレンジ・アトラクタは、見る者に畏敬の念を想起させる。ストレンジ・アトラクタを説明する科学者の言葉がいつのまにか詩的な表現になることがよくあるほどだ。ほかの種類のアトラクタは以前から知られていたが、この新しく発見されたアトラクタは、二人の科学者、デヴィッド・リュエルとフローリス・ターケンスによって、暗示的な効果をねらって「ストレンジ（奇妙な）」と命名された[3]。リュエルはこう語っている。「その名前は美しく、私たちがほとんど理解していない、この驚くばかりの事象にぴったりだ」[4]

この動乱と秩序のダンスを表現しようと、リュエルはこんなメタファーを使っている。「この曲線のシステム、無数の点の集合は、ときに花火か星雲のようであり、ときに奇妙で不気味な生い茂った植物のようだ。探求すべき形の世界、発見すべき調和の世界がそこにある」[5]。ブリッグズとピートもリュエル同様、ストレンジ・アトラクタの劇的な性質と美しさをこんな説得力のある表現で描いている。「ある帯域に迷い込むと、システムは……分裂、変容、カオスに引き寄せられる。それ以外の帯域では、システムはダイナミックに循環し、自らの形を長時間保つ。だが最終的には、秩序あるシステムはすべて、奇妙で混沌としたアトラクタの勝手気ままで、逆らいがたい引力を感じることになる」[6]

一般的なカオスの定義に反して、カオスは常に秩序と抱き合わせだった。だが、それをコンピュータで見ることができるようになるまでは、私たちの目には乱れた動き、予測可能な形のないエネルギーにしか見えなかった。カオスとは、何の秩序も存在しない、行き当たりばったりなふるまいにシステムが突入する直前の状態なのだ。すべてのシステムがカオスの状態に入るわけではないが、システムが不安定になると、まず振動期、つまり二つの異なる状態の間を行きつ戻り

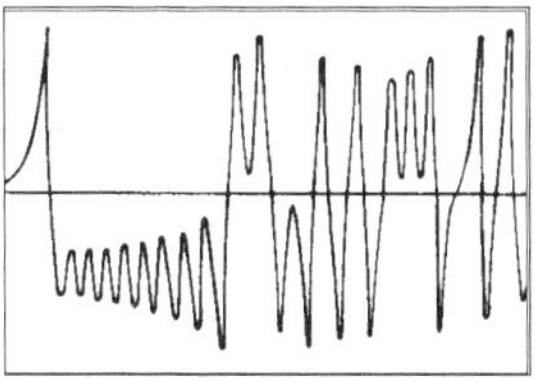

〈1〉

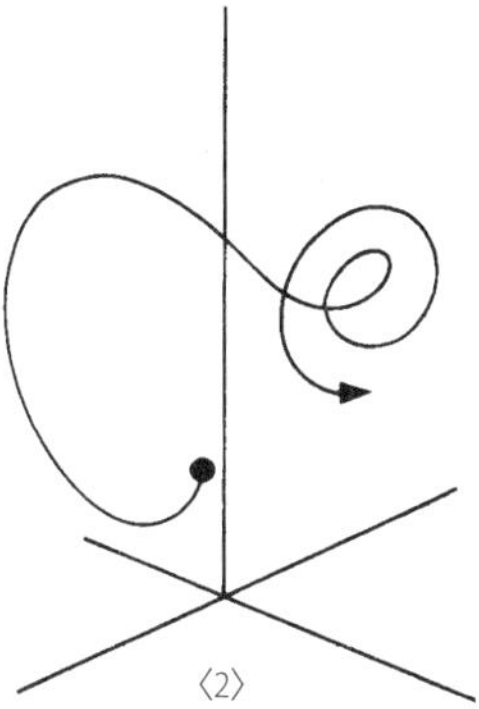

〈2〉

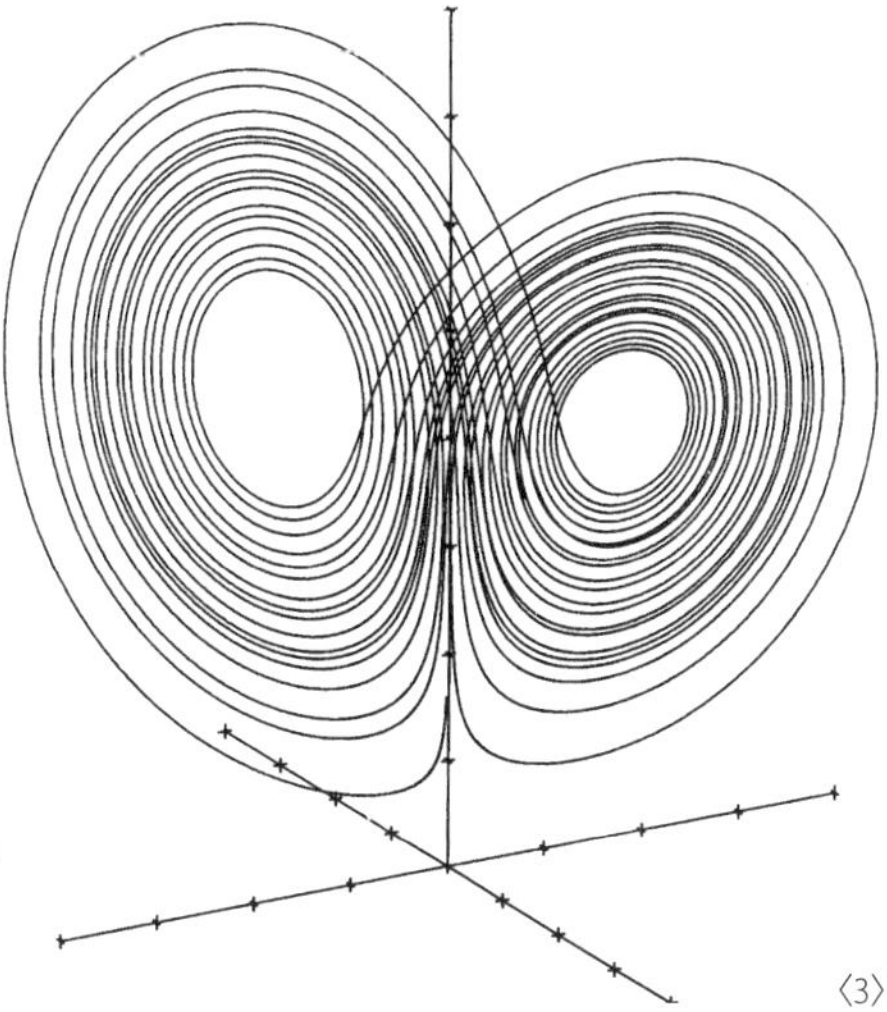

〈3〉

ストレンジ・アトラクタ

〈1〉 従来の変数が1つの場合のカオスのシステムの軌跡。

〈2〉 位相空間と呼ばれる多次元空間内でシステムの軌跡を描かせると、カオスの形、すなわちストレンジ・アトラクタが次第に視覚化されてくる。

〈3〉 あてもなくさまよう混沌としたシステムの動きの軌跡を時間をかけて描かせると（システムはけっして正確に同じふるまいはしない）、アトラクタが姿を見せる。この蝶の羽もしくはフクロウの目のような形のストレンジ・アトラクタは、カオスのシステムに内在する秩序を明らかにしている。秩序は常に、形もしくはパターンとして表示される［7］。

つする時期に入る。この振り子のような状態の次がカオスであり、野放図な旋回が始まるのはこの状態だ。ただし、カオスの領域では、何もかもがばらばらになりながらも、ストレンジ・アトラクタが出現し、私たちはカオスではなく、秩序を目の当たりにする。

システムの気まぐれながら豊かなふるまいを観察する新しい手法が研究者たちによって開発されてきたおかげで、ストレンジ・アトラクタはコンピュータの画面上で見ることができるようになった。そのふるまいは、「位相空間」と呼ばれる抽象的な数学的空間で表示される。位相空間では、科学者はシステムの動きを以前よりも多次元で追跡することができる。二次元だけでは見ることができなかった形が今、姿を現し、こちらの気を惹くように、発光しながら、画面で踊っている。

位相空間では、システムは引力圏内で作用する。この「引力のくぼ地」にたとえられる場所で、システムは無数の可能性を探求し、さまざまな場所をさまよい、自身の新しい構成を試してみる。ただし、システムの放浪や実験は、ストレンジ・アトラクタという形として次第に現れてくる、隠された境界を侵すことはない。システムが迷子になって際限なく放浪することはないのだ。この境界はシステムのために定義されるのではなく、科学者が設定するのでもない、ということを銘記しておくことは重要だ。境界はシステムの内部にあり、システムが可能性に満ちた空間を探求するにつれて、見えるようになってくる。秩序は元々存在していたのだが、それが今見分けられるようになったわけだ。

カオスのプロセスが、システムに内在する秩序をどのようにして明らかにするかを見るには、私たちの視点を部分から全体へ変える必要がある。

ブリッグズとピートは、カオスと秩序という鏡の世界の探求において、「全体性は、科学者たちが、ダイナミックなシステムを部分から構成されているかのように分離し、計測しようとするたびに、慌ててカオスを装うもの……」[8]だと示唆している。画面上に形を成すストレンジ・アトラクタは、ブリッグズとピートによれば、カオスの形ではないという。それは全体性の形なのだ。個々の瞬間や体験の断片に集中していると、カオスしか見えない。だが、距離を置いて、何かできあがろうとしているのか見ようとすれば、秩序が見えてくる。秩序は常に時間の経過につれて展開するパターンとして姿を見せる。

ニューサイエンスのほとんどは、逆説的な概念――非物質である物質、安定につながる不安定、そしてこの秩序あるカオス――という難問を私たちにつきつける。だが、カオスと秩序という逆説は目新しいものではない。古来の神話とニューサイエンスの両方が教えてくれるように、システムが存続しようとするならば、潜在的なカオス、いわば「完璧な秩序のあるシステムの奥深くでまどろんでいる生き物」[9]を必ず内包していなければならない。過去を解消し、新しい未来という恩恵を与えてくれるのは、カオスの大きな破壊のエネルギーなのだ。それは、私たちを荒っぽく新しい世界へと運び、過去に束縛するパターンから私たちを解放する。カオスだけが、私たちが自らをつくり直すことができる混沌の深い裂け目を生み出せる。

人はたいてい自分の生活の中で、このカオスに運ばれるという体験をしている。個人的なレベルでは、カオスは「魂の暗い夜」や「意気消沈」など、さまざまな表現で呼ばれてきた。常に、その体験は深刻な意味の消失となる。かつてそうだったようには何も意味をなさなくなり、かつてと同じ価値を持つものは何もないように思われるのだ。この暗い夜が、精神的な伝統や文化の中に記録として残されている例はいくらでもある。それらは人類の経験の一部であり、形と混沌と新しい形の三者が混然と渦巻く中に人がどう参加するかを示唆するものだ。

人が個人的にカオスに陥るときをよく考えれば、カオスの終わりは、人が変化し、何らかの意味で強くなり、新しく生まれ変わるときだということがわかるはずだ。人は自分の中に創造力を保持してきたし、成長には不安な崩壊の時期を通過することが必ず必要だということを学んできた。

新しい秩序の出現にカオスが果たす役割がこれだけ周知されているというのに、欧米文化がカオスを激しく否定してきたのは腑に落ちない。あらゆる自然を支配することを夢見て、私たち欧米人は生活からカオスを排除できると信じていた。頂上に直行する道があると信じていたのだ。目標を決めたり、ビジョンを唱えたりすれば、けっして振り返らず、けっして混乱や絶望に陥ることなく、そこに到達するだろうと。この考え方は、私たちを生命から遠ざけ、新しいものが生み出されるプロセスから遠ざけた。そしてやっと今、現代の生活がこれまで以上に激しく変動し、コントロールが効かない状況に至って、私たちはカオスを考え直そうとしている[10]。カオスのダイナミクスをニューサイエンスを通して探求しようが、古来の神話を通して探求しようが、その教訓が大切だ。カオスがもたらす破壊は、何か新しいものを創造するのに必要なものなのだ。

カオス理論は、「決定論的カオス」として知られている、特定の種類のカオスを研究対象としている。ある興味深い点で、カオス理論は何世紀にもわたって哲学や精神論で繰り広げられてきた議論に巻き込まれるようになった。それは、カオス理論の初期の研究者たちを惹きつけた予測可能性と自由の対立という決着のついていない議論だった。この世は、人の一生があらかじめ決められている決定論的な世界なのか。だが、もしそうなら、自由意志はどうなるのか。科学は、秩序ある宇宙の中で自由はどう働くのかについて説明を試み、この議論に決着をつけるかに思われた。システム全体の形は予測可能であるか、あらかじめ決定されているが、この形がどうやってできるかは自由な主体の個別の行動によるとした。「システムは決定論的だが、システムが次に何をするかは人にはわからない」[11]、あるいは、組織プランナーのT・J・カートライトは「カオスは予測可能性のない秩序である」[12]と表現している。

カオスの形は、自己にフィードバックし、そのプロセスの中で変化する情報から現れてくる。これは、ニューサイエンスの大半で説明される反復とフィードバックのおなじみのプロセスであり、自己組織化やフラクタルの生成（前章参照）とも同じプロセスだ。このプロセスは新しさを生み出すが、それは非線形のシステムで起こるからだ。非線形性とは、コヴニーとハイフィールドによれば「予想以上のことが起こること」[13]だという。過去、科学は非線形性を無視する傾向があったが、それは取り扱いが難しすぎるという理由だった。科学は予測を重視していたが、非線形のシステムは予測を拒否する。面倒なことを避け、決定論の夢を追求するために、非線形方程式は「線形化」された。いったんこのように歪曲すれば、単純な数学で処理することができた。だが、自然な非線形の特性を線形化するこのプロセスは、科学者が生命のプロセスを見る目を曇らせた。生命とは、科学者のイアン・スチュアートの言葉を借りれば、「どこまでも非線形なもの」だ。非線形性の認識とカオス理論の新しい数学的ツールは、生命がどう営まれているのか、もう一度はっきり知ることを可能にした[14]。

非線形の世界では、ごくわずかな違い、小さすぎて見分けがつかないものごとが拡大して、まったく予測していなかった結果を生むことがある。システムが非線形で、フィードバック・ループが張り巡らされている場合、反復のたびに変化が自己にフィードバックされ、その変化が拡大し、成長する。そして数回の反復の後、小さすぎて気づかないような違いが、想定外の大きな影響を与えることがある。システムが突然、予期しない方向に動き出したり、予想外の方法で反応したりするのだ。これの身近な例の一つは、「[限界を超せば]わら一本でラクダの背骨が折れる」ということわざだ。そんな小さな違いでラクダの背骨が折れるなど誰にもわからないが、それはラクダの中でそれまでに何が起きていたのか誰にもわからないからだ。非線形の世界では、原因の強さと結果の間には何の関係もない。

古典科学の影響で、私たちの文化では、小さな差異は平均的な線に落ち着く、わずかな相違は一点に収束する、近似値によってその後起きるかもしれないことをかなり正確に描写できる、と信じられている。だが、カオス理論は、世界の非線形なダイナミクスを明らかにし、それは私たちが高いスキルで作成してきた理路整然としたグラフや図とは似ても似つかないものだ。非線形のシステムでは、ごくごくわずかな変化が破滅的な結果につながる可能性がある。仮に、二つの値の差を小数点以下三一位にまで縮めることができたとしても（これだけ大きな数字を計算するには、天文学的な演算処理能力があるコンピュータが必要だが）、わずか一〇〇回繰り返すだけで、全体の計算結果は歪んでくるだろう。この二つのシステムは、お互いに予測不能なかけ離れ方をしたはずだ。このふるまいは、限りなくゼロに近い差異が取るに足らないどころではないことを示している。物理学者のジェームズ・クラッチフィールドは「カオスはそれを見逃さず、人の面目をつぶす」[15]と述べている。

この現象に世間の関心を向けさせた最初の人物は、気象学者のエドワード・ローレンツであり、彼はこれを今では有名な「バタフライ効果」と呼んだ。東京で蝶が羽ばたくとテキサスでトルネードが（あるいはニューヨークで雷雨が）発生するだろうか、とローレンツは問いかけた。さらに正確な予報を期待している天気予報の未来にとってはあいにくだが、ローレンツの答えは「イエス」だ。組織の中でも、私たちはしょっちゅうこの「羽ばたき」を経験しているではないか。会議でふともらした一言が、組織中を飛び回り、打ち消すのに多大な時間とエネルギーを要するとんでもない誤解に成長し、変異するという経験があるだろう。また、ビジネスの比較的重要でない部分で起こった出来事が、急に全社的な存続を脅かすまでに大きくなるということを痛感した企業は少なくない。インドのボパールで操業していたユニオンカーバイド社の工場で有毒ガス流出事故が起きる前、同工場は会社全体の利益のわずか四%しか貢献していなかった。ところが、この大惨事の結果、会社全体の大がかりなリストラクチャリングが必要となり、企業評価も失墜した。またアラスカでは、一隻のオイルタンカー、エクソンバルディーズ号が起こした原油流出事故の結果、史上最悪とも言われる自然破壊、文化破壊がもたらされたのではなかったか。

科学は、私たちの世界の非線形な性質との新しい関係から甚大な影響を受けてきた。科学思想の主流を占める仮定の多くは、取り消されなければならなくなった。科学者のアーサー・ウィンフリーが表現しているように、古い科学が夢見たのは、ささいな変化には影響されない宇宙だったのだ。

地球上のビリヤード台のビリヤードの玉の動きを説明しようとするときは、ほかの銀河にある惑星で木の葉が舞い落ちることは考慮する必要がない、というのが欧米の科学の基本的な考え方だ。ささいな影響は無視してよいのだ。ものごとが作用すると何らかの形で収束し、小さな影響が勝手に膨らんで、勝手に大きな影響を及ぼすことはない[16]。

しかし、カオス理論はこうした仮定が誤っていることを証明した。世界は私たちが想像していたよりもはるかに敏感なのだ。私たちは、どんな不確定要素でも説明できるようになればすぐにでも、再び予測可能性を取り戻せるという希望を抱いているふしがある（会議や本のタイトルにこの夢が反映されている。たとえば、最近私の机で見かけた二冊は、『不確実性を征服するには［Conquering Uncertainty］』と『複雑性を克服するには［Mastering Complexity］』だった）。ところが実際は、こうした支配や予測という望みは、この非線形の世界ではけっして満たされることはない。そんな望みはきっぱり捨てたほうが賢明だろう。非線形のシステムでは、反復の結果、小さな影響が強力で予測不可能な影響に成長することがある。モデル化できない複雑な方法で、システムは自己にフィードバックし、かすかな違いを拡大し、ネットワーク全体に伝達し、乱れ、不安定になる――もちろん、予測など論外だ。

反復は、カオスと秩序の両方を訪れる旅にシステムを送り出す。反復の最も美しい結果は、芸術のようなフラクタルに見られる。フラクタルとストレンジ・アトラクタには一つ違いがある。ストレンジ・アトラクタはカオスのシステムが描く自画像だ。本質的に常にフラクタルであり、徹底的にパターン化されているが、数学的な事象の中では特殊な種類だ。推定では、ストレンジ・アトラクタは約二〇種類強しかない。それとは対照的に、フラクタルは、さまざまな規模ではっきり現れる反復パターンからつくられる物体や形であれば何でも該当する。フラクタルは、自然のものも人為的なものも無数にある。

フラクタルは、少数の非線形方程式を定義し、その方程式の結果をシステムに連続的にフィードバックするようにプログラミングすれば、コンピュータで生成することができる（第六章も参照）。重要なのは一つの解ではなく、無数の反復の結果生じるふるまいの合成画像だ。個々の解の軌跡が描かれるにつれて、システムの全体が精密な、反復性のある形として出現する。

この入り組んだフラクタルの画像のどこをとっても、自己相似性がある。ある倍率で見える形は、どんな倍率で見ても同じになる。倍率を一〇億倍以上にして、細部をどんなに拡大して調べても、同じ形がはっきりわかる。パターンの中にパターンがあり、そのパターンの中にまたパターンがある。パターンには終わりがなく、どこまで細分化しても込み入ったパターンが終わることはない。理論上は、この形の生成を永遠に追跡することができ、倍率を上げても必ずさらに見るものが残っている（カラーページ参照）。

フラクタルを最初に社会に紹介したのは、当時ＩＢＭにいた数学者のブノワ・マンデルブロだ（無限大のパターンについては、二〇世紀初頭に何人かの数学者が研究しているが、ごく最近まで日の目をみることがなかった）。フラクタルと命名することで、マンデルブロは、自然を新しい視点で理解するための一種の言語、幾何学の一形態を世に送り出した。フラクタルは、身の回りのどこにでも、雲や川、山や植物、部族の村、人間の脳や肺や循環系を自然が編成するパターンに見られる。これらはすべて（数え切れないほどもっとあるが）フラクタルであり、最も優勢なパターンが細部から全体まで数段階にわたって繰り返されている（カラーページ参照）。私たちは、フラクタルに満ちた

ブロッコリーのフラクタルの性質はわかりやすい。同じ形が、房全体から小房まで、たくさんの異なるレベルで現れる。

宇宙に住んでいるが、最近までそれらを見る手段がなかった。今では見ることができるようになり、そこには学ぶべきすばらしい教訓がある。

私がフラクタルから学んだことは、まず、パターンによって秩序立てられている世界は従来の物差しでは説明できないということだ。フラクタルの無限の複雑さには精密な測定方法も通用しない。マンデルブローの含蓄のあるフラクタルの演習問題は、同僚や学生に対して投げかけた単純な質問だった。「イギリスの海岸線の長さはどれくらいかね」。同僚たちがすぐに悟ったように、この質問に答えはない。拡大すればするほど、どんどん測定する細部が現れてくる。海岸線に沿って、露出部一つひとつの岩一つひとつまで測定するならば、いくら測ってもいつまでも測り残した細部が現れる。

フラクタルは、従来のツールでは決定的な評価はできないので、観察や測定には新しいアプローチが必要だ。フラクタルの画像を見るときに大切なのは、量ではなく質だ。システムはどれくらい複雑か。特徴的な形は何か。このパターンとほかのシステムのパターンはどう違うか。フラクタルの世界では、質的な要因を無視し、量的な測定を重視すると、挫折感を味わうだけだ。質的なことを明確に理解するのではなく、定量化に気をとられると、五里霧中でさまようことになる。情報にはけっして終わりがなく、けっして完全ということもない。だから情報を集めるほど、理解できなくなっていく。個々の部分を調べたり、システムをばらばらの量で測って理解しようとすると、道に迷う。細部を詳しく見ても、全体は見えてこない。だがシステムを理解し、システムと協調するには、システムをシステムとして、全体性の中で観察できなければならない。全体性は事実としてではなく、形としてのみ現れる。システムは、孤立した出来事やデータ点としてではなく、パターンとして姿を見せる[17]。

組織において、私たちは測定行為を得意としている。実際、それを最優先でやることが多い。フラクタルは、システムの個別の部分に集中して、どんどん細かく測定しようとしても無駄だと示唆している。この還元主義的な探求には、満足のいく終わりはけっしてなく、これでシステムのすみずみまで何もかもわかったという終点もけっしてない。カオスの研究者は、動いている形を調べる。私たちも組織を同様に理解したいなら、動いている組織の中で形を構成するものは何だろう。

この問いに対するさまざまに異なる答えが、全体システムとしての組織の研究から出現しつつある。全体性を探すことを学ぶことは、私たちにとって新しいスキルであり、古い方法では必要な情報を得られないとわかっているときですら、それに頼らないことはこれまで難しかった。だが、パターンを見ることとは、私たちにとってまったく異質のスキルというわけではない。私たちは本来、パターン認識を得意とする種であり、幼い子どもでさえもパターンに気づくのが非常にうまい。ところが、私たちを細部へ細部へと没頭させてきたデータ分析をあまりにも長い間偏重してきたため、持って生まれたこの能力と再びつながるには、お互いに助け合う必要がある。協力して、図表やグラフが催眠術でもかけるように踊っている本のページやコンピュータの画面から顔を上げ、世界をその形や姿で見る訓練をしなければならない。

はじめの一歩は、自分たちが探しているものをはっきり意識することだ。パターンの定義は、かなり簡潔で、「二回以上起こるふるまい」とされている。これはずいぶん初歩的な定義に思われるが、それはさておき、大切なことは、自分たちが見ようとしているものに注意することだ。だから、まず繰り返されているふるまいやテーマを探し、個々の要因や影響力のあるプレーヤーを見たくなる誘惑から距離を置くよう、お互いに仕向け合うことが必要だ。パターンというものは、単純な問いを発したほうが、はっきりすることがよくある。「これは前にも見たことがあるだろうか」「どうして見覚えがあると感じるのだろう」。パターンを見るためには、問題から数歩退いて、視野を広げてみることが必要だ。近づきすぎると姿は見えてこない。姿を見抜くには距離と時間が必要なのだ。パターン認識のためには、みんなで座って忍耐強く思索しなければならない。忍耐強くと言っているのは、パターンが形として見えてくるのには時間がかかるからだけではない。私たちはまだ世界をこれまでとは違う方法で見る努力をしている途上におり、何年も暗中模索することになるからだ。

フラクタルは並はずれて複雑な物体だ。人間の脳のシワ、肺の密集した構造など、その複雑な構造のおかげで、情報などの資源を処理する能力が高まるのだ。だが、この複雑さは、人為的な複雑さとはまったく異なるプロセスによってつくられるものだ。フラクタルの複雑さは単純さから生まれる。カオス研究者のマイケル・バーンスリーは、自然界にある物体の形を生成すると思われる単純な方程式を導き出せば、その形を描画することができるかどうかを研究した。彼はこれを「カオスゲーム」と呼んだ（左図参照）。このゲームは、あるフラクタル（彼の最初の試みはシダ）の基本形を成立させている必須情報を突き止めることから始まる。こうした方程式は驚くほど単純であり、誰もが必要だと考えそうな正確な指令を出す情報ではない。次に、導き出した方程式を自己にフィードバックするように動かす。方程式は、勝手に演算を繰り返し、まったくでたらめに無数の点を描画していく。このアプローチで、彼はコンピュータ上に植物の生い茂った庭を再現することに成功した（カラーページ参照）。

バーンスリーのフラクタルとカオスゲームの研究は、驚きと示唆に富んでいる。まず彼は、この宇宙で依然として機能している決定論を私たちに見せてくれる。彼が作成する形状は予測可能

カオスゲーム

複雑な曲線を描くシダの基本的な形は何だろう。
それは、4本の線のパターンだ。

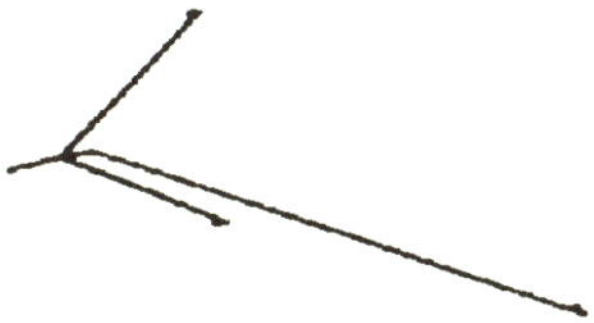

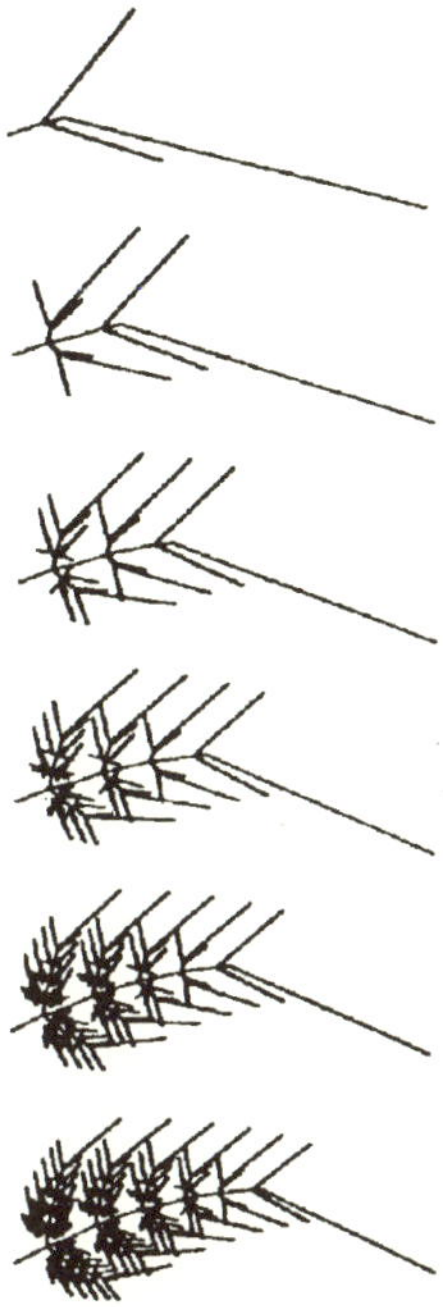

サイズは自由だが、形は崩さずに、このパターンを延々と繰り返していくと、複雑で美しいシダが現れる。ただし、パターンは必ず先に書いたパターンのどれかにつなげて描き、また、この例の場合は、葉の先に向けて描くこと。
フラクタルなパターンはすべて、個々のパターンが、自由および少数の単純な規則に対する責任の両方を実行するときに形成される。複雑な構造は、単純な要素と規則、および自発的な相互作用から時間をかけて出現する。

イラストはLinda Garcia, 1991［18］の許可を得て使用

であり、初期の式によって決定される。だが、非決定論もまた重要な役割を演じている。式が次に自己をどう解くか、あるいはパターンが画面のどこに現れるか、それは彼には予測できないのだ。自然に対して少数の単純な原則や式を当てはめはするが、どう展開し、どう動き回るかは自由に任せることで、自然は、あらゆる場所で見られるような複雑さを創造しているようだ。

さまざまな学問分野が、フラクタルという考え方に飛びつき、自然のシステムと人為的なシステムの両方で自己相似性の現象が大小さまざまな規模で起こるかどうか試みている。株式市場の動向のフラクタルな性質を観察する景気予測の専門家や証券アナリストから、脳や肺の組織のフラクタルな性質が驚異的な能力を発揮することを研究している生理学者、そして建物や町並みの美しさは調和のとれたパターンの反復にあると説明する建築家まで、フラクタルは多くの分野の想像力と研究に影響を与えている。フラクタルは、自然界の働きを理解するまったく新しいレンズであり、カオスと秩序が対立ではなく、パートナー関係にあることが美を生み出すということを明らかにした。

さらに私は、組織を理解するためにフラクタルを直接的に応用できると思っている。あらゆる組織は本質的にフラクタルだ。どこにでもはっきり表れている自己相似性のパターンが存在しない組織というのは思いつかない。工場部門の従業員と会おうが、経営幹部と会おうが変わらない。ある組織の人たちが示す似通ったふるまいに得体の知れないものを感じることは少なくない。閉鎖的かオープンか、人の悪口ばかり言っているか思いやりがあるか、など繰り返される傾向が見つかる場合があるのだ。

こうしたふるまいの反復パターンは、いわゆる組織の文化と言われているものだ。たまたま出会った組織が何であれ、誰でもそこでフラクタルな性質を経験すると思う。客として、店員が自分をどう扱うかを見れば、その店員が上司にどう扱われているのかがわかる。私の場合、コンサルタントとして、クライアントが私にどう接するかを見れば、そのクライアントのシステムの何が一番の問題なのか見抜くことができるということを学んだ。

フラクタルな秩序は、複雑なネットワーク内で単純な式が式自体にフィードバックされる場合に生まれる。この単純な式に含まれる形状を除けば、ふるまいを束縛するものはほかには何もない。自らの価値観を徹底的に貫いている組織は、このフラクタル創出プロセスをうまく利用している。こうした組織においては、どこに行こうが、誰と話そうが、相手の役割が何だろうが、そんなことはどうでもよい。製造部門の従業員のふるまいを見ても、経営幹部のふるまいを見ても、その組織の価値観が何であり、どういう仕事のやり方を選択しているのか、わかってしまう。何気ない会話の中にも価値観が聞き取れる。そして、その価値観が本物であり、組織の中で生きていると感じられるものなのだ。さらに、本当にフラクタルな組織であれば、こうした重要な合意があるからといって、個人が多様な独自の方法で自己実現することが制限されるわけではない。自己相似性は、人を消耗させるような規範や規則の遵守によって達成されるのではない。誰でも責任を持って説明でき、個人の自由が許される状況で運用される、少数の単純な原則によって達成されるのだ。

こうした組織とあらゆる自然のシステムでふるまいを形成する強い力は、二つのものの組み合わせによって生まれる。一つは、簡潔に表現された、期待される目的や意思や価値観、もう一つは、それらを責任ある個人が自分なりの方法で理解する自由だ。誠実な組織は、有言実行以外に選択肢はないということを痛切に学んでいる。組織の価値観は、組織がどんな身の処し方を望んでいるか、どれだけ深く全員が組織に対する責任を感じているか、を正直に物語る。カオスゲームとまったく同様に、組織の原則には、組織の意図された「姿」について、つまり、何を達成し、どうふるまいたいのかについて、十分な情報が含まれている。その原則のもとで自由に働くことが一人ひとりに委ねられ、その原則をどう解釈し、そこから何を学び、それについて何を語ろうが自由であれば、たくさんの繰り返しを経て、倫理的なふるまいのパターンが出現する。それは、どこに座っていようと、何をしていようと、誰においても認識できるものだ。

パターンにまとまるのは生命体の本質だ。この認識を持てば、新しいアプローチで組織変革に臨める。私たちは、ふるまいとして表れるパターンを探し、特定することが大切だということは理解できる。違うふるまいのほうが好ましいのかどうか一緒に決めることもできる。もしそうなら、新しいふるまいを支えるだろう価値観や合意を考え出す必要がある。そして、この新しい合意に移行することは何を意味するのか、それを見極めるために一緒に努力する。この努力には、意識と忍耐と寛大さが必要だ。ふるまいは新しい価値観を唱えるだけでは変わらない。しかも少しずつしか変わらない。価値観に一致した行動ができるようになるには、どのように行動しているのかについて、これまでとは比べものにならないほどはっきりした意識を持つようにしなければならないし、普通以上に内省的にならなければならない。さらに、昔の行動に舞い戻ってしまったときに、お互いに相手が気づくのを手伝うことも必要だ。誰でも過去に逆戻りしてしまうことがあるだろう。それは避けられない。だが、そうなったとき、寛大な精神で助言し合うことに同意しておこう。少しずつ、いろいろな出来事や危機に試されながら、新しい価値観の演じ方を学んでいく。新しい行動パターンを発達させ、ゆっくりと、なりたいと言っていた自分たちになっていく。

こうした考え方は、優れたリーダーシップとは何かを単純明快に語っている。それは、私たちに基本的な管理原則を思い出させる。導きとなるビジョン、誠実な価値観、組織の信条――個人が自分のふるまいを形づくるときの基盤となる自己準拠の思想だ。リーダーの仕事は、まず、こうした原則を具体化することであり、次に、組織が有言実行の模範となるよう努力することだ。リーダーのこの仕事は後戻りできないし、無視できないステップでもある。説教はするが実行はしないリーダーが率いる組織は、惨憺たる結果を招く。企業倫理のコンサルタント、バーバラ・レイ・トフラーの報告によれば、そうした場合、従業員は「制度に対する無責任、その制度の目標や顧客に対する無責任」で対応するようになるという。経営幹部の責務は「嘘偽りなく、有言実行あるのみ、説教したことを実践する、言ったことを実行する」ことだと述べている[19]。

リーダーはまた、組織全体が自らを見つめ、活動や決定について内省や学習を志向するよう促す義務がある。ある企業のCEOを務めたことのあるモート・メイヤーソンは、リーダーの重要な仕事の一つは、組織が自らを知るよう徹底することだと述べた[20]。リーダーの役割は、部下がいつ何をするか正確に報告するよう徹底させることではない。その組織は何者なのか、について断固たるものがあり、その意識がさらに強くなっていくよう徹底させることだ。このようにアイデンティティが明確になれば、それは組織のどのメンバーにとっても有意義なことだ。混沌とした状況にあっても、各自が一貫性のある決定ができる。何か混乱が起こっても、組織が支離滅裂な状態に陥ることはない。

カオスがドアを乱暴に閉め、私たちを部屋中あっちこっちと翻弄するようなとき、はっきりした原則があるから大丈夫だと信じることは難しい。カオスを経験するたびに、早急に介入し、駆け込み、安定させ、それ以上の悪化を避けようと躍起になる。相手を最も痛烈に批判する言葉は、間違いなく「あなたには無理」だ。しかし、世界の営みを信頼することができれば、組織の目的や方向がはっきりしているかぎり、組織の強さは保たれるということがわかるだろう。事態が混迷しても、この明快さがあれば、軌道から逸れることはない。たとえ世界の狂乱がひどくなっても、私たちは分別を失わずにいられる。

この混沌とした世界には、リーダーが必要だ。だが、ボスは要らない。暗い混乱の時を明るく照らす明確なアイデンティティを育て、自分の価値観で生きる方法を学ぶ後ろ盾となるリーダー、リーダー以外の人間の参加を妨げる方針や手続きではなく、進んで受け容れる考え方によって人の管理が非常にうまくいっていると実感させてくれるリーダー、そんなリーダーが必要なのだ。ここ数年、価値観のぶれない企業は強さや弾力を失わないことを立証する研究がたくさん発表された[21]。だが今、この研究にカオス理論の意見も付け加えてよいだろう。一見混沌としたプロセスでも、単純な公式で動くと驚くような複雑さと能力を生み出す。

カオス理論では、時間をかけて観察してみなければ、システムがどこをめざしているのかけっして見えてこない、というのは事実だ。秩序が出現するにしても、それはたちどころに実現するのではない。これもまた組織にとって本当の話であり、このスピード偏重の世界では大きな壁である。中心がぶれない組織に目に見えない構造が本当にしっかりできあがり、うまく機能している、とわかるまでには時間がかかる。こうした組織はすでにたくさんあり、未来から私たちに手招きしている。だが、自分たちが実感するものでないならば、再び過去の信念に基づく行動へと立ち返ってしまう。宇宙は秩序をつくるプロセスを披露しつづけているのだから、うまくいけば、強制的な束縛からではなく、明確な中心から、システムは秩序をつくり上げるということを私たちは理解できるだろう。

カオス理論の謎の一つは、秩序がどこから生まれるのか誰にもわからないことだ。科学者は初期の方程式の中に秩序を設定しているわけではない。「ストレンジ・アトラクタ」という言葉に心をとらわれて以来ずっと、そのような謎が組織にもあるかどうか私はじっくり考えてきた。それほど引きつける力があって、私たちの行動を境界からはみ出さないように保ち、私たちが混沌とした状態にさまよい込むのを防いでいるものは何だろう。価値観がそうしたアトラクタの役割を果たしていることは、今や私にとっては疑う余地がない。だが何といっても最大の牽引力は、組織でも、個人生活でも、意味（意義）である。ヴィクトール・フランクルは、彼が創始した心理療法ロゴセラピーの紹介の中ですばらしい言葉を残している。人が生きるための最大の動機は「快楽を得ることでも苦痛を避けることでもなく、人生の意味を見出すことだ……」[22]

組織の種類にかかわらず、疲労し、斜に構え、燃えつきた人々であふれている組織があまりにも多いが、リーダーや従業員が働く意味を取り戻すのに時間を割けば、信じられないようなレベルのエネルギーや情熱が引き出されるのを私は目の当たりにしてきた。そのためには単純だが強力な問いを発するだけでよい。ここに来たのはなぜか。ここで働くようになったとき何を成し遂げようと夢見ていたか。この問いは必ず深い反応を引き出す。なぜなら、どうでもいい目的のために働く人間はまずいないからだ。ほとんどの人間は、何か意味のあることをしたい、貢献し、奉仕したいと思って組織に来るものなのだ。

哲学者であり経営学者であるチャールズ・ハンディが述べているように、「このために自分はここにいる運命だ、自分は世の中をささやかながら少しはよくできる、という内なる信念」[23]が誰にでも必要だ。その内なる信念を取り戻すよう求められたら、少しでも世の中をよくしたいという同僚の夢を聞いたら、仕事に対する、そして仲間に対する新しいエネルギーを感じるもの

3翼の鳥：カオスのストレンジ・アトラクタ

これはカオスのシステムが描く自画像だ。システムのふるまいは、数百万個以上の点の軌跡で描かれる。システムは、次々に新しいふるまいを示しながら、無秩序にさまよっているように見える。だが時間が経つと、深遠な秩序――形が現れる。この秩序はシステムに内在するものだ。いつもそこにあったものだが、カオスの動きの軌跡を時間をかけて多次元的にプロットしてみるまで、見えてこなかった。

拡大：10億倍

拡大：100万倍

拡大：265倍

はじめのフラクタル

フラクタルは、徹底的にパターン化された物体であり、非線形方程式を数百万回繰り返し、一回ごとに解をプロセスにフィードバックする、単純な組織化のプロセスによって生成される。個々の解は重要ではないが、数百万の解がプロットされると、複雑な形が出現する。

この連続写真は、「ジュリア集合」というフラクタルの奥深さを示している。原寸から始まって、1兆倍まで同じ形が繰り返されている。どこを見ても、同じパターンがはっきりわかる。フラクタルは、秩序ある形が永遠に繰り返される、無限の世界を垣間見せてくれる。また、自己にフィードバックする単純さが、目がくらみそうな複雑な形に帰結するとはどういうことかも見せてくれる。

かの深遠なる無限性の奥では、宇宙に遍《あまね》く別れ散った一葉一葉が集まり、愛によって一つの巻に綴られるのを私は見た。

——ダンテ

拡大：400億倍

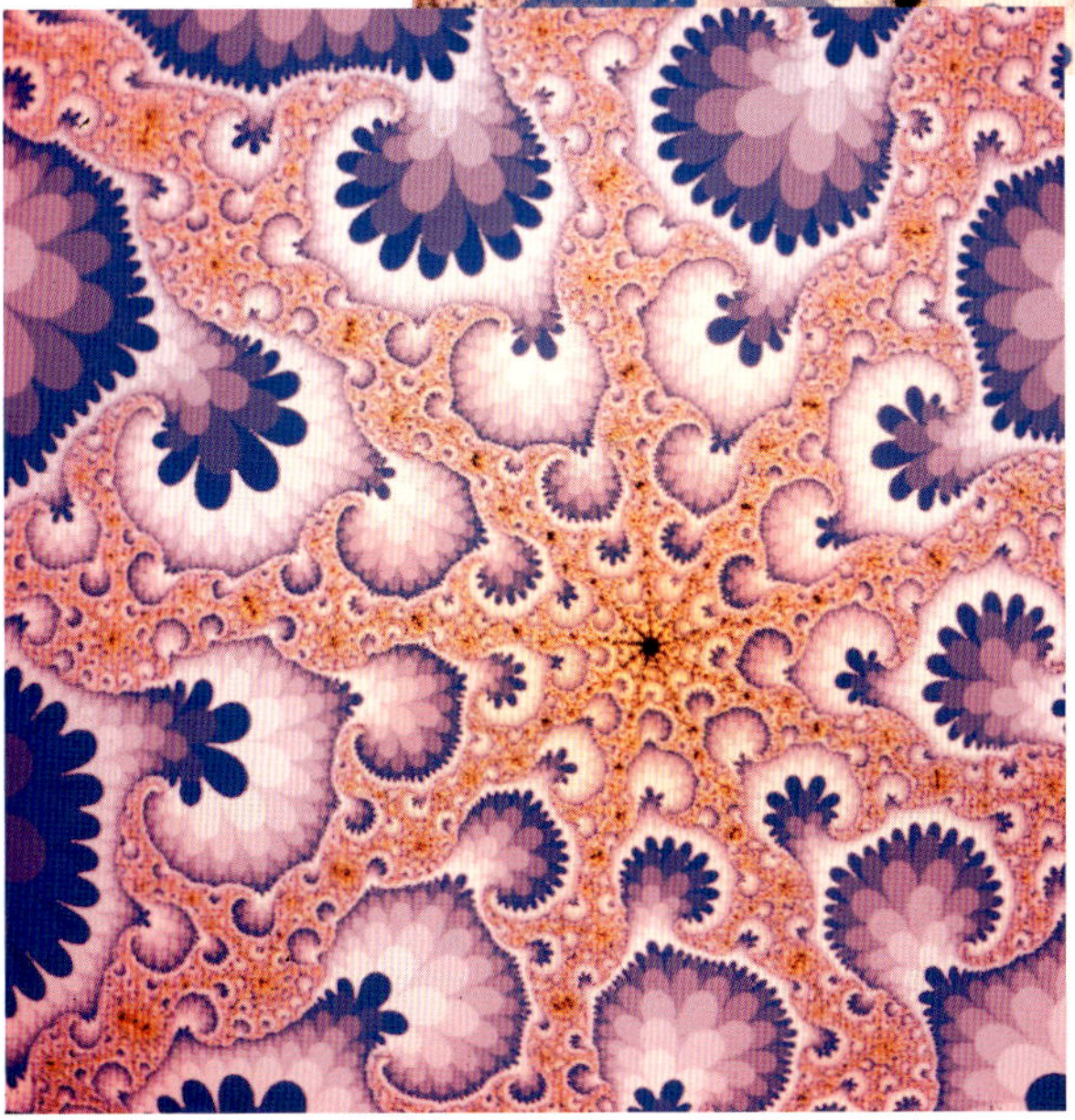

拡大：1兆倍

飛行機の窓から、積雲のフラクタルな性質——反復するパターンを探すのは、このうえなくおもしろい。

このグランドキャニオンの写真では、峡谷の全景の中に小さい峡谷の小景があることがはっきり見てとれる（写真手前）。繰り返しのパターンが大小さまざまな規模でわかりやすく現れている、自然のフラクタルな性質を写真家がとらえることは珍しくない。

コンピュータ作図のシダ

自然のシダにはフラクタルな性質があるため、コンピュータで本物そっくりな人工シダを作成することが可能だ（「カオスのゲーム」参照）。

自然のシダ

自然界のあらゆるものと人間の芸術に見られる渦巻き模様
秩序とカオスのダンスを見せてくれる

ベロウソフ・ジャボチンスキー反応

ある化学物質の混合液に変化が生じると、それは元の混合液よりはるかに複雑な形に自己組織化する。変化のプロセスが続くかぎり、もっと入り組んだ渦巻き模様が出現する。

大規模なエネルギー系は、複雑な渦巻き模様に自己組織化する。星雲の多くは同じ形状を見せる。

銅製の対になった渦巻きの装飾品（有史以前）

渦巻き模様は、旧石器時代から、世界中の芸術作品に表現されてきた。［心理学者の］カール・ユングは、渦巻きは創造と破壊という相反する人間精神の原型だと考えていた。

オーロラ（北極光）

太陽から放出される太陽風と呼ばれるガスが地球に接近すると、地球の磁場の影響で電磁極（北極と南極）に流れていき、そこから大気圏に突入する。そして太陽風の荷電粒子が大気中の窒素や酸素などと衝突し、カラフルな可視光線として発光する。オーロラは、空間は空虚ではないことの証だ。

だ。意味の果たす使命は、ほかの何ものとも異なる。だから、仲間とともに目的の深い泉に耳を澄ますことにもっと時間をかけたほうが賢明だろう。それは私たちみんなを育んでくれる。

人間ならではの性質の一つは、「なぜ」を知る必要があるということだ。ものごとには意味があることを知らずにはいられないのだ。自分の置かれた状況をよく考え、自分なりの解釈をすることができれば、人はどんな苦しみにも耐え抜くことができる。不幸な出来事ですら無作為のものではない。つまり、それをもっと大きな論理から理解するのだ。組織が絶えずたくさんの重大な課題に直面しているときに、表面的なレベルにとどまったり、人は利己心でしか動かないと思い込んだりして、その難局をやり過ごそうとするようでは、お互いに大きな害を及ぼしてしまう。なぜ秩序の崩壊や消失に直面しているのか、もっと広い視野で理解する必要が大いにある。このように、もっと深いレベルの意味から出来事を論じるようにすべきなのだ。

さらに、人生の困難な一面、人が体験する悲しみと苦しみを認める必要もある。こうした暗い影を表面に浮上させたからといって、修正できるわけでも、消せるわけでもない。人生の現実の一部だと認めるしかない。リーダーから今起きていることの真実を知る機会を与えられ、出来事のより深い意味を探求する支援が得られるとき、私たちは直観的にそれを探そうとする。仕事を根本的な目的からぶれないように手助けしてくれる人こそが、大切にすべきリーダーであり、敬愛し、恩恵に恩恵をもって返すべきリーダーだ。私たちがカオスの深みからガイア的なエネルギーを呼び出すことを可能にするのは、意味だけだ。中心としての意味があってこそ、私たちはカ

紀元前3000年頃のマルタ島の寺院の石碑に彫られた渦巻き模様。渦巻きは、次から次に芽を出し、カオスが新しい命を生み出す様を表現している。

オスの領域を旅し、世界を理解することができる。アトラクタとしての意味があってこそ、自分自身をつくり直し、最も価値があると思っていることを実行に移すことができる。

人間の意味へのこの渇望は、人の一生を見ればわかる。人は年をとるにつれて、人生を構成する出来事や危機の背後にもっと深くもっと一貫した目的がないかと探すようになる。自分の人生はどんな姿なのか。自分の生きる目的は何か。表向きは偶然の出来事がもっと大きな計画の一部だったと今ならわかるか。「偶然」の出会いは、今にして思えばまったく偶然ではなかったのではないか。人はそれぞれ、ほかの誰のものでもない唯一無二の自分の人生に対する意味を見つけ出そうとする。そして、その動きは見えないにもかかわらず、目的が自分の人生を方向づけてきたという自信を深める。意味のない世界で自力でこの意味を創造していると信じようが、意味は意図的な世界によって提供されると信じようが、結局、人が求めるものは意味だけだ。それ以外のものには魅力がなく、一生涯の行動を首尾一貫させる力を持つものはほかには何もない。

秩序を生み出す強さはカオスの暗い深みから得られるということを知ったのだから、私たちは古代のガイアのようになろうではないか。大胆に虚空を抱きながら。

第8章

変化——生命体の能力

一人の人間がある考えを擁護する、あるいは世の中の進歩のために行動する、またあるいは不正と闘おうと立ち上がる。すると、その人から生じた希望のさざ波は、無数の他者のエネルギーと勇気から生じたさざ波とひたひたと交わり、抑圧と抵抗の難攻不落の壁でさえも押し流す大きな潮流となる。

——ロバート・F・ケネディ

私たちは、自然のものと人為的なものと両方の意味で、騒々しい嵐のような時代に住んでいる。さまざまな破壊的な要素がうごめき、それが大洋上で渦巻く大気の塊となって力を蓄え、あるいは権力の殿堂での決定となって勢力を得たりしているように見える。日々のニュースはすさまじい変化に満ちており、たいていの人はどうにもならない力に翻弄されている。

ラジオのインタビューで海浜と海岸線を専門に研究している地質学者の話を聞いたのは、そんなことにすっかり打ちのめされたような気持ちでいたある晩のことだった。そのインタビューが放送されていたのは、巨大なハリケーンがアメリカ東海岸のアウターバンクス*に襲来しているときだった。その地質学者は、アウターバンクスを何年も研究してきた人で、その独特の地質学的特徴を愛しげに語り、ハリケーンによる影響の現地調査ができるように嵐が弱まるのを待っていた。インタビュアーが「どんな状態が予測されますか」と質問した。インタビュアー同様、私も、家屋の破壊や倒木、海岸線の侵食など、被害がくどくど並べ立てられるものと決めてかかっていた。ところが、驚いたことに、彼は「新しい浜辺ができていると思います」と静かに答えた

＊　ノースカロライナ州東部海岸に鎖状に連なる砂質の島々

のだ。

その夜からというもの、私や同僚がこの地質学者のシンプルなものの見方を仕事に採り入れ、この世界は変化するものだということを受け容れ、目新しさをおもしろがるくらいになるには、何が必要かずっと考えてきた。私たちもこの地質学者と同じ世界に生きているわけだが、私が仕事をしている組織の中では、変化は恐るべき敵だ。ハリケーン、組織の危機、突然のアクシデント。これらは、人が懸命に成し遂げようとしている計画的で順調な進歩を破壊する悪しき力だ。変化の力を利用して行動するという発想はなかった。まったく正反対だ。変化を管理し、その途中の一歩一歩において間違いなく管理下に置くことが必要だとされている。そして、誰でも変化は好まないと思い込み、変化を入念に管理することは、人の役に立っているものと考えている。おかしなことに、成長し、適応し、変化するすばらしい能力を見せる生物にごまんと囲まれているにもかかわらず、変化に抵抗するのが人間ならではの特徴だというのが私たちの言い分なのだ。

私たちの変化に対する考え方と敏感さは、ニュートンの世界観に端を発している。私たちは問題のある組織を壊れた機械のように扱う。だから、問題を診断するのに還元主義的な手法を使い、一つの単純な原因があるものと予想する。マネジャーが悪い、チームが悪い、事業部が悪い……可能性のある原因すべてに当たりながら、その一個の壊れた部品を突き止めようとするのだ。組織を修復するには、欠陥部品を交換し、設計時のレベルの性能に戻すしかない。

これが組織の変化に対する標準的なアプローチだ。それは典型的な機械論的思考に由来する。組織変革の大半がうまくいかないのはなぜか。その原因はこのアプローチにあると思う。企業の役員クラスのリーダーらの報告によれば、変革プロジェクトの実に七五％が見込んだ成果をあげていないという。これは愕然とする失敗率だが、組織を機械として扱うのをやめないかぎり、成功率を上げることはとてもできないだろう。

　変革プロジェクトの規模と範囲を決めるときにも、ニュートンの影響が現れる。組織の物質的な重さを打ち消す質量を持つプロジェクトを育成しなければならないと考えるのだ。古典物理学では、質量は重要だ。物体の力（エネルギー）は、二つの要因――質量と速度の二乗に比例する。私たちはこの法則に則って行動している。つまり、大きな組織を変えようとしているなら、努力の総力が組織の質量に匹敵する大きな変革プロジェクトか、速度の速い小さなプロジェクトのどちらかが必要だということだ。どちらの戦略を選ぼうと、組織の物理的な規模に影響を与える方法を念頭に置いている点は変わらない。

　しかし、生命の変化のプロセスに遭遇すると、新しい世界が見えてくる。それは、相手にぶつかって変化を起こすビリヤードの玉の世界ではなく、意味のある情報によって変化するネットワークの世界だ。質量を相手にするのをやめ、エネルギーを利用して行動するときだ。機械論的な習慣を放棄し、生命系のふるまいから学ぶべきだ。今や新しい変化のダイナミクスが明らかになっている。

ニューサイエンスは変化を育てるプロセスに満ちている。そのプロセスは興味をそそられる、希望の持てるプロセスだ。ただし、ニューサイエンスから学ぶには、探し求める対象を変えなくてはいけない。ニューサイエンスの多くは、まさにそのような変化から生まれた。科学者は、物体を研究するのをやめ、目に見えないレベルのダイナミックなプロセスを研究するようになった。静的なメカニズムと個別の部品から成り立つ機械にたとえて世界を見るのをやめ、新しい何か、生命の数えきれないほど多様な形態を生み出す根元的なプロセスを見るようになったのだ。そして、生命がいかに変化の可能性に満ちており、いかに新しいものを受け容れる能力があるかを説明する答えを発展させた。生命の抑止しようのない弾力性を目の当たりにし、畏敬と謙虚の念をあらわす人もいれば、生命の限りない創造力との出会いを表す新しい言葉を探そうと、詩をうたう人もいた。

私たち自然科学者ではない者も今、同じような変化ができると期待している。果てしない多様性として表れる創造力に囲まれて、変化を経ても弾力性を保つ、変化の達人のような世界で生きているのだから、私たちは、その力を管理したり、否定したりせず、それを利用して仕事をするようになれると思う。ただし、私たちに求められている変化は途方もなく大きい。西洋思想にとっては、地図にもないような異国の土地に上陸するようなものだ。

大きな変化の第一はこれだ。システムは部品でできているが、部品だけを見てシステムを理解することはできないという点だ。個々の部品や単独の問題を扱う場合でも、システム全体を見る必要がある。システムという意識を持てば、全体から切り離して理解できる問題やふるまいは一つもないとわかる。ばらばらに現れるが、全体系の中で作用しているダイナミクスを説明しなければならない。本書はこれまで、量子物理学とカオス理論の両方で明らかにされたこの新しい方向を説明してきた。科学者が部品から全体へ視点を変えたとき、カオスにしか見えなかったものが、実は内在的な秩序だとわかった。カオスのシステムはストレンジ・アトラクタという秩序を持っていた。ニュートンの法則から逸脱しているように見えたものが、実は法則に則っていた。電子のペアはけっして個別にふるまわず、遠大な距離を隔てても分離できない全体性を示した。システムの世界は個別の事象や個体を見ているだけでは理解できないのだ。

とはいえ、システムの全体を観測できるようになるのは難しい。従来の分析スキルは役に立たない。分析は意識の範囲を狭め、システム全体を見る妨げになる。細部にばかりこだわるようになり、システムを全体として理解するにはどうすべきか学ぶことから遠ざかってしまう。マックス・プランク研究所の元所長、ハンス・ピーター・ドゥールは以前、私にこう言ったことがある。「量子レベルで見ているものを記述する分析言語はありません。ものごとを詳しく分析しても何にもならないと言わざるを得ません。情報が特殊になればなるほど、全体の関連性が失われるのです」

全体性は分析できないというのなら、どうすれば全体性を理解できるようになれるのだろうか。これは、哲学者や一部の科学者を何世紀も悩ませてきた問題だ。彼らはそれぞれ新しい理解の仕方を提起してはいるが、どれも完璧な答えだとは思えない。何かを理解するときに私たちが必要だと思っているような精密で分析的なテクニックを提供してくれるわけではない。世界を新たに理解するには、新しい知覚的なテクニックが必要だと実感するたびに、私はいらいらさせられる。分析的な姿勢でいては分析から逃れられない。従来の方法を使えないとしたら、新しい理解の方法が必要な新しい現象をどうすれば十分に理解できるのだろう（次の説明に不満を感じたら、読者が進歩している証拠に違いない）。

システムをシステムとして理解しようともがいているうちに、私は認識を通り越して感覚の領域に惹きつけられるようになった。ドイツの哲学者、マルティン・ハイデッガーはこれを「存在意識」と呼んだ。人は集団の中で存在したり、問題を抱えて存在しているとき、鋭利な分析から離れて、静かに自分の感覚に向き合う。印象、ものごとの感じ、集団の中にいるとき、あるいは報告書を読んでいるときの直観、そういうものに頼ることを私は今、自分に許している。問題に集中したときに見えてくるイメージや言葉、パターンを探すように自分にも他人にも勧めている（陸軍も戦闘能力において直観が果たす役割を認めている。数年前、「指揮官の直観」の研究が始まった）。

一九世紀初頭の偉大な科学者であり、哲学者であり、詩人でもあったヨハン・フォン・ゲーテは、その才能を自然の全体性を見るという課題に注いだ。ゲーテは、どんな現象も、孤立した事象としてではなく、ほかの現象との関係の結果として理解することに関心があった。従来の科学では、科学者は問いを立て、研究対象を尋問するように調べる。だがゲーテは、どうすれば人間が尋問から受容に移行できるかを説いた。つまり、起こっているものごとをそのまま受け容れ、自分も目に見えない全体によって影響されるのを受け容れるということだ。人間は現象と共存し、現象自身が見せる姿を感じることができるという。

ゲーテは全体を感じるためのいくつかの方法を提起しているが、私は特にその中の一つに刺激された。部分を詳しく見ることで全体を発見できるというのだ。これは古きよき還元主義のように聞こえるが、まったく違う。部分が全体に参画しているという認識を持ったまま、部分を調べるのだ。同時に二つのレベルの注意を払うわけだ。研究しているこの対象は、それ以外の宇宙全体が存在しなければ存在しない、そう認識する[1]。全体がローカル（局所的）なレベルでものごとにどんな影響を与えているかを知らずして全体を理解することはできない。この思考態度は、欧米人の頭では把握するのが難しいが、次の教えに象徴されているように、仏教では当たり前のものだ。

万物は己以外のあらゆる事物に依存して存在している。たとえば、この葉一枚にしても……地球、水、熱、海、木、雲、太陽、時間、空間――あらゆる要素がこの葉を存在たらしめている。これらの要素のうち何か一つでも欠ければ、葉は存在できないであろう。あらゆる存在は同時発生の法則に依存している。一つの事物の源泉は万物なのである[2]。

こういった感覚で問題を調べるには、部分と全体の関係を探求する必要があるが、両者を同一のもの、置き換え可能なものと混同してはいけない。この探求は、フラクタルなパターンやホログラムイメージを探そうとしてシステムを見ることとは別物だ。フラクタルやホログラムは、部分を全体のミニチュア版として見るが、この場合は、そうではなくて、部分を集中的に見て、全体系に作用しているダイナミクスを見出すことが必要なのだ。部分は全体ではないが、全体に導いてくれるものだ。

たいていの場合、私たちが、全体系で作用し、いたるところに影響を及ぼしているダイナミクスに気づくまで時間はかからない。優秀なエンジニアとして、欠陥部品を突き止め、新しい部品に交換するよう訓練を受けてきたからだ。しかし、システムの感覚で考えれば、この修理型アプローチがたいてい失敗するのはなぜか、すぐに説明がつく。個体がシステムのダイナミクスと相互作用するとき、個々のふるまいは共進化する。個体つまりローカルなふるまいを変えたければ、システム全体の影響に波長を合わせることが必要だ。システム全体で起こっていることを利用して、個体のふるまいを理解しなければならず、一方、個体のふるまいを調べて、全体について学ばなければならないのだ。

分析という還元主義モデルで訓練されてきたとはいえ、組織で働いている人の多くは、問題を個別に切り離して詳しく調べても、思ったほどの改善や変化が得られないことは実体験として知っている。「個別の問題をすべて、一つ残らず解決すれば、組織はよくなりますか」と聞けば、たいていの人は「いいえ」と答える。何かほかの力が働いていて、組織を悪い現状に陥らせている、と理解しているのは間違いない。それを名指しすることはできないが、それが存在することはわかっているのだ。

システムのダイナミクスと個体の相互作用を見ることは、全体と部分を交互に見て何かを発見する、たとえればダンスのようなものだ。視野を拡げて全体を見る。次に視野を狭めて個別の一瞬一瞬を真剣に覗き込む。それを繰り返すたびに、全体がよく見えてきて、個々の要素についても新しい理解が得られる。全体の肖像画を描くときに、できるだけ詳しく細部を描写するようなものだ。さらに次は、重要な事象や決定を選び、その中も細大もらさず調べる。二つのレベルの間で踊りつづけ、一つのレベルから得た感性と情報を材料に別のレベルを理解する。部分を調べるときに全体意識を持てば、そして全体との関係で部分を理解すれば、まったく新しい世界の見方が可能になる。

全体系の意識を発達させる方法には、システムのある部分の時系列表、マインドマップ、イメージのコラージュ、ドラマ化など、たくさんある。非線形の思考や直観を育てる方法であれば何でもよく、ドラマ、芸術、ストーリー、絵など、代替的な表現手段が役に立つ。肝心なことは、知力だけではなく、感覚を呼び覚ますことだ。そうすれば、複数のレベルの現象の中に同時に存在できるようになり、感覚にまかせて新しいものの見方にたどり着ける。

ある会社の話だ。ある事業部が大きな契約獲得になぜ失敗したのか、その原因を知りたがっていた。まず、彼らは、思い出せるかぎりの出来事と決定を時系列表にした。全員が表の作成に参加しなければならなかった。誰一人としてストーリー全体を知る者がいなかったのだ（時系列表は最終的に九メートル以上の長さになった）。全員で完成した時系列表を検討し、契約獲得失敗という結果につながった全体システムについての基本感覚を身に着けた。次に、グループ全体で、表に記入されたたくさんの決定のうち、どの決定が最も重要かを抽出した。それから、小グループに分かれ、グループごとに一つの決定を掘り下げて検討した。先に全体を把握することから始めていたので、部分的な個別の決定を理解するための探求は、早くもこれまでと違う様子だった。そして各グループは、担当した決定の分析を全体の時系列表に戻した。すると、どの決定にも同じ行動パターンがあることがたちまち判明した。全体は各事象の中にそのダイナミクスを表していたわけだが、全体を意識しなかったら、誰もこのパターンを見抜けなかっただろう。ほかの部分についても掘り下げて検討しては、全体に戻すことを繰り返した結果、いくつかのダイナミクスがはっきりした。本当に変えるべきものは何か。それは、このダイナミクスをいかに変えるか、だと焦点がしぼられた。

　このような作業は、グループ全体を巻き込んで行わなければならない。全体を追求するには全体が参加しなくてはならないのだ。それ以外に自分が何者か知る方法はない。しかし、人が共同で自分たちの集団的アイデンティティについてよく知ろうとすると、逆に個人に驚くような影響を及ぼす。個人的なパターンや行動が全体にどう貢献しているかが理解できるようになるのだ。

そして個人が自分を変えることに責任を持つようになることに驚かされる。

個人の変化の動機は上司の要求や個人的な自己改善のニーズに対する反応ではない、と知っておくことは重要だ。今挙げた会社の例のように、集団的プロセスを経ると、もっと大きな文脈が現れるが、人に変化の動機を与えるのはこうした文脈なのだ。個性や部署の意識ではなく、仕事への意識が深まり、各自が仕事がもっとうまくいくことを望むようになる。そして、個人として仕事の成果にもっと貢献するにはどうすればよいかを考えるようになるのだ。

第一の変化が部分と全体についての考え方を変えることだとすると、第二の変化は、一つの生命体である組織のダイナミクスに着目することだ。組織を一種の生命体ととらえれば、組織図とは似ても似つかない。生命はネットワークを利用する。それなのに私たちはいまだに枠に頼っている。だが、組織図の枠を描くときでさえ、人は［知らず知らずのうちに］その枠を無視し、生命体と同じように、関係のネットワークによって組織図をまとめあげているものだ。身軽に変化できるようになるには、頭で考えた仮想の組織を忘れ、現実の組織に合わせて働くようにすることだ。現実の組織は、常に相互依存の関係で成り立っている濃密なネットワークなのだ。

ニューサイエンスは、この全員参加型の宇宙では、孤立して生きられる生き物は一つもないということを私たちに思い出させてくれる。すべては関係次第で形が決まる。情報との関係、人との関係、出来事との関係、考え方との関係。私たちは絶えず何かとの関係の一員となるように呼び出される。現実でさえも私たちが関係に参加することによってつくられる。私たちは何に着目するかを選択している。そうやってあるものとは関係を結び、あるものは無視する。この選択した関係によって、私たちは共同で世界を創造しているのだ。

変化を起こすことに興味があるなら、私たちは、機械ではなく、この関係のネットワークを相手に働いているということを忘れないようにすることが大切だ。組織がネットワークだということがわかってしまえば、クモの巣を考えるだけでも組織変革について学べることがたくさんある。たいていの人はクモの巣に触ったことがあるだろう。弾力があり、一カ所をそっと押しただけで全体が揺れる。クモの巣が破れ、修理が必要な場合、クモは破れた部分を切り取ったり、巣を放棄したり、全部を破って一からつくり直したりはしない。すでにそこにある関係を利用して、巣を紡ぎ直し、弱くなった部分の上にもっと強い関係をつくる。

クモからも直接学ぶことができるが、生きているネットワークを変える最も深遠な戦略は生物学が教えてくれる。システムに問題が発生すると、システムはそのネットワークを強化して健康を回復する。組織のシステムを強化するにも、関係の強化が必要だ。この原則から、私はシステムを信頼するということを学んだ。システムは自分の問題を解決する能力を持っている。システムが必要としている解決策は、たいていシステムの中にすでにある。システムに問題があるということは、ネットワークが不完全な表れだ。情報不足、システムのアイデンティティがあいまいになっている、関係が悪化している、優れた洞察力を持つ人たちを無視しているなど、いろいろな状態が想定される。

システムを健全にするには、ネットワークを強化することだ。システム変革の基本戦略はきわめて単純明快だ。変化が起こるためには、**システムが、システム自体について、システム自体からもっと学ぶ必要がある。**つまり、システムが一つにまとまるプロセスが必要なのだ。システム自体の発見を促し、同時に新しい関係を築くものであれば、まずどんなプロセスでもうまくいくだろう。結局は、システム全体がこの仕事に関わらなければならない。社外の専門家や小さなプロジェクトチームには成し遂げられない仕事なのだ。

私と同僚が組織のシステムを改善するうえで重視しているのは、システムが次の三つの重要な領域で自己認識を育てられるように手助けすることだ。

第一に、人は組織もしくはコミュニティの基本的なアイデンティティを共有しなければならない。私たちは誰か。何者になろうとしているのか。どうつき合っていくか。

第二に、人は新しい情報を共有しなければならない。ほかに何を知る必要があるか。この新しい情報はどこに行けば手に入るか。第三に、人は従来の境界にとらわれず、システム内のどこの人とも関係を築くことができなければならない。この仕事を一緒にやるには、ほかには誰が適任か？

この三つの領域、アイデンティティ、情報、関係を突き詰めていくと、システムの自己認識が向上する。そして、自分たちは何者なのかという事実を共有し、外部環境や顧客を共有し、システム内のどこの人とも関係を築けるようになる。こうしてできあがった新しい関係は、能力向上に貢献し、システムはより健全になる。

当事者たちは成功の原因をわかっていないように見えることもよくあるのだが、この三つの領域における新しい関係を築くことで、組織のパフォーマンスが改善されたという実例はたくさんある。たとえば、優れたプログラムでは、従業員はまずはじめに、特殊な顧客サービスや生産性の高い業務プロセスの設計など、自分の仕事の新しいアイデンティティや意味を追求する。新しい統計的なツールを利用して、自分の仕事についての新しい情報を得るのだ。こうして、自分で事前に設定した業務水準を達成もしくは上回る業績を上げている。全員参加型の問題解決プロセスと自己管理型のチームが、従業員どうしの関係を強化し、専門知識の共有を促したのだ。顧客やサプライヤー（納入業者）との新しい関係が重要なのとまったく同様に、以前はシステムと疎遠だった従業員がシステムと一体化し、貢献するようになった。

作家のE・M・フォースターは、『ハワーズ・エンド』という作品の中で」「Only connect（ただ結びつけよ）」と語った。もちろん、現実はそれほど単純ではない。人間関係を築く絶好の機会である行事や会議には誰でもさんざん顔を出してきたはずだ。それなのに何も起こらなかった。人と知り合う一歩を誰も踏み出さず、肝心なことは話題にならず、誰もが自分の箱に隠れて誘われるのを待っているだけだった。

こんなくだらないパーティーや退屈な会議は、生命体の変化の能力を利用して働くことを学ぶといった、次の変化を考えるべき時が来ていることの表れだ。**どんな生き物も、変化を自己保存**

の手段と見なした場合だけ変化する。

あらゆる生命体は、果てしないデータの流れの真っ只中で生きている。そんな喧騒の中から何に注意を払うべきか選ぶには、どうすればいいのだろう。自分のレンズを使うのだ。人間は、あらゆる生物同様、自分が何者かによって知っておくべきものを選ぶ。自己準拠のプロセスだ。何を選ぼうと自由だが、自己に基づいて選んでいる。このプロセスは、あらゆる生命体にとって不可欠であり、もし、このプロセスを抑制したり、否定したりすれば、その有機体は死を迎える。自己準拠は、生命系の変化の動機が何なのかを説明している。変化せずにいるために変化するのだ。

人間の場合、自己準拠はもっと複雑になる。人間の能力は大多数の種とは異なっているからだ。人間は意識と考える能力を持っている。過去と未来を考えることができる。今この時だけに縛られず、望むものを夢見ることができ、事象に意味を吹き込むことができる。人間も自己を通して世界を見るが、この自己には、時間と意味という次元が付け加えられているのだ。

現代の生活を見て、人間の考える能力や意味をつくり出す能力を理解するのは難しい。私たちは、意識し、考える存在であるという恩恵を使いこなしていない。それどころか反対の方向に追いやられている。何もかもがめまぐるしく移り変わるので、じっくり考えることができず、仕事が過酷で考える暇などない。そして、病気や不運や失業などで立ち止まらざるを得ない状況になるまで、意味の欠如には気づきもしない。しかし、現代の生活がどんなに慌しくても、生命体のダイナミックな自己準拠や人間の意味への欲求は誰にも止めることはできない。どこかで、何らかの変化を起こしたいなら、この力強いプロセスの存在を否定するよりも、それを味方につけて行動する必要がある。あらゆる変化は意味の変化から生まれることを理解する必要がある。意味は自己準拠のプロセスによってつくられる。自分の存在意義にとって意味のある変化だと判断したときだけ、人は変化する。自分をなりたい自分にしてくれる変化なのか。自分を維持するのに必要だと考えているものをもっとたくさん得られるのか。

このダイナミクスを感じ取れるようになってくると、個人の変化も組織の変化も両方とも同じ場所から始まると思うようになった。**新しい意味が手に入るのかどうか、それは望ましいものなのかどうか判断するには、ある問題を十分に探求する必要がある。**新しい視点、新しい考え方、新しい形が、自分の存在意義は何かをもっとはっきりさせるのに役立つと信じなければ、人は変わらない。組織もしくはコミュニティ全体のレベルの変化であれば、集団的な問いとして新しい意味を探求しなければならない。

この認識を実践に移すには、［コンサルタントである］私の側に大きな変化が必要だった。ある集団を前にして、私が今、最初に知りたいことは、「あなたたちは誰ですか」、つまり「どんな自己に準拠しているのですか」ということだ。これは自己評価のようなものや少数の意見を聞いても絶対にわからない。仕事に取り組むとき、彼らにとって意味があることは何か、を知ることでしかわからない。どんな問題や行動が彼らの注意を引くか。どんな話題が、プラスにしろマイナスにしろ、彼らのエネルギーを引き出すか。このような答えを好奇心旺盛に探さなければならない。また、傍らに座って行動を観察したり、個人面談をしたりするのではなく、一緒に仕事をするのも肝心な点だ。実際の仕事をするプロセスで、空想のイメージではない、この集団の本当のアイデンティティが、目に見えるようになるのが常だ。

このやり方には、私にとって重要な別の一面もある。集団的アイデンティティがあるにしても、ものごとの解釈には、一〇〇人の集団なら一〇〇通りの解釈があると思う。どんなことが起こっても多種多様な解釈が見られるはずだ。だから、この多様な意味を見つけ出す実験のつもりで考えや問題をテーブルに置くようにしている。こういうことに意味がありますよ、と私から勧めることはしない。人を簡単に敵・味方に分類するようなことはせず、多様な反応をそのまま受け容れるように努めている（常に簡単にできるとは限らないが）。さまざまな反応を予期しながら、反応が多いほうが嬉しいとさえだんだん思うようになっているくらいだ。一つの集団の成員が同じ事象にこれほど違う解釈をするものか、と実におもしろい。量子論や生物学が教えてくれるように、世界をまったく同じ解釈で見る人間は二人としていない、という事実に驚き、そして自信を持っている。

どういうやり方にしろ、ある人、集団、組織にとって意味があることは何か、それを見つけ出すことが真っ先にすべき、欠かせない仕事だ。それは、実際の日常的な仕事を調べればわかる。傍観しながら、意味や行動を抽象的に議論しても何の役にも立たない。何かをしながら、それを見ることができるようになる必要がある。本当の学びはここにある。この「自己観察」の能力を育てるには、実践、好奇心、そして忍耐が必要だ。

ところで、多様な解釈を探求し、パターンを観察することを学ぶこのプロセスに取り組むと、しばしば、変化を起こす求心力のあるエネルギーを発見するときがある。仮に他人にとっても重要な問題を見つけたとしよう。その問題を共有している他人はもはや仲間と呼んでいい。不当に扱われている、不満を共有している、共通の夢がある、といったことがわかると、不思議なことが起こる。過去の傷や暗い歴史を水に流し、人は前向きに力を合わせて仕事をするようになる。尻込みしたり、引きこもったり、誘われるのを待ったりしない。お互いを探し出し、懸命に協力者を見つけようとする。問題に対する使命感のほうが、過去の不平不満や失敗の恐れより大きくなる。取り組むべき大切な対象が見つかったのだ。そして、何かを変えたいと思うからこそ、どうすればいいか一緒に考え出すのだ。

自分たちに共通の価値観は何か。この意識を見つけ出すのに時間をかけなければ、個人の行動や組織全体が本当に変化することはない、というのが私の認識だ。リーダーが必要だと言ったからといって、組織改革を受け容れられるものではない。自分たちで意味があると定義したものを実現するのには新しい組織のほうが適している、そう理解すれば、いや、理解したときだけ、人は組織改革を受け容れることを選ぶ。同様に、そうするのが正しいと言われたからといって、多様性を受け容れられるものではない。意味のある仕事に協力して取り組んでいるときだけ、違いを認めながら仕事をすること、違いを尊重することを学ぶのだ。関係者全員が共有できる仕事の意味の創出にまず集中したほうが、変化はずっと起きやすくなる。この意味という豊かな中心があって初めて、雑多な不平不満を取り除き、旧体制の障害に対処できるのだ。

テクノロジー導入に対する積極性の相違から分裂してしまった大学の学部の仕事を請け負ったことがある。テクノロジーの導入に熱心な学部は、熱心でない学部を時代遅れで変化に抵抗していると非難し、テクノロジーの時流に乗らない同僚をののしっていた。私はいつも会話の種類を変えることを提案する。教師にとってのテクノロジーの価値は自明だという決めつけをやめたらどうなるか。新しいテクノロジーを採用しない人間は、頭の古い合理化反対主義者で、進歩を阻止することしか興味がないという決めつけをやめたらどうなるか。こうした固定観念を捨てれば、人と人とを結びつけるような会話、お互いが世界をどう見ているかの理解が深まる会話を始めることができる。テクノロジー問題はいったん脇に置いて、教師という職業を選んだ理由をお互いに聞いてみてはどうだろう。いろいろな抱負が聞けるはずだ。そのほとんどが、教え子の人生を導き、学問の発展に貢献したい、というような崇高な目的ではないだろうか。

もし、この会話を最初からしていれば、お互いを同僚だと再認識できたに違いない。テクノロジーについて話し合う準備が整うのは、その後だ。コンピュータは教授の仕事の効率をどれくらい改善するか。テクノロジーは教授陣が意味があると認めた仕事をどれくらいやりやすくするか。特定の目的と技術的なツールがうまく結合すれば、電子メールにログインし、デスクの上に鎮座するコンピュータを活用する同僚が増えるだろう。

仕事の意味を掘り下げるこのプロセスは、行動にレッテルを貼りたがる昨今の傾向から脱却する助けとなる。最近では、相手がどんな人間かすっかり知っていると言わんばかりに、人を簡単に類型化し、切り捨ててしまう風潮が見られる。さらに、組織の生き残りをかけて変革を実行しなければという必死さから、スケープゴートを探すきらいがある。「抵抗者」、つまり、新しいものは何でも拒否する頑固で臆病な同僚がいなければ成功するのにと思っている（人は自分にもレッテルを貼るが、その場合は、「アーリーアダプター（先駆者）」とか「文化の創造者」とか、もっと気前のよい言い方をする）。

この人はどんな人だろう。どうしてそう行動するのだろう。狂ったような性急さの中で、現代人はそんな好奇心を持つ余裕を失っている。だが、各自が自分の仕事にあると見なしている意味をじっくり考えれば、誰もが重要だと考える共通の問題が見つかるかもしれない。それならば、変化が可能になる。人にレッテルを貼るのをやめ、自分が心配していることにささやかながら貢献したがっている他者を認めよう。人を分裂させるだけの分類をやめ、ともに働くことを望もう。この世界で誰もが見たいと思っている変化を起こすには、手をつなぐ以外ないのではないだろうか。

意味のある情報は、ネットワークに点火し、風にあおられた山火事のようにネットワークを通り抜けていく。それとは対照的に、意味のない情報は、誰かが冷たい水をかけるまで入り口でくすぶりつづける。自己と情報を交換するネットワークの能力は、畏敬の念を覚えるほど見事だ。その伝達能力は、ほかのどんな情報伝達手段よりもはるかに優秀だ。ただし、生命体のネットワークは、意味があると判断したものだけを伝達する。あるグローバル企業で、情報が途方もない距離を越えて瞬間的に伝わるのを見たことがある。四色刷の画像情報がプリンタから出力もされないうちに葬られるのを見たこともある。ネットワークの情報伝達能力を利用するには、その伝送能力が情報の重要性に直結していることを肝に銘じなくてはならない。

必要だと判断した情報をネットワークがいかに世界中に伝達するかを目の当たりにしてきて、文字どおり「聖歌隊に説教する」*ことこそ正しいと信じるに至った。すでに私と同じ信念や夢を共有している人たちが、ほんの少しはっきり、ほんの少し自信を持って歌を歌うのを私が手助けすれば、彼らがその歌を自分のネットワークに持ち帰るはずだ。私は全員に接触しなくていい。最初の勇気ある声を支え、自分の電波に乗せて発信するよう励ますだけでいいのだ。まもなく、さまざまな場所の大勢の人がその歌を聞くことになるだろう。それぞれのネットワークの誰かが、聖歌隊に合わせて自分の声を広めたからだ。自分は聖歌隊の一員だと思えば勇気がわく。仲間がいるとわかれば、歌いやすくなるものだ。

ニュートン物理学の理論は、生命体であるネットワークの行動と協調して行動する助けにはならない。これまでは、変化というものは、一度に一人ずつ、段階的に起こると教えられてきた。段階を設計しなければならないのはもちろん、変化させる対象の規模にも気を配らなければなら

＊　「釈迦に説法」のような「知りつくしている人に説明をする、意味のないこと」の意

なかった。変えようとしている対象の質量に人の努力の大きさを相対させる必要もあった。だが今、私たちは新しい何かを知っている。ビリヤードの玉を突くのではなく、ネットワークを利用して行動している。システムを押したり、引いたりする必要もないし、脅して変化させる必要もない。その代わり、仲間とともに自分たちにとって何が重要かを発見する仕事に参加する必要がある。そして、それを各自のネットワークに流してみて、ネットワークがうんと言うかどうか確かめるのだ。

ネットワークを利用して行動する場合、規模は問題ではない。同じ基本的なダイナミクスが、大小問わず、どの生命系でも常に作用している。自己準拠と意味の創出は永久に終わらない。したがって、変化は常にこの二つのプロセスを通して可能になる。もちろん、組織のどの場所やレベルにいるかによって、解釈やダイナミクスは違ってくるだろう。だが、変化の動きは常に同じだ。相手に合わせて関心を引き寄せる方法を考える必要があり、相手に合わせて意味を見つけ出す必要がある。重要なのは、規模ではなく意味なのだ。

ネットワークが自己をどう変化させるか考えると、私たちが相手にしているのは物質ではなくエネルギーだということを再確認できる。エネルギーは物質とは違うふるまい方をする。エネルギーは、宇宙全体を満たし、おそらく光の速度の何倍も速く移動する。目に見えない媒体やつながりも通過する。意味は、エネルギーの性質に似ているところが多い。物理的な形ではどこにも存在しない。人は生涯を通して自己準拠しながら、意味を創出する。物理的な形では存在しないのだから、意味もまた、物質を支配する法則には従わないことになる。そのふるまいは、ニュートン物理学では説明がつかない。

意味のエネルギー的な性質は、ニュートン主義と個別の部品操作に基づく組織変革戦略を断念すべきもう一つの理由だ。物質は重要ではない。クリティカルマスを達成しようと努力するのをやめ、組織全体を網羅するプログラムが必要だという思い込みを捨て、全員をトレーニングする必要があるという考え方を放棄し、組織の上層部の支持が得られないと、妨害されたように感じるのをやめるときだ。それよりも、ローカルに行動し、システムの一部でエネルギーを生み出す、意味の豊かな発想やプロセスを見つけるときだ。ある場所でエネルギーを生成するのに成功したら、ネットワークが私たちの仕事を利用して何をするか観察すればよい。誰が点火し、注目したのか。私たちの発想はどこまで旅したのか。これらの問いに答えられれば、次にこの仕事に取り組む準備ができているのは誰かがわかる。同僚のマイロン・ロジャーズは、組織変革に対する自分のアプローチを「どこからでも始めて、どこへでもついていく」と表現している。

本章では、変化を促進する生命の基本的なプロセスだと私が思っているものを説明してきた。もし、私たちがこうしたプロセスや生命の驚異的な変化の能力と手を組みたいのなら、最後にもう一つ、どうしても転換すべき思考がある。私たちは変化を物質的なレベルで見ているが、実はそれは非物質のプロセスによって引き起こされる。私たちは、**プロセスが生み出すものよりも、目に見えないプロセスを探さなければいけない**のだ。古代ギリシアの哲学者であるヘラクレイトスから近年の科学思想まで、生命はプロセス、すなわち生成のプロセスとして描かれている[3]。物理的な兆候の背後を見るとき、あるいは空間や細胞の空虚さの中を凝視するとき、科学者は見過ごされてきたもの、すなわち形を生み出すプロセスを理解する。同様の仕事が今、組織の中で私たちにも要求されている。組織の物質的なものの背後を見て、それらを生み出すプロセスと協調しながら仕事をしなければならない。

この方向転換には、一部は紹介してきたが、たくさんの新しい実践が必要だ。だが、私にとって最大の難問は、新しい手法を採用することにあるのではなく、プロセスの世界で生きることを全般的に学ぶことにある。それは、まったく新しい生き方だ。生命は、展開していくものごととともに私が生命の営みに参加し、驚きを期待し、生命の神秘を尊重し、出現するものを見ることを要求する。これらは習得するのが難しい課題だ。私は、計画、行事、手段、プログラムなど、ものを創造するトレーニングを積んできた。私が最良だと思うものに世界を一致させることに半生以上を費やしてきた。創造の達人としての役割を放棄し、生命のダンスに移行するのは簡単ではない。

しかし、私にとって、あるいは読者にとって、ほかにはどんな選択肢があるだろうか。私たちのダンスのパートナーは、私たちが行動を開始すること、不安定、カオス、変化、驚きと共存する生き方を学ぶことを要求している。私たちは、生命の執拗な強風から身を守ろうと海岸線にじっと立ちつづけることもできるし、行動を開始することもできる。計画が波や風に侵食されるのを嘆き悲しむこともできるし、何か新しいものの発見に乗り出すこともできる。

合気道の創始者、植芝盛平は、小柄な人だったが、自分の身長や体重の何倍もある相手の猛攻撃をさりげない動きで撃退することができた。植芝は完璧な軸を持ち、特異な方法で地にしっかり足をつけているように見えた。だが、それは真相ではない。植芝の能力は優れたバランスによるものではなく、超一流レベルの自己認識によるものだ。植芝が述べているように、バランスが崩れたことに瞬時に気づき、瞬時に軸に戻るのだ。

植芝の言葉は、生命に抗うのではなく、生命に調和して動くにはどうすればいいかを完璧に説明している。まず、「軸」とはいったいどんなものかを知らなくてはいけない。つまり、自分は何者か、自分の行動パターン、価値観、意思を知らなくてはいけない。自分のアイデンティティと経験の基盤を熟知しておくこと、その上に立っているときの感覚をつかんでおくことが大前提だ。だが、常にその軸上で完璧なバランスがとれると思ってはいけない。いつのまにか誤った行動に陥ったり、生命のカオスによってバランスを崩したりすることがあると心得ておくのだ。しかし、軸からあまりにも離れてしまったときには、こうありたいという自分にすぐに戻れることもわかるだろう。

植芝は、注意の質についても強調していて、一瞬一瞬に参加しつづけなければいけないという。着々と変化していく性質を持つ生命は、計画や手段の陰に隠れるのをやめて、今、まさに今、目の前で起きているものにもっと注意を払うべきだと要求する。今、何が起きているのかにもっと好奇心を持つようになる必要がある。今このときには、自分自身や環境についての情報があふれている。ところが、その情報のほとんどは、こういう世界であってほしいという先入観のせいで見過ごされてしまう。

この瞬間に存在するというのは、目的を持たずに行動するとか、計画を立てずに当てもなく流される生き方をするという意味ではない。計画や目的ができあがるまでのプ、、、ロセスにもっとじっくりと専念したほうがよいという意味だ。計画や基準や組織図などは、それを完成させることが目的ではない。組織の意思をはっきりさせ、新しい人材や情報との関係を強化するプロセスと見るべきだ。何をつくるかより、どうつくるか、にもっと注意を払うべきなのだ。健全なプロセスが、よりよい人間関係をつくり、組織のアイデンティティを明確にし、現状についての情報量を増やす。こうしてできあがった新しい関係を通して、組織はもっと健全になる。今何をすべきかを知る能力が向上し、協力してクモの巣のように弾力と柔軟性がある組織を築いていけるだろう。

このプロセスの世界で生き、仕事をすることができるようになれば、その見返りとして、私たちのふるまいはもっと変化する。もっと温和な人間になるはずだ。個性の違いに好奇心を持ち、他者を尊重し、生命の驚異を受け容れる、そんな人間になれるだろう。それは、もっと楽観的になるか悲観的になるかではなく、もっと忍耐強く受容的になるということだ。私たちは生命とのダンスに移行していこうとしているのだから、このように変われると信じたい。それは、外から見ていたときは、簡単には学べず、習得するのが不可能な尋常ではないものに思われた。だが、再認識した寛大な存在である生命は、新しい学びを教えてくれる。生命はよきパートナーであり、その要求は過大ではない。大いなる変化の力は、私たち一人ひとりの中にあるのだ。

第9章

新しい科学的マネジメント

科学はほかの方法を凌駕し、人が冷静に処理するよりも問題の核心を暴き出す。

――A・R・アモンズ

思想史の中では、遠く離れた場所やまったく異なる分野で同時に新しい考え方が生まれることが珍しくない。この神秘的で説明のつかない共時性《シンクロニシティ》は、いたるところに突然現れる。たとえば、ダーウィンが進化論を発表したとき、マレーシアで調査していた別の研究者が似たような学説を発表している。物理学者のデヴィッド・ピートは、何世紀もの間、光のとらえ方が科学と芸術の両分野で並行して進化してきたこと、その関係は今日まで続いていることを追跡している。一六世紀のオランダ派の画家たちは、内部空間に対する光の効果を出そうとして光を描き、何かの隙間やドアの下から部屋に差し込む光や色ガラスから差し込む光の色の変化を描写した。同じ頃、アイザック・ニュートンは、プリズムや狭いすき間を通過するときの光のふるまいを研究していた。二〇〇年後、イギリスの風景画家、J・M・W・ターナーは、光をエネルギーとして、［巨大な波や吹雪など］さまざまな自然現象に溶け込む渦巻く力として描いた。同時期に、物理学者のジェームズ・C・マクスウェルは、電磁場の渦巻く動きから光が生じるという波動説［（光は電磁波の一種である）］を完成しつつあった。また、印象派の画家たちが、輪郭をあいまいにする光の効果を出そうとして光の描写を追求し、光をばらばらの点として描く技法まで登場したとき、物理学者たちは、光が量子として知られている微細なエネルギーの粒子からできているという学説を立てつつあった[1]。

現代もまた、同じ概念がたくさんの場所で生まれている時代だ。こうした概念が時代精神――ある世代や時代を特徴づける考え方――と呼ばれるものだ。現代の時代精神は、相互関連性が濃密な世界に参加しているという新しい（そして古い）意識である。私たちは、孤立した部分やプレーヤーよりもシステムに着目することを学んでいる途上にある。「システム思考」とか「生態学的思考」とか、やや生真面目なタイトルの下、驚嘆に値する多くのものごとを発見しているところだ。今、世界を一つにまとめあげる相互接続のネットワークが見えてきた。人は自分以外のあらゆるものとの関係の中で生きているという意識が高まっている。生命系の発生と変化には、従来の考え方とは根本的に異なるプロセスがあることも理解されつつある。さまざまな分野で今、表現こそ違うものの、ネットワークのふるまい、関係の優位性、文脈の重要性、生命の全体性を尊重し、それと協調して行動する新しい方法が論じられている。

こうした並行して展開されている概念は、科学とビジネスの両分野できわめて明白だ。現代人が依存している電子ネットワークや電子接続の世界は、宇宙規模の相互関連性を論じる量子物理学のイメージを鏡のように映し出している。科学者もビジネスパーソンも驚くほど似通った言葉づかいでこの新しい世界を表現している。リーバイ・ストラウス社の元CEO、ロバート・ハースは、今日のビジネスの世界についてこう述べた。「私たちは、相互責任と協働のシームレスなネットワークの中心にいる。つまり、相互へのコミットメントと相互関係から成り立つシームレスな協力関係の中にいるのだ」。科学者の意見からも同様の感覚を受けることは珍しくない[2]。

科学とビジネスが歩んでいる並行な道のもう一つは、生命系を解明する最近の研究だ。組織論研究者や組織のリーダーの中には、生態学や生物学、進化論の新しい考え方を採用している人たちがいる。うまくいけば、生命系が学習、適応、変化のスキルを発揮して成し遂げているものをどうすれば人間も成し遂げられるか、自然から学べると期待されている。変化が絶えず要求されるほど非常に短い間隔で組織が成長し、改革される必要性が高まる一方なので、その期待には拍車がかかる。「有機的」組織、自己組織化、創発性などが叫ばれている。また、カオスや複雑系の理論が、混迷し、複雑さを増す個人や組織の現実に対処するヒントになることを期待して、この新しい分野に引きつけられている人たちもいる。

この科学とビジネスの関係は、さかのぼれば古い関係だ。一七世紀、産業革命の担い手となった起業家たちはニュートンの研究にこぞってとびついた[3]。三〇〇年後の今、ニュートン的思考は、組織の設計や構造についての考え方の大部分にいまだに影響を及ぼしており、組織をどう変えるかについても同様だ。二〇世紀初頭、草創期のマネジメント論に科学がじわじわと導入された。美術工芸的な存在であったリーダーシップ論に科学が融合したことで、この未熟であやふやな分野の信頼性が高まった（この「求愛行動」は今でも全力で続けられている）。

フレデリック・テイラーやフランク・ギルブレス、その多数の後継者たちの研究によって、「科学的管理法」の時代が幕を開けた。これは、労働と労働者を計画管理の問題として扱う、現在まで続く探求の始まりでもあった。時間動作研究*や労働を非熟練労働者でも処理できる単純労働に分業化することに大々的に力が注がれた。私はこの初期の論文を読むと、いまだに怖いと思う。計画策定者は、管理効率の改善しか眼中になく、仕事をしている人間のことは完全に無視していた。現代のビジネスプロセス・リエンジニアリング（ＢＰＲ）で行われきたような、単なる無視ではなかった。それどころか蔑んでいた。労働者は愚かなものだという前提で、それによって業務に支障をきたさないようにするのが設計者の任務だった。

私たちマネジメントに携わっている者は、ここまでの思い込みや、そんな思い込みが生み出す硬直した、断片化された構造からはさすがに脱却しているかもしれないが、科学に信頼の根拠を置く姿勢は、程度の差はあれ、変わっていない。計画、評価、モチベーション理論、組織設計、組織変革――まだまだあるが、どれも明らかに科学の影響を受けている。組織論研究者の研究報告を聞くと、この伝統的な科学への依存がくっきりと表れていることがときどきある。専門家の会議に出席して、一七世紀の科学観に根ざした研究報告を聞くという体験をいまだにしているのだ。私も含めた社会科学者は、それほどまでに科学者扱いされたいものなのかと驚かされる。物理学から組織論に転じたウィリアム・バイグレイヴは、これを「物理学羨望」[4]と呼んだ。数学や物理学との関連がないと、信頼を失うのではないかと恐れているというのだが、これは当たっ

＊　労働の生産能率向上を目的として、作業の時間と動作を調査分析する時間管理方法

ているると思う。社会というものは、ころりと意見を変え、抽象的すぎて「現実の世界」からかけ離れているなどとすぐ批判するにもかかわらず、この科学的基準を要求するのだ。

あるプレゼンテーションで、ある組織の人材育成担当者が、従業員がもっとトレーニングを受けるかどうか決定する判断基準となるあらゆる変数を網羅した、と本人が断言する、長い公式を発表した。また別のプレゼンテーションでは、ある女性が、人間のネットワークの関係に数値を割り当てていた。そして、この数値を複雑な公式に当てはめ、ネットワークの総合的な強さを評価した。この二人に不公平にならないように言っておくが、確かに私は昔から、人間の行動を公式化して論じることは大嫌いだ。それにしても仰天してしまった。そこでは、変数が、予想どおり正確に、線形に相互作用する独立した記述子*がずらりと並べられていた。一方、私の頭には、非線形理論やらカオスやら、宇宙のネットワークの中で一時的にしか存在しない、あいまいな粒子やら、本で読んだ知識がぎっしり詰まっていた。だから、すっかり冗談かと思って度肝を抜かれた。私たち社会科学者は、一七世紀の科学の方法論や思考パターンを駆使して、必死に社会的な尊敬を得ようとしている。片や自然科学者は、光の速度よりも早く私たちから遠く離れていき、完全に新しい考え方を要求する世界に足を踏み入れている。社会科学者が古い数学をやっと飲み込んだかに見えたちょうどそのとき、自然科学者はそれを捨て、新しい現実を表現する広漠とした「粥のような存在」に飛び込んだのだ。

再び公平を期すために述べておくが、社会科学者の中にも、ニューサイエンスの非線形の方法

＊　電子ファイルの構造や内容の要約等が記された整数

論を実験的に採用する人は増えているし、その多くは、保守的な同僚の強い反対にもめげず、勇気を出してその研究に取り組んでいる。研究と応用のこの方向性を支援することが絶対に必要だと思う。一七世紀の科学では二一世紀の問題は説明できないのだ。

社会科学がニューサイエンスを取り入れることが重要に思われるもう一つの理由がある。科学は依然、社会を支配する思考形態だ。科学者のルイス・トマスが「科学は集団の思考に影響する」と語っているように。科学の権威から逃げることも、世の人々の想像力に深く根づいているイメージを否定することもできない。科学こそが世間が耳を傾ける声なのだ。だがそれでも一社会科学者として、強烈な矛盾の中で仕事をしていると悟ることは有益だとわかってきた。私と同僚が理解したい概念の多くは、従来の科学が近づこうとしない概念である、アイデンティティ、心、意味、目的、意識などの難問だ。これらの概念の一つ以上を自分の研究テーマに選んでいる科学者もいるし、科学研究の正統な分野として、これらの領域を含む科学の新しい認識論を追求している科学者もいる[5]。科学が最終的にこうした新しい問いを受け容れるのかどうか私にはわからないが、科学が社会に及ぼす力が私を科学に引き寄せるのは確かだ。現代に必須の科学を理解せずにはいられないのだ。

数ある科学の影響の中でも、ニューサイエンスからは、もっと遊び心を持つこと、発見との新しい関係を発展させることを学ぶことができる。ノーベル［医学生理学］賞受賞者のピーター・メダワーは、科学者とは「解釈の構造」を構築し、現実を物語っているかどうか確認するために一言一句検証される筋書きを伝えている人だと述べた[6]。私は、この「物語作家」という発想が気に入っている。私たちみんなをよく言い表しているではないか。私たちは、キャンプファイヤーを囲んで、どの物語が私たちの想像力と生活体験を一番よくつかんでいるか、熱心に耳を傾けている、物語の偉大な語り手のようなものだ。この火の光の中で自分自身を正直に見つめることができれば、そして、いまだに客観的な現実がどこかにあるかのように、ものごとを「正しく」しようと真剣になりすぎるのをやめることができれば、これまでとは違う、もっと遊び心を持った生き方ができるようになる。ルイス・トマスは、実験室で何か重大なことが起こっているかどうかは笑い声で判断できたと説明している。自然が明らかにする結果に驚き、事のはじめは常にびっくりするほどこっけいに見える。「笑い声が起こったら、そして誰かが『そんなのばかげてる！』と言ったら――実験はうまくいっており、おそらく見るに値する何かが実験室の中で起こり始めたということだ」[7]。

人生がもっと遊び心のあるものになったら、誰でも喜ぶのではないだろうか。私の場合は、驚くことを死ぬほど怖がる人より、大喜びする人に出会うとわくわくするほうだ。私たちがリーダーシップについての本当に優秀な科学者になれたなら、ついに謎がベールを脱ぐときの意外性を楽しみながら、驚きを探し求めるだろう。驚きとは、発見に至る唯一の道であり、新しい知識で胸が高鳴る瞬間でもある。この宇宙とのダンスでは、未知のものを受け容れることが要求される。前もってステップを知っておくことが重要なのではない。ダンスフロアで音楽に合わせ、自由に動くことが重要なのだ。

科学研究を導く原則の一つは、あらゆるレベルで、自然には自己相似性があるように見えるということだ。自然の法則という原理は、科学から学びたいという私の願望をなおさら刺激する。自然が特定の法則に基づいて、限りない多様性を生み出し、よく組織化されたシステムを築いているのなら、その法則は人間の生活や組織にも当てはまる可能性が高い。人間だけが例外だと考える理由はない。自己相似性に向かう自然の性質を知るにつけ、ジレンマを抱える現代の私たちにとって正真正銘の手本になるはずだという確信が深まる。生物学や物理学の知識を利用すれば、現代のマネジメントの理論と実践のうち、どれがもっと研究するに値するか見分けやすくなる。科学は、もっと普遍的なレベルでメリットのある新しい問いとプロセスを発展させる味方になってくれるだろう。私の場合、科学が今表現している世界を意識できるようになったおかげで、ファストフードのようにお手軽な教祖のアドバイスから、本当に滋養のあるものを選り分けることがうまくなった気がする。本書では、組織という生命体を解明するニューサイエンスのいくつかの概念を紹介してきたが、ここでもう一度、その中のいくつかを強調しておきたい。

ここ数十年このかた、参加型マネジメントを賛美する研究と実践を求める大合唱は大きくなる一方だ。この合唱に反応して、参加型の問題点と欠点を論じるたくさんの批評がある。誰が信用できるかどうやってわかるのか。参加型なんて、たいていは一時の流行で、しばらくすれば消えていくんじゃないのか。民主主義に基づいているものだから、ほかの文化では導入できないのではないか。洗練されて見えるが、単に労働者を操作する方法じゃないのか。あるいは、ほかに何かよいものはないのか。

私にとっては、ニューサイエンスがこうした疑問に最終的な答えを出してくれた。参加に向かう動きは、生命体の組織化の原則に対する認識の変化に根ざしていると確信している。生命系理論、量子物理学、カオス理論、複雑系理論など、ニューサイエンスのどの分野でも、生命体が参加に依存していることが観測されている。あらゆる生命体が自己の創造に参加し、自己決定の自由を主張している。あらゆる生命体が、環境とともに共適応や共進化のプロセスに積極的に参加している。原子以下の粒子で、ほかの粒子とともに参加せずに存在する粒子はない。さらに、現実でさえ、人間とその興味の対象との間の参加という行為を通じて呼び起こされるのだ。

科学者がこの参加型の宇宙のイメージを続々と発表し、民主主義と科学の一致について書くことさえある今[8]、権威主義的なアプローチがこのまま支持されていくとは考えにくい。本当に人の参加を拒むことができるのだろうか。命令・管理型リ!ダーは生き残れるのだろうか。参加型は一時の流行なのだろうか。答えはノーだ。生命体がその根本的なプロセスを変えないかぎり、そのようなことはあり得ない。

現実の参加型の性質は、科学者が「関係」に目を向けるよう要求してきた。関係のダイナミクスに熱中することなく、システムの視点から見た生命体を考えることはけっしてできない。原子以下の粒子であろうと人間の営みであろうと、関係から独立して存在するものは何ひとつない。

間違いなく、今日のリーダーシップを考えるうえで、関係は大きなテーマとなりつつある。長い間、マネジメントの普遍的な鉄則は、「マネジメントとは他者に仕事を処理させること」だった。肝心なのは仕事であり、「他者」は管理して服従させ、予測可能にしておくべき波乱材料だった。だが今、働くのは、自分なりの強い要求も能力もある人間だ、という認識を持っている人がほとんどだ。

長い間、私たちは人間であるがゆえの厄介さや複雑性を避けようとしてきた。今、その拒絶感が再びよみがえってきて私たちを悩ませている。「人間的要素」は「ソフト」どころではないし、取るに足らない懸念材料どころでもない、ということを否定しつづけているため、組織に必要な結果を出すことにも、変化を起こすことにも失敗したままだ。もっと優れた組織に変わると約束する最新流行の組織変革や新発想が表面的には次から次に登場するが、その行列をなんとか避けながら生きているような状況だ。企業のCEOは、努力の四分の三は失敗していると認めている。この無残な失敗率は、私の見るところ、大部分がテクニック偏重で機械論的なアプローチであることが原因だ。新しいテクノロジーを購入する。新しい組織図を作成する。新しい研修制度を設ける。だが、最も基本的な人間のダイナミクスが完全に無視されている。私たちは、お互いに信頼し合うことや意味のある仕事を必要とし、貢献し、その貢献を感謝されたいと望み、自分に影響を与える変化に参加することを必要としているのに。

大きな組織が次々に飛びついては、すぐに廃れてしまう流行を追いかけるのはもうやめて、現代のリーダーシップのあらゆる問題は、協力して働く方法を知らないというテーマに集約されるということを考えよう。私たちは、迅速にチームを結成し、よい仕事をするにはどうすればよいか悩んでいる。多様性と呼ばれる個性と協調して働くにはどうしたらよいか悩んでいる。対立や損失や愛が引き起こすさまざまな感情を恐れている。どの悩みをとっても、人間だからこそ生まれる問題だ。私たちはまだ「ともにいる」ことを習得できていないのだ。個人主義、競争、機械論的世界観、この三つの欧米文化の基本的な信条が、人と人とを疎遠にしている原因だと思う。欧米文化は、今もって世界中の人たちに影響を与えているにもかかわらず、関係でできているこの新しい世界で協力して働くということにかけては、人に何の準備もさせていないも同然だ。なにしろ、そのスキルが欠けていることとさえ私たちはわかっていない。この欠落が引き起こす問題のわかりやすい例は、二、三年実地で働いたMBA取得者の多くが、学校にいる間に組織行動や人間関係のスキルをもっと勉強しておけばよかったと報告していることだ。

私たちは人間であり、あらゆる生命体に渦巻いているのと同じ（および人間ならではの）ダイナミクスに対して無防備である、という事実を否定しつづけてきた長い年月を経て、生きているからこその乱雑さと美しさの中でお互いに出会うよう私たちは呼び出されている。

優れたリーダーとは何か、多くの評論家が新しいイメージを描いてきた。それぞれが、必要とされている新しい関係のイメージ、労働者の貢献を尊重し、それを引き出すために必要な新しい感性のイメージを描き出そうとしている。庭師、助産婦、客室係、召し使い、伝道師、ファシリテーター（進行役）、会議の招集係……これらは、リーダーをたとえる表現のほんの一例だ。それぞれ少しずつ違うアプローチだが、どれも新しいリーダーの姿勢、つまり、従業員やステークホルダーやコミュニティのネットワークとの新しい関係に基づく立場を表現していることに変わりはない。組織の外に立って、あるいは、あらゆる仕事が達成される手段である関係のネットワークを無視して、組織をリードすることができると思っている人はいない。リーダーは、その人のリードを進んで受け容れる人たちに支持されながら、協力者として前進するよう呼び出されている。これは流行だろうか。それとも、リーダーが適度な謙虚さで参加することを主張する生命体のネットワークだろうか。

参加とリーダーシップ――現代のジレンマはこの二つに絞られる。情報化時代、知識の時代、意味の時代、呼び方は何でもよいが、現代はそういう時代だ。自分の頭では処理しきれないほどの情報に囲まれていると誰もが感じている。情報は、テクノロジーの進歩がもたらした、新しくて、ややこしいツールにすぎないのだろうか。物理学者のジョン・アーチボルド・ホイーラーが正しいとしたらどうなるだろう。情報が宇宙の基本材料だとしたらどうなるだろう。この世は、物体でできている宇宙ではなく、情報という「非物体」でできている宇宙だ。そして、その情報は、目に見えない第二の要素、意味によって体系化される。もし、こうした見えない力によって宇宙が編成されているのなら、それらと協調して働くための新しいプロセスをじっくり検討すべきなのは当然だ。情報と意味の創出は、物質を統制する物理学の古典的な法則には従わない。それらはエネルギー的な力であり、動きとふるまいは物質とは異なる。宇宙のネットワークのどこにでも超高速で移動し、強い影響力として突然現れて人を驚かせる。欧米の教育では、非物質の力について教えてこなかった。だが、今や必修カリキュラムだ。見える次元でも見えない次元でも、生命体と多次元で協調しながら仕事する方法を身につけなければならない。

情報が非物質なものかもしれないというのに、誰もが情報の重さに苦しんでいる。情報の過剰な負荷は大きな問題だ。この問題はテクノロジーのせいだけではない。情報のジレンマは、もっと高度な情報整理テクニックがありさえすれば解決されるというものではない。何かもっと重大なことが要求されている。私たちは、生命の創造的な要素との新しい関係に移行しつつあり、もう後戻りはできない。いつまで否定しつづけようと、自由につくられ、自由に伝達され、自由に解釈される情報が、もはや待ったなしに対処しなければならない危機的な世界に、自己組織化された秩序をもたらすための唯一の希望だ、という事実を受け容れざるを得ないだろう。自己組織化を支える情報の重要な役割を認識するのに失敗したら、この新しい世界で生き残ることはできないだろう。

情報は自由を必要とし、自由の必要性は、ニューサイエンスの大部分に共通する、もう一つのメッセージだ。この世界は、過去の命令管理型アプローチから脱却して、自律と自己決定を根本的に理解し直せと主張している。大半のマネジャーにとって、自律は無政府状態と大差がない。慎重に管理されると確信できないかぎり、自律に任せるのをためらうものだ。あるマネジャーが皮肉な口調でこう言った。「いくらでも自律に任せますよ。私の下のレベルで止まる仕事ならばね」。しかし、自然の中では例外なく、自己決定の自由は不可欠だ。この自由の独特な点は、「放任しても」無政府状態には陥らず、システムの全成員を網羅するグローバルな体系ができあがることだ。個体やローカルな集団は自由に有意義だと思うことをしてよい。このローカルな単位が反応し、適応し、変化するのだ。別のマネジャーが、これを簡潔に表現している。「処理すべきことをするためには、人は自由でいなければならない」

この自由から生まれるものは、グローバルに安定した体系だ。安定した部品で硬直した組織を組み立てるよりも、自然はあらゆるレベルでものごとを自由に泳がせる。この動きから新しい何か――内部に豊富な動きがあるので、グローバルなレベルではまず変化しない統合された体系――が姿を現すのだ。

このシステムの動きは、生命体の優れた首尾一貫したプロセス、つまり自己準拠によって調和が保たれる。科学にとっては新しい発見かもしれないが、自己準拠は人間思想にとってははてしなく続いている概念だ。ギリシア時代、デルポイの神託を聞きに来た者は、入り口の大理石に刻まれた格言「汝自身を知れ」を目にした。シェイクスピアは、劇の台詞に託して「何よりも大事なのは、己に忠実であれということだ」と助言している。現代の科学は、何千年も前から言われてきた人間の知恵に光を当てたにすぎない。人は自分が何者かを通して世界を見る。あらゆる生物は、自己を創造し、その「自己」を利用して新しい情報をふるいにかけ、自分の環境を共創造する。人は、この自己を参照して、自分にとって何を知ることが重要か判断する。自己を通して、絶えず周囲にあるデータの果てしない不協和音に形と意味を与えているのだ。

しかし、ここで断っておくが、どの生命体においても、自己は利己的な個体ではない。これは非常に重要な点だ。「自己」には、システムの一部である他者への意識も含まれる。単純な細胞どうしても、自分たちは一つのシステムに所属しているという的確な認識があり、個体の行動と全体の間には深遠な関係がある。

生命系では、自己準拠は成長の源泉であり、生命力を高める源泉だ。だが、機械はそのようには動かない。テレビ映画『スタートレック』は、コンピュータを破壊する効果的な方法を普及させた。自己準拠的なステートメント、たとえば「最優先指令が最優先指令でないことを証明せよ」でコンピュータをプログラミングする[9]。ロジックが自己に逆戻りするのを無限に繰り返しているうちに、コンピュータは回路を吹き飛ばすことになる。禅でも同じテクニックが公案*に採用されているが、禅師は、人間は機械ではなく、自己準拠の修行によって新しい次元の悟りを開くことができると知っている。過去の機械的イメージを捨てれば、自己準拠は、破壊ではなく、生命の維持に向かう協調とは何かを教えてくれる、何にも勝る老練で魅力的な師になる。

自己準拠は、どうすれば協調できるか、そのさまざまな可能性を思い起こさせる。生命体が何のコントロールも受けずに秩序を、そして変化を否定しない安定したアイデンティティを創造できるのは、自己準拠があるからだ。相互依存と個体の自律の両方を必要条件とする関係のネット

＊　公案とは、禅宗で修行者が悟りを開くために与えられる問題。多くは自己矛盾的な文体を為しており、日常的思考を超えた世界に修行者を導く

ワークであるシステムが成立するのも、自己準拠があるからだ。個体どうしが、共通のアイデンティティを協力して参照するとき、一貫性のあるシステムが生まれるのもまたそうだ。そして、自己準拠は、無意味に感じられることも少なくない世界だからこそ、意味の創出が必要だということを明らかにしている。

しかし、この基本的な生命体のプロセスを採り入れる前に、もっと根本的な問題を探求する必要がある。私たち一人ひとりが、この世を秩序ある世界だと思っているのかどうか、決めておかなくてはならないのだ。私の場合は、たとえ自分の選んだとおりの秩序にはならなくても、秩序ある世界に住んでいると確信が持てるのは、本で科学の知識を得たからだけではない。私は、何年もかけて、世界観を変え、新しいものが生まれる秩序やプロセスを探そうとしてきた。新しい視点と意欲的に学ぼうという姿勢で世界と向き合ってみたら、自然や人間には、私が考えているよりもっと希望に満ちた自己組織化の実例があるということがわかった。

私にとっては、ニューサイエンスが道しるべをつけてくれた道を進みつづける以外に選択肢はない。どんな旅もそうだが、この旅も暗い場所と明るい場所の両方を通る。未知のものへの恐れと深い認識への喜びの両方を味わうのだ。すでにはっきり見えてきた形や目印もいくつかある。ほかのものは発見されるのを待っている。旅の最終地点は誰にもわからない。だが、関係を探求することは実りの多さを約束しており、私の中では探検者の血が騒いでいる。喜んで再び畏れを感じよう。

第10章

現実の世界

私が提案する新しいリーダーシップは、「現実の世界」ではうまくいくわけがないと言われることがよくある。そういう人たちは、自分のいる組織や政府、つまり、機械論的な世界を指しているのだと思う。そこには官僚制によって管理され、政策や法律によって支配され、自分の自由をリーダーに差し出し、言われたことをやるだけの受身な指示待ち族があふれている。この「現実の世界」なるものは効率と服従を渇望している。どんな状況でも、たとえ急に混乱が生じたり、事態のコントロールが効かなくなったりしても、管理運用規定にしがみついている。

これは現実の世界ではない。人為的な世界であり、現実に起こっていることをうまく処理する人間の能力をつぶしてしまう危険な作り話なのだ。作り話ではない、本物の現実の世界は、カオスに対処できるようになること、人にやる気を出させるものは何かを理解すること、ますます混乱するのではなく、秩序をもたらす戦略と行動を採用することを私たちに要求している。

この歴史の転換期に、もはや何の役にも立たない世界観と不可解すぎて考える気にならないような新しい世界観に挟まれて私たちは生きている。これを明らかにするために、一つは自然災害や人為的災害にどう対処するか、もう一つはグローバルなテロのネットワークにどう対応するか、という社会的に最も切実で、現実世界が直面する二つの課題にニューサイエンスのレンズを当てはめてみたい。この高解像度レンズを使うと、理解の決め手でありながら、古い世界観でははっきりわからなかったさまざまなダイナミクスが見えてくる。

ニューサイエンスが描く世界とはどんな世界だろうか。それは、相互接続のネットワークの世界であり、そこでは、システムのある部分のわずかな乱れが、その発生元から遠く離れた部分に大きな影響を及ぼすことがある。このように感受性の高いシステムでは、ごくささいな行動が大きな混乱やカオスとなって噴出する可能性がある。一方、この世界は秩序を求める世界でもある。カオスが突発すると、現在の構造が崩壊するだけでなく、新しい秩序が生まれるための状況もつくり出される。変化が起こるときは、すべてがばらばらになる暗い夜を避けては通れない。だがそれでも、もし、この崩壊の時期を利用して新しい意味を創造できれば、カオスは終結し、新しい秩序が生まれる。

この世界は、命令も管理も権威もなしで自らを組織化する方法を知っている。場所を選ばず、生命体は関係のネットワークとして自己組織化する。個体どうしが共通の興味や情熱の対象を見つけると、自分たちをまとめあげ、それを実現するにはどうしたらいいか考え出す。自己組織化は創造力を呼び覚まして、結果を出し、強く、適応力に富むシステムを築く。そして、驚くほど新しい強さと能力を生む。

この世界では、生命体の「基本構成要素」は関係であり、個々の個体ではない。単独で存在するもの、最終的な不動のアイデンティティを持つものは何もない。私たち人間も、誰もが「可能性のかたまり」であり、この可能性は関係によって呼び起こされる。他者と出会ったとき、あるいは新しい状況に身を置いたとき、人は変わる。

さらに、この世界の一番不思議なところは、科学者がいくら探しても、観測者を抜きにして存在する独立した現実は何も見つからないということだ。現実は、私たちの観測という行為を通してつくられる。ある人が知覚したものが、その人にとっての真実となり、その人なりの現実が、出来事を解釈するときにのぞくレンズになる。同じ出来事を体験したり、同じ情報を見たりしても、人によってかなり違う説明をするのは、これが理由だ。

この現実の世界は、西洋の思想が生み出した世界とは、際立った、そして絶対的な対照をなしている。欧米思想では、人間、組織、そして世界は機械であるという思い込みがあり、一定不変の世界で時計のように規則正しく動く大規模なシステムが編成されてきた。そこでは、人間の介入がなければ秩序は望めないのだから、リーダーの仕事は、安定と管理体制を築くことにあるとされる。強いリーダーシップを発揮しなければ、すべてがばらばらになってしまうと考えるのだ。たいていの人間は怠慢で、創造的ではない、人は上役に取り仕切ってもらう必要がある、新しいスキルはトレーニングしなければ身につかない、という前提がある。人のやる気は、アメとムチを使い分けて引き出す。共感や寛容など、内面的な動機は軽視される。こうした思い込みは、ロボットのように行動する無関心な労働者ばかりの世界を生み出し、その労働者は、長い間に少しずつ混沌とし、制御不能になってきた組織の中で悪戦苦闘している。

そして何よりも重要なことだが、こうした誤った思い込みにますます必死でしがみついているうちに、現代の大きな課題に対応する能力まで損なわれていくのだ。

●災害時のリーダーシップ――ハリケーン・カトリーナに学ぶ

ここ数十年、世界はあまりにも多くの災害や人道的な悲劇を経験してきたため、「共感疲労」を懸念する声が聞かれる。しかし、人間の共感に限りがあり、疲れ果てるほどの危機に瀕しているとは私には思えない。疲労の原因は、緊急事態に迅速かつ適切に対処することのできる組織的な構造やリーダーシップが欠如していることだ。援助の手を差し伸べたい気持ちはあっても、最も困っている人たちにその共感を届けるべき組織が役目を果たしていない。これでは挫折感が募り、疲れるはずだ。人間ならば、誰に強制されずとも思いやりがあり、役に立ちたいと思うものなのだから。

どの災害を振り返ってみても、人間の最高の本質と官僚制の最悪の弊害が見えてくる。メディアには社会の不満を代弁する見出しが躍る。「貧困国の訴え、犠牲者に届かぬ救援物資」「システムの機能不全――ニューオーリンズの悲劇の原因、調査で明るみに」「赤十字に調査入る」「議会、原因究明に乗り出す」

一方では、個人の勇気や民間の救援活動についての見出しが躍る。「現実のヒーロー」「教会の組織化は矛盾ではない」「赤十字も救世軍も連邦政府資金も不要……必要なのは友だけ」

二〇〇五年九月、ハリケーン・カトリーナがメキシコ湾岸地域を襲ったわずか数週間後、『タイム』誌に次の記事が掲載された。自発的なボランティアと政府の官僚主義の対立の典型例だ。

労働者の日*、ニューオーリンズから六五〇キロ離れたところでは火の手がいくつもあがっていた。その最中に、全米から召集された消防士約六〇〇名が、アトランタのホテルの一室で、機会平等やらセクシュアルハラスメントやら顧客サービスやらについて、FEMA（連邦緊急事態管理庁）の講義を聞いていた。「諸君の任務は地域防犯広報活動になる……FEMAのパンフレットと電話番号を配布してもらうことになる」。FEMAの職員が説明した。

FEMAの要請で、救援装備に身を固めて到着した消防士たちでいっぱいだった部屋に、怒りの声が爆発した。「冗談じゃない」。誰かが怒鳴りかえす。「消防署や市長たちが俺たちをここに派遣したのは人を救うためだ。こんなことのために俺たちを集めたのか」。FEMAの職員は、椅子の上によじ登り……騒ぎを沈めようとした。「諸君は今はFEMAに雇われている。よって、命令に従い、言われたことをやってもらう」と、救助隊というより侵略しに来た軍のリーダーのような口調で告げた……。

＊　9月第一月曜日

［消防士たちは］ホテルでぶらぶらしているのに飽き飽きし、地元に帰っていった[1]。

この話は極端に聞こえるかもしれないが、災害のたびに実際に起きていることだ。できるかぎりの人助けをしたいというのが、人間の最初の反応だ。救援物資や人手を集め、直ちに解決策を考え出し、疲れを忘れて何日も働く。リスクや見返りなんて考えない――はっきりした目的を備えた創造的な共感が自発的にほとばしっているのだ。

サウスウェスト・ベル電話会社の中間管理職のグループが、［一九九五年の］オクラホマシティー連邦政府ビル爆破事件に対応したときの気持ちをこう語っている。「リスクなんて感じなかった。すでに大惨事が起きていたのだから」

しかし、自己組織化と言うべき、こうした活動はしばしば、民間の申し出を拒否し、規則を持ち出し、手順を遵守することを主張する官僚によって邪魔される。これは個々の官僚への批判ではない。彼らは、自分の役割からはみ出すことは許されず、自主的に行動することはできないのだから。『タイム』誌がハリケーン・カトリーナのときの政府対応をこう報じている。「……政府のどのレベルでも、緊急事態時の責任者は誰なのかがあいまいだった。リーダーたちは実際に指揮をとることを恐れ、民間企業に金を出させることを渋り、管轄権ルールの侵害や訴訟を嫌がった。つまりは、まさに本記事のような記事に書き立てられる結末になることを恐れていたわけだ」[2]

誰が法的な意思決定の権限を持つのか、という懸念は、多くの悪夢を生み出した。公式な支援要請は、不適切な人物や、その意味もわからずに拒否する人に対して出されてしまった。要請が適切な部門に出されたとしても、言い方が悪ければ、無視されたり、拒否されたりした。ルイジアナ州知事は、大統領命令による連邦政府レベルの支援を要請した。何が必要かと聞かれて、知事は「そちらにできるすべてを」と答えている。この訴えは、連邦政府が介入するほどの事態とは受け取られず、連邦政府と州政府が、誰に法的権限があるか結論を出すまで数日かかっているのだ[3]。

役割や権限が議論されている中で、そのとき展開されている破壊やカオスのパターンは誰も見ようとしなかった。役人は、自分の部署に直接関係する情報の断片にしか反応しなかった。刻一刻と入手する情報を誰も理解していなかったようだ。あるいは、今起きていることのほんの一部しか見ていないという自覚がなかったと言うべきか。恐怖におののき、路頭に迷う人たちの映像が続々と放映されているというのに、別のチャンネルでは、政府役人が深刻な被害はないと発表している。そんな例はいくらでもあった。事態を飲み込めない原因が経験不足（転職による）のこともあれば、ＦＥＭＡが国土安全保障省に統合されたことによる、新しい指揮命令系統の混乱に問題があることもあった。同省は、対テロ政策を重視しており、自然災害に対しては手薄だったのだ。

カトリーナ襲来以前も、政府のあらゆるレベルの重要な意思決定者が、不可解なほどの盲目さをさらけ出していた。長年のシミュレーションと分析によって、カテゴリー3または4のハリケーン＊の被害がどんなものになるかは、はっきり予測されていた。ニューオーリンズの惨状は、FEMAが何年も大災害発生予想の上位三位の一つにあげていたことだ。それなのに、役人が無防備なままでいて、この事態に対する十分な準備を怠っていたなんてあり得るだろうか。連邦気象局がカトリーナの上陸地点を寸分も違わない精度で予測しているときでさえ、役人はなぜそんなに対応が遅かったのだろうか。まるで、あらゆるレベルの政府役人が、今起きようとしている現実を理解できなかったかのようだ。情報を軽視したか、正しく解釈するのに失敗したか、「ここには起こりっこない」と信じようと自分をごまかしていたか、いずれかだ。これは、ありふれた現象だが、いわば「パラダイム盲」の困った症例だ。自分の世界観を脅かし、否定する情報を理解できなくなる症状だ。目の前にどんなにたくさんデータがあっても、自分のレンズがフィルターとなって不都合なデータを除外したり、データをゆがめて解釈したりする。目と鼻の先にある情報でさえ、文字どおり見ない場合もある[4]。

ハリケーン・カトリーナ襲来後の数日、この盲目さは、お役所仕事と煩わしい指揮命令系統と手を結んだ。失策、誤認、無策が組織全体に次から次へと広がり、混乱は深まる一方だった。すでに壊滅的な被害をもたらしていた状況は、リーダーたちが事態を正確に認識するのに失敗し、官僚制の束縛を超えた行動をとるリスクを冒すことを怠ったために、収拾がつくどころか、ますます悲惨になった。

＊　ハリケーンの強さを表すシンプソン・スケールの等級

しかし、メキシコ湾岸地域一帯では、一般の人たちが、顔見知りもよそ者もなく協力して自己組織化し、人命救助にあたっていた。アマチュア無線家が、即座に通信ネットワークの確保に貢献し、多くの人命を救った。一例をあげよう。ニューオーリンズのある一家が、地元の九一一番*に通報しても何の応答もなく絶望していた。ところが、一六〇〇キロも離れた親戚と連絡がついた。その親戚が地元の九一一に電話し、九一一がニューオーリンズのアマチュア無線家に連絡し、アマチュア無線家が地元の人たちに情報を伝え、その人たちが一家を救出したのだ[5]。

政府機関とは異なり、アマチュア無線家の多くは前もって準備していた。まず、ハリケーンが襲来する前に、安全で、水に濡れない場所を確保し、そこに身を落ち着けた。そして、それぞれが自前の発電機と送信機を使って、独立して活動し、強力な通信ネットワークを築きあげた。単独行動が幸いし、強力な弾力性を持つネットワークになった。ある人がそれ以上発信できなくなっても、誰かがすぐに引き継いだ。「それぞれが、共通のゴールをめざして協力する独立したモバイル・ユニットだ」[6]。彼らは自由に、だが共通の明確な目的から行動した。これが、カオスを脱して秩序を取り戻すことを可能にする状況なのだ。

幹部クラスのリーダーは、このように自発的あるいは独立して行動することが難しい。組織の権力と政策を維持する必要があるという理由から、独自の対応は抑制される。正式な管理運用規定というものにがんじがらめになっているので、そうした枠を越えて行動し、自分がいいと思うことをするには勇気がいる。オクラホマシティーのサウスウェスト・ベル社の社員が、連邦政府

* 警察や救急車などを呼ぶ電話番号

ビル爆破の直後に思い切って行動できたのは、幹部たちが町にいなかったという理由が大きい。幹部たちが戻ると、スタッフがこう言った。「あなた方がいなくてよかった。おかげで何も考えずに行動できましたよ」。こう言われて嬉しいリーダーはいないだろうが、ベル社のリーダーたちは「これは事実だ、自分たちの不在が功を奏した」と悟るだけの賢明さがあった。

ハリケーン・カトリーナでは、指揮命令系統と手順の遵守が被害をいっそう大きくした。

ニューオーリンズの住民がどんどん死んでいく間に、米軍艦バターン号は、沖合を走行していた。六つある手術室、六〇〇人分のベッド、そして一二〇〇人の水兵のほとんどが、油を売っている状態だった。諸外国は……救援物資を送る用意を整えていたが、FEMAが国外からの支援をどうするか決定するまで数日待つようにと言われていた。フロリダのプロペラ船の会社は、救助用の船団を確保していたが、FEMAがニューオーリンズ入りを許可しない、とこぼしていた。FEMAのブラウン局長は、支援は「最も効果的に利用されるような方法で調整されるべき」と言って、FEMAの慎重な対応を擁護した[7]。

迅速に対応したリーダーたちは、管理運用規定を無視した。ウェストバージニア州では、知事が要請を待たずに州兵から六機のC－130貨物輸送機を緊急動員し、現地に派遣、避難の必要な住民を救出する態勢を整えた。飛行機は救援物資を満載して飛び立ち、避難民を定員いっぱいまで乗せて帰ってくるはずだった。飛行機が戻ってきたとき、知事は一行を出迎えようと飛行場にいたが、避難民を乗せて帰ってきたのは三機だけだった。ＦＥＭＡがそれ以上の住民を飛行機に乗せるのを拒否したからだ。約四〇〇〇人の避難民が、この緊急救援活動の恩恵を受けた。経済的には最も貧しい州の一つだが、ウェストバージニア州は、富裕な近隣の州よりも多くの支援を提供した。それはひとえに、顔も知らない兄弟姉妹を助けようという知事の呼びかけに州民が結集したからだった。

政府の大失策とは対照的に、コミュニティ、個人、小グループは即座にカトリーナに対応した。ある解説者は、こうした対応を「危険な時代の愛の行動」[8]と表現した。ヴィル・プラット（ルイジアナ州）というコミュニティは、災害のたびに見られる、思いやりのある自己組織化能力の典型例だった[9]。住民は、「私たちがしないなら、誰が？」というスローガンのもと「手づくりの救助・救援活動」を組織した。人口一万一〇〇〇人、住民の大多数の平均年収わずか五三〇〇ドルのコミュニティが、罹災し、心に傷を負った五〇〇〇人のカトリーナの犠牲者を支援し、避難民としてではなく「仲間」として、自宅やコミュニティを分かち合った。船を所有している者は、ニューオーリンズに行って、「ケイジャン・ネイビー」*に参加し、屋根の上から住民を救出し、遺体を回収し、ケガ人を外傷センターに輸送した。彼らは、ほかのコミュニティから来た人たちが同じ活動をしているのは見たが、ＦＥＭＡは見かけなかった。「それだけでした。私たちボランティアしかいませんでしたよ」

＊　ルイジアナ州民によるボランティア組織

ヴィル・プラットは、連邦政府や赤十字の助けを借りずに何千人もの「仲間」を救った（実は赤十字に支援を求めようとしたが、一三日間電話をかけつづけても、なしのつぶてだったので断念した）。この成功は、古い機械論的なパラダイムでは説明できないが、ニューサイエンスが解明するダイナミクスでなら簡単に説明できる。私たちは、一つの出来事、一人の人間が新しい能力を呼び覚ます、関係で成り立っている世界で生きている。共通の意味や価値観に基づいて自由に独自の決定をできるとき、カオスから秩序が生まれる世界で生きている。トップダウンのリーダーシップや前もって策定された組織の計画などなくても有効な対応をとれる世界に生きている。人は、自分たちにとって重要なことなら、それを達成するために自己組織化する。あるコミュニティの住民がこう言っていた。「誰でも自発的に協力する方法を知っています。まったく、洗礼式やら親族の行事やら、年がら年中仕切っているようなものでしょ。だから、どうして正式なリーダーシップがあれこれ必要なんですか」

すばやい対応が要求される災害時には、正規の組織は、指揮命令系統、任命されたリーダー、政策、手続き、計画、規定、法律など、普段、業務を処理するのに使っている手段そのものが災いして無力化する。人間の共感は頼りになるが、災害時にいつも発揮される一般の人たちの自己組織化の力を公的機関が支援し、それと協力し、それに抵抗しないような方法を考え出す必要がある。リーダーには、政策や手続きの遵守に基づくのではなく、自分なりの状況判断に基づいて、聡明な決定をする自由を持たせなければならない。正式なリーダーの仕事は、その管理下にある資源を一刻も早く現地のグループに届けることだ。リーダーは、人間には独自の解決策を見つける力があることを信じ、提供した資源を有効に利用する力があることを信じなければならない。そして、同じような決まりきった方法に従うよう強いるのではなく、それぞれのコミュニティが考え出したユニークで独創的な対応に期待し、それを尊重しなければならない。

こうした抜本的に新しい行動を実現するには、公的なリーダーが賢明に行動できるよう束縛から解放し、人間には自己組織化して有効な対応をとる力があると信頼してもらうことが前提だ。私たちがこれを理解するまでに、あとどれくらい悲しい歴史を繰り返せばいいのだろう。カオスから秩序を取り戻す唯一の方法は、人間の知性、愛、自己組織化能力、つまり関心があることを達成する力を信頼することだ。その教訓を得るのはカトリーナを最後にしようではないか。

現地の人たちに再建のための公的な金銭的資源や物資を委ねることも大切だ。政府や外部の建設業者、大きな非営利組織に再建を任せると、規則に縛られて進展せず、再建までの時間が長引き、住民のニーズは満たされず、地元のコミュニティの誰も満足しない結果になる。現地の人たちが担う活動を支援すれば、地元文化の維持とコミュニティの結束の再創造につながり、そして驚くほど短期間で目的が達成される。世界貿易センターのグラウンドゼロ（爆心地）の撤去・清掃作業は、従来のニューヨーク市や建設業者の思惑抜きで、記録的な短期間のうちに完了した。一般の人たちが、時間を忘れて働き、健康に害があるのを承知で共通の悲劇の残骸を撤去したのだ。

一九九〇年代、約二〇億人が災害に遭い、そのうち九〇％が最貧困国の人たちだった。救援活動を組織する方法を変えないかぎり、有効な対応はとれず、私たちの思いやりの気持ちを満足させるような対応もとれないだろう。管理から秩序へ、形式的な権威や手続きに対する信頼から現地住民や政府機関職員やボランティアの自己組織化能力に対する信頼へと、基本を変える必要がある。災害時の救援活動において、救援や再建の仕事に現地の人たちを従事させ、彼らの力を結集し、育てるにはどうすべきかが重視されるようになっている。現地の人たちを取り込めば、彼らは「客体から主体へ、犠牲者から行為者へ、可能性に満ちた存在へ変わる」[10]のだ。

従来のヒエラルキーや正式なリーダーシップなどなくても、解決策を考え出す能力は、なにも災害時に限ったことではなく、どこのコミュニティでも見られる。一九九二年に私が共同創設者となって設立されたベルカナ研究所（Berkana Institute）は、「必要なリーダーはすでにここにいる」という前提で仕事をしている。ベルカナは、世界でも最貧の部類に入るコミュニティにさえ、リーダーはいくらでもいることに気づいた。こうしたリーダーたちは、その土地の住民や伝統や環境にもともと備わっている知恵と富を引き出すことで、コミュニティの自立を強化する仕事をしている。二〇〇二年のフォード財団のリーダーシップに関する報告書も同じことに言及している。「今日、わが国には、人の意欲を引き出すようなリーダーが不在であると指摘する声が一部にある……しかし、詳しく調べてみれば、問題意識のある市民のグループが国全体で協力して活動しており、特に地元レベルでは、困難な社会問題を解決している。こうした人々こそ今日のアメリカのニューリーダーである」[11]

災害に苦しむときのリーダーシップについて、私たちが何を学んでいるのか慎重に検討する必要がある。私は、人間の思いやり、創造力、共感は信頼できるのだと学んでほしいと願っている。解決策を見つけ、たちまち習得し、自分でも驚くような新しい能力を発揮する、そんな「可能性のかたまり」として人間は信頼できるのだと。人間はすばやく自己組織化して、自分たちにとって重要な結果を出すと信じることができるのだと。人は、力を合わせて、創造的に行動し、リスクを冒し、解決策を見つけ、慰め、励まし、何かを生み出す。生命体の営みもこれと同じだ。それはニューサイエンスから学ぶことができる。現実の世界のどこかで毎日起きていることから学べる、そう言ってもいい。

●ネットワークのリーダーシップ——テロリスト・グループから学ぶ

わずか何千人かの怒れる人たちが、世界の安定を脅かすなんてあり得るのだろうか。大国の政府が、気がつけば費用がかさむ恐怖の闘争で身動きがとれなくなり、資源や関心の多くを狂信的な小さな集団の活動を鎮圧することに振り向けているなんてあり得るのだろうか。

グローバルなテロリスト・ネットワークの力と成功を認めたくはないが、それは、今日の世界で最も影響力のある強い組織の一つであり、歴史の流れを変えるほどの力を持っている。彼らは、正式な権力や高度なテクノロジーもなく、莫大な予算や膨大な支持者もなく、それをやってのけている。

優れたリーダーを判断する基準は何だろうか。力強いビジョンを伝達する能力、そのビジョン達成のために必死で働くように人のやる気を引き出す能力、結果を出す能力、計画以上の成果をあげる能力、変革を実行する能力などが考えられる。混乱や危機を乗り越えて生き残ることができる弾力のある組織、能力を伸ばしていく組織、リーダーが引退しても道を見失わない組織をつくるために、テロリストのリーダーシップを借りたいくらいだ。これらの基準をテロリスト・ネットワークのリーダーたちに当てはめると、とても優秀だということがわかる。彼らを私たちの教師として認めるのは抵抗があるが、イノベーション、モチベーション（動機）、弾力性、ネットワークの働き、どれをとっても、彼らから大いに学ぶところがある。

ニューサイエンスは、ネットワークのふるまいについて非常に詳しく説明しているが、それは地球が採用している唯一の組織形態がネットワークだからだ。科学のレンズで眺めれば、テロリストの組織をじっくり見て、その成功の手法を探求することができる。それはまた、これ以上テロの成功に加担することが絶対にないように対応するにはどうすべきかを理解することにもなる。

現在、私たちは、テロリストの強さを危険なほど過小評価しているが、それは彼らの能力を誤ったレンズを通して評価しているせいだ。私たちの世界には当てはまっても、彼らの世界には当てはまらない要因を考えている。つまり、ヒエラルキー組織には当てはまるが、ネットワークには当てはまらない要因ということだ。正しいレンズを使っていないために、テロとの戦いに勝てると思っている。オサマ・ビンラディンは依然として脅威か否か、アルカイダは弱体化しているか否かを問う場合には、ビンラディンの指揮命令能力や最新テクノロジーによる情報伝達能力を評価している。ビンラディンは、逃亡中の、洞窟に隠れ住んでいる今や力の衰えたリーダーという思い込んでいるのだ。意思疎通を阻止すれば、テロリストは命令を受け取れなくなり、したがって攻撃を開始できない、あるいは、幹部クラスのリーダーを殺せば、組織を破壊すれば、無政府状態と化したリーダー不在のグループから若いテロリストがこっそり逃げ出すだろう、と決めつけている。

アメリカ軍の司令官は、新しいタイプの敵と戦っていることをたびたび認めている。彼らは、この敵は学習し、変化し、適応する敵だと表現する。アメリカ軍兵士が敵の戦略を理解したときには、もうその戦略は変わっている。テロリストはおなじ手口をけっして繰り返さないと経験から学んだとはいえ、テロリストとの直近の攻防に各国が費やした莫大な資源を考えてみてほしい。

陸軍の長期戦略は、テロリストと同じくらい適応力があり、機敏で、抜け目のない戦闘部隊を育成することだ（一〇ヵ年計画は、特殊部隊を増やすこと）。陸軍は、ネットワークのふるまいと「ネット戦争」の出現を長年研究してきた。九・一一事件以前、陸軍はネットワークの拡散を警告していた。国境を越えたテロリスト・グループはもちろん、大量破壊兵器（ＷＭＤ）や薬物や犯罪シンジケートの闇市場取引、原理主義者と少数民族分離独立主義者（エスノナショナリズム）の運動、不法移民斡旋組織、都市部のギャング団、僻地の民兵、個別テーマに関する戦闘集団などのネットワークが急増していた[12]。こうした集団は、ネットワークの形態をとっているため、身軽に、いつでも・どこにでも配置できる小規模な分散した単位で活動している。よける、かわすに加え、浸透し、混乱させるノウハウを持っている。多くはリーダーのいない集団だ[13]。「群をなして」攻撃するのも特徴だ。突然、複数の方向から現れ、瞬時に密かに合体し、そして現れたときと同じように瞬時にばらばらになる[14]。

こうした集団はリーダー不在に見えるが、実際には、情熱や怒りや信念によって、見事に統率されている。彼らは、集団的アイデンティティを醸成し、行動せずにはいられなくする思想や目的を共有している。地理的には離れていても、「心は一つ」[15]なのだ。何の制約もなく自由に行動し、主義主張を実現するために「自分が一番よいと思うこと」をするように奨励される。この共通の意味と自分の行動を決める自由の組み合わせが、より優秀で、より秩序あるシステムに成長する秘訣だ。このように、ニューサイエンスの視点に立てば、どうやってテロリスト・ネットワークが時間の経過とともに能力を伸ばしていくのかを予測できる。もし、自分の主義主張に対する支持の表明方法を勝手に工夫する自由があるなら、最も華々しい攻撃をめざして、互いに競い合いながら、もっと破壊的な行動を思いつくことだろう。

主義主張と深く結びついた人間には、指示も見返りも、これをせよと言うリーダーも要らない。怒り、情熱に燃え、同じ志を持つ仲間と団結して、次第に自分たちの主義主張を支持するための極端な手段を編み出していく。アルカイダの成功について、ネットワークアナリストのアルバート・ラズロ・バラバシはこう書いている。「ビンラディンとその参謀が、テロリストのネットワークを築いたわけではない。彼らは、闘争の旅路の始まりからずっと自己組織化の法則を巧みに利用しながら、イスラムの闘士たちの怒りに乗ったにすぎない」[16]。一回のテロ行為は、「よく言われているような、メンバーが上からの命令を忠実に遂行する理路整然とした組織ではなく、しばしば独自に行動したり、単発の攻撃のために協力したりする小さな集団の分散した集合である」[17]。このように、妥当なものとして始まった運動は、しばしば過激派の手段となり、そこでメンバーの熱狂によって煽《あお》られる。激しい情熱があれば、テロ行為の拡大は約束されたようなものだ。小さな一集団の過激な行為が、遠く離れた場所でたくさんの模倣行為を誘発するからだ。

時間の経過とともに、ネットワークの刺激材料は、情報ではなく情熱になる。ネットワークは情報の循環とともに始まる。ネットワークのメンバーが互いを見つけ、互いから学び、戦略と行動を発展させることができるのは、この情報の循環があるからだ。ネットワークの活動を混乱させようとする試みの大半は、いかに情報伝達を妨害するかに集中する。だが、いったんネットワークにはずみがついてしまえば、情熱と個人の創造力がネットワークを前進させる原動力になる。情報伝達は依然、大規模な組織的攻撃には不可欠だが、小規模で散発的な決死の攻撃を拡大するには、情報は不要だ。それに必要なのは、情熱的なコミットメントと殉死する意思だけである。

したがって、ネットワークのメンバーの怒りが激しくなれば、情報が果たす役割は小さくなり、個人のイノベーションがその役割を引き継ぐ。ネットワークの情報伝達の妨害に成功すれば、逆にローカルな怒りを焚きつけることにもなる。個人は互いに意思疎通ができなくなるかもしれないが、遠く離れた場所では、自前の自爆攻撃の計画にいっそうの創造力が発揮されることになる。だから、ネットワークの妨害に成功したかどうかは、情報伝達をどれくらい妨害したかだけで判断しても、けっして十分には評価できない。

どんなネットワークにも欠かせない構造は、ヒエラルキーではなく、水平構造であり、統一されたものではなく、その場かぎりの構造だ。この広い範囲にまたがる分散構造が、テロリスト・グループの鎮圧を難しくする。「一部を攻撃しても、残りは、ほとんど無傷のまま活動しつづける。反乱というものには、たいてい、頭などないのだから、一気に首を切り落とすことができないのだ」[18]。粉砕し、ばらばらにした結果、現れるものは、実は、組織的な軍隊よりもはるかに破壊的なものだ。ランド研究所のテロリズム専門家、ブルース・ホフマンはこう述べている。「重力の中心も、リーダーシップも、ヒエラルキーもない。組織というより星座のようなものだ……彼らは、着実に寿命を延ばす構造を採用している」[19]。

こうした説明やダイナミクスは、ニューサイエンスとそのネットワークの観測に馴染みのある人にとっては驚くことではない。ネットワークには並はずれた弾力がある。ノード（中継点）がいくらでもあるので、（ニューオーリンズのアマチュア無線家のように）一つがだめになっても別の場所が引き継ぐ。人間のネットワークの場合は、常に共通の意味を中心にして編成される。個人が共通の問題や主義主張に反応し、仲間と一緒にネットワークに参加し、その主義主張を実現に向けて前進させる。人間にとっては、意味が「ストレンジ・アトラクタ」——表面上は行き当たりばったりの行為を境界内に保つ一貫性のある力になる。そこで新しく生まれてくるものが、誰にも何も管理されなくても調和のとれた行動であり、たとえリーダーがいなくても目標達成にはるかに有効な組織なのだ。

組織を機械として考えると、自己組織化してできたネットワークの力に気づかない。そして、リーダーを探しつづける。目に見えるリーダーがいるかどうか、リーダーに接触できるかどうか、リーダーが部隊と簡単に情報交換できるかどうかによって、テロ行為を評価してしまうのだ。これは、リーダーの役割についての深刻で危険な誤認だ。

二〇〇六年初頭、ビンラディンが依然として脅威か否かを評価しようとするアメリカの分析者たちのインタビューを聞いた。彼らは、可視性、テクノロジー、指揮命令系統、命令能力、情報伝達経路など、従来の組織の特性から論じていた。この基準に照らすと、ビンラディンの力は深刻に衰えているように見えた。だが、あるネットワーク専門家がこう発言した。「それは思想であって、組織ではない……ビンラディンは影響力のある人物だ」[20]。さらに、バラバシもこう警告している。「自己組織化によって構築された分散したトポロジー*を持つため、アルカイダは非常に分散し、自立しており、オサマ・ビンラディンとその側近たちを排除したところで、アルカイダの脅威を根絶することはできないだろう。主《あるじ》のクモのいないクモの巣のようなものだ」[21]

どのようにしてカオスからネットワークが生まれ、共通の意味を中心にまとまり、優れたネットワークに成長していくかを解明する科学は、アルカイダをはじめとする反乱の強さを評価するうえで、新しい、そしてもっと正確な基準になる。これらの基準は、規模や構造や指揮命令系統は重視せず、意味と感情を重視する。これまで使ってきた基準とは驚くほど種類の違うものだ。

1　反乱者の人数を数えるのではなく、彼らの情熱や怒りを評価するにはどうすればよいか。攻撃や示威行動の増加は、怒りの増加を示す。

2　攻撃に予測可能なパターンはあるか。それともますます多様化しているか。攻撃の多様化は、ローカルな活動を示す。これは、主義主張への傾倒が激しくなり、中央の権威への依存が減少していることの表れだ。

3　攻撃はどこで起こっているか。意外な場所での攻撃が多発するようになったら、ネットワ

＊　ネットワークの構成要素の接続形態

ークが強くなった証拠である。しかも、それは成長している。

4　私たちの行動のうち、ネットワークのメンバーの情熱を煽る影響を与えているものは何か。私たちがしていることが火に油を注いでいないか、それとも、状況を沈静するように作用しているか。

5　リーダーの影響を判断するために、彼の思想や解釈の人気を見る。人々が疑問を挟まずに彼の解釈を受け容れているか、それとも議論しているか。リーダーが姿を見せること（どんな形にせよ）が支持者の行動に影響を与えているか。攻撃の数とリーダー来訪の発表との間に相関関係はあるか。それともリーダーの存在とは独立して攻撃が増えつづけているか。もし、リーダーが姿を見せることとは無関係に攻撃が増えているなら、それはネットワークに弾みがつき、「クモのいないクモの巣」の段階に達したことを示す。

6　ネットワークの弾力を判断するには、ノードすなわち下部組織が破壊されたときに何が起こったかを見る。攻撃の数が減ったか、それとも新しい場所に移っただけか。

このように基準を変えれば、誰がテロとの戦いに勝つのか、まったく別の視点で評価できるようになる。もし、ネットワークが情熱から成長するなら、もしアルカイダがイスラムの闘士たちの「怒りに乗っている」なら、テロリストのネットワークを停止させる最善の方法は、リーダーを殺すことではない。怒りの原因を取り除き、それ以上刺激しないことだ。多くのアナリストが同じ結論に達している——怒りの原因を取り除くことが、テロとの戦いに勝つ唯一の方法だ。

私たちの行動が彼らの怒りを呼び起こすかぎり、テロリストが増え、過激な攻撃が増え、小さな集団による世界の不安定が続くと予想される。バラバシはこう述べている。「この戦いに勝利したいなら、唯一の希望は、ネットワークの成長を刺激している背景にある社会的、経済的、政治的な根本原因に取り組むことだ。もっと建設的で意味のあるネットワークに所属するチャンスを与えることで、テロリストの組織と結びつく……必要性や願望を取り除く努力をしなければならない」。私たちは個別の小規模な戦いには勝つかもしれないし、さまざまな下部組織を解体するかもしれないが、彼らの怒りを取り除くために何もしなければ、こうしたきわめて有害なネットワークの結成が後を絶たず、「ネットワーク化された戦争はけっして終わらないだろう」[22]

軍事戦略家であり軍事アドバイザーであるトーマス・バーネットの著作にも同様のことがはっきり述べられている。バーネットは経済発展と国家の安全保障を結びつけて考えており、次のように書いている。人類の三分の一は、世界経済から取り残された「ギャップ」に住んでおり、彼らの経済的な貧困は深刻な結果をもたらす。なぜなら、冷戦終結以来、「あらゆる戦争や内戦や大量虐殺は、このギャップの中で起きてきた」からだ。本当の安全保障を達成するには、この人たちが経済発展の恩恵を受けられるようにする、すなわち「今日の世界の危険を定義している分断を根絶する」ようにしなければならない[23]。

これが、差し迫った危機に際して私たちが直視するのを避けている現実の世界だ。もし、私たちを憎む人たち、分断されていると感じている人たち、貧困の構造に閉じ込められている人たちに、ますます圧力をかけることで危機をコントロールしようとしつづけるなら、いっそう混乱し、いっそうテロの脅威が増える未来しかつくれない。この恐怖の未来から抜け出す新しい道を見つけるためには、これまでとは違う方法で世界を見て、理解できるようにならなければならない。アインシュタインの名言「その問題を生み出したのと同じ思考では、けっしてそれを解決できない」は、私たちがすべきことを明言している。まず、この緊密に相互接続された世界のネットワークのふるまいを理解すること。そして、人間のモチベーションや問題意識を持った人間が発揮する驚くべき自己組織化能力を理解すること。さらに、ヒエラルキー、役割、命令と管理型リーダーシップに固執すれば、能力を失うばかりか、さらにカオスを悪化させるということを理解することだ。

このように変わる必要があるか、ないか、ぐずぐず考えている時間はない。今起こっていることに気づかずに、現実の世界をやみくもにさまよいつづける余裕はないのだ。だが、もし、生命体のダイナミクスを学ぶ好奇心と意欲があるなら、びっくりするほど新しい能力と洞察力を発見することを私は知っている。どんな問題でも、その真実の局面をはっきり見て、理解すれば、私たち人間は、この世界の勇気ある聡明な行為者に必ずなれるのだ。目を開き、レンズを変え、現実の世界に健全さと可能性を取り戻す行動の一歩を踏み出す時が来ている。

おわりに――新しい世界への旅

これは旅立ち。

すべてを後ろに置いて。

社会環境から離れ、先入観からも、定義からも、言葉からも、狭い視界からも、期待からも離れて。

もはやかつて意味したものを意味する関係も、記憶も、言葉も、文字も期待せず。

一口で言えば、すべてに心を開くこと。

――ラビ・ローレンス・クシュナー

谷の向こうで、今日最後の色彩が水平線を赤く染めている。夜のとばりが降りてきて、あらゆる輪郭を覆い隠し、薔薇色に燃える空を背にした紫色の山々の頂を削り、二次元の世界が広がっていく。アジアのどこかで自然の破壊力が活発なとき、ユタ州の空はライトアップされる。毎日たそがれ時になると、舞い散る砂ぼこりが空中で赤く揺らめき、いつもの目に染み入るような空の色をさらに強調する。不思議な光の中で入浴している私は、暗い赤紫色に染まった山々に釘づけになっている。

ニューサイエンスの領域を旅して以来、ここ数日、私はこれまでとは違う気持ちで世界と接している。世界は、それまでの思い込みを捨てよと主張しつづけ、私をまごつかせる、見知らぬ場所になってしまった。それでいて、今や私にとって生命はもっと興味深い対象となり、知らないことだらけのまま生き、確信を求めずに好奇心がそそられるままにしておこうとしている。本書を書きあげるまでに、つまり本書に登場する考え方と何年も戯れ、自分の体験に基づいて加筆している間に、いくつか特に印象に残ることがあった。

この仕事に取りかかったとはいえ、その本質を見きわめるまでには数年がかりだった。私もほかの人たちも、リーダーシップに対する新しいアプローチを単に採り入れなさいとか、新しい方法で組織について考えなさいとか、そういうことを人に求めているのではないということがわかるまでに時間がかかったのだ。私たちが本当に人に求め、また、人から助言を求められているのは、最も根本的なレベルで考え方を変えること、つまり世界観についての考え方を変えることだ。欧米文化の支配的な世界観――世界を機械として見る――は、この世界でうまく生きていく助けにはもはやならない。この世界でもっと調和して生きたいなら、これまでとは違う世界観が必要だ。

いったんこの仕事の本質を理解したら、ピリピリしなくなり、寛大に構えられるようになった。世界観を変えなさい、などと言われれば、誰だって怖じ気づくのは当然だ。なぜ変えようとしないんですか。そう言われれば、もちろん人は守りの体勢に入るだろう。新しい考え方に興味を覚えたとしても、恐れに舞い戻って当然だ。その考えを受け容れたら、どれだけの変化を強いられるか、人は鋭く見抜くものだ。以前の私なら、適切な言葉やテクニックを見つけられるか、すぐに人を納得させられるか、そういうことを気にしていたが、もう気にしなくなった。新しい世界観が簡単に受け容れられることはもう期待していない。自分が生きているうちにそれが根づくのを見られるかどうかもわからないと思っている。一方、人は自分がどうこうできないものからの影響を受けているのも事実だと思っている。本で読んだ知識ではなく、人生の出来事によって変わったという人を何人も知っている。

この人たちは、生命に備わっている大きな創造力によって変化させられた。そう、カオスによって。この新しい世界観の恩恵の一つは、循環という生命の本質をはっきり理解させてくれることだ。機械論的な世界観では、生命は直線的に進歩するものとされていた。いったん管理下に置き、すべてを工学的につくりあげてしまえば、ほとんどつまずくことなく、一気に頂上まで登りつめることができると。だが生命はそんなふうに営まれるものではない。新しい世界観は、たいていの人が経験ずみのこと——暗い道を通らなければ生まれ変わることはできない——を再認識させてくれる。暗黒の停滞期は生命にとってごく普通のこと。繰り返し混沌とした状況に陥ることがあっても、それは悪いことでも何でもない。

ここ何年か、ニューサイエンスに小突かれるようにして、新しい世界への旅路にはカオスの暗い裂け目がたくさんあるということを個人的に思い知った。応急処置をし、暗黒期から早く抜け出して先を急ごうとしても、ニューサイエンスはそれを許してくれない。カオスの役割を知っているにもかかわらず、いまだにカオスを好きになれない。それまで気をつけて一つにまとめあげてきた世界がばらばらになるのは苦痛でたまらない。喪失感や意味がなくなることも嫌だ。もっと簡単に変容にたどり着ける道があったらどんなにいいだろう。

ところが、不当な要求をされていると思いながらも、大きな創造力と手を組んでいることもわかる。カオスは、ときどき私が住む必要のある場所なのだ。だから、暗い時期にじっと耐えることを学んだ。混乱し、途方にくれ、新しい見識を得られる見込みはかすかにあるだけだが。新しい在り方に至る道は私にとってはこれしかないのだ。

真剣に新しい世界観を生み出そうとしている今の時代に、この暗い時期についてじっくり考えれば考えるほど、私たちの文化は目下カオスの中を旅しているところなのだと痛感する。古いやり方は崩壊し、かといって新しいやり方もまだ姿を見せない。もしそうならば、私たちは、探検者や発見者として、お互いに新しい立場で関わらなければならない。他者のこの役割を尊重し合うことができるようになれば、この旅路はもっと実り多いものになると思う。一人の人間、一つの学派の考えに頼っていては正しい答えは出せない。なぜなら、必要なのは、個々に独立した答えをはるかに越えたものだからだ。ともに力を合わせて問いを発し、新しいものを見つけ出さなければならない。探し求めている世界を一からつくり、発見するための頼みの綱はお互いなのだ。

大昔の探検ならもっと簡単だった。パトロン役を演じ、誰かを金銭で雇って自分の代わりに探検させることができた。雇われた者が海に漕ぎ出し、パトロンが切望する答えと財宝を持ち帰る。これでうまくいけばいいのに、いまだに私たちはそう思っている。つまり、いまだに誰かが発見したものをもらって、自分のものとして採り入れようとしているのだ。だが、誰もが経験から学んだとおり、答えは人から人へ伝えられるものではない。この失敗は、量子物理学によって説明されてきた。量子論の世界では、すべてが文脈に依存しており、その瞬間だけ成立する個別の関係に依存している。関係は、場所が変われば変わり、時間が経てば変わる。それなのに、ある文脈で生まれた答えが別の文脈でも同じように機能するはずだと期待するのはなぜだろう。

期待に胸を膨らませて正しい答えを待っているパトロン役を演じることはもはや許されない。各自が波止場に降りていき、自分の旅に船出するよう要求されている。自分の答えを求める探検者で、海が混雑するほどでなくてはいけない。そして、探検者たちは見つけたものをぜひとも共有しなければならない。ただしモデルとしてではない。お互いから何が可能であるかを学ぶ必要がある。他者の成功は自分の宝探しを続ける励みになる。

この自力で何かを発見するというのは、不安なものだ。私も自分が間違っていて、誰かが、どこかで、答えを持っていてくれればどんなにいいかと思いつづけている。だが、もはやそういう宇宙に住んでいないことはわかりきっている。この新しい世界では、読者も私も進みながら世界をつくりあげなければならない。経験がないから、計画を立てるスキルがないからではない。現実の本質がそうだからだ。現実は、私たちが足を踏み入れると、形を変え、意味を変える相手だ。常に新しい。私たちは、積極的な参加者として、そこにいる必要がある。私たち抜きには何も起こらず、誰も私たちの代わりはしてくれない。

探検者や発明者としての役割を真剣に引き受ければ、とても独力ではできないことがわかるだろう。それは、途中で死なないように祈りながら、新しい世界を追求する、そんな恐ろしい仕事なのだ。私たちは、大きな不幸に見舞われる可能性も新しい可能性もどちらも同じくらい豊富なカオスの時代に住んでいる。この時代をどう生きていけばいいだろうか。

その答えは「ともに」である。私たちは今、お互いをこれまでとは違う意味で必要としている。自分の境界の中に隠れたり、独りでも生きていけるという信念にしがみついたりしている場合ではない。考えを試す。学んだことを共有する。新しい視点で世界を見る。体験に耳を傾ける。すべてお互いが必要だ。失敗したら許し、他者の夢を自分に託し、自分の希望を失ったら他者の希望を差し出す。やはりお互いが必要なのだ。

私は競争相手ではなく、仲間を求めている。私とともにこの混迷した、身震いするような世界を航海する仲間がほしいのだ。この旅の途上では、きっと、ときどき失敗するはずだ。道に迷いもするだろう。そうならないはずがないではないか。また、読者も失敗するだろう。私たちの航海もまた循環している。だから、古いものから新しいものへ、また古いものへと動いていくしかない。そして、ある日何か大胆で新しいことをし、自分たちの進歩に大騒ぎしてみたかと思えば、翌日は古い行動に舞い戻り、どうやって前に進んだらよいか途方にくれる。そんなふうに揺れ動くだろう。針路をはずれて大海原をさまようこともあり、目的地に向かってまっしぐらというわけにはいかないと覚悟しておいたほうがいい。針路からはずれないようにするには、忍耐と共感と寛容さがいる。これをお互いに要求すべきだ。そうすればもっと大胆な探検者になれるだろう。正気を失わず、落ち着いていられるだろう。

これは奇妙な世界であり、ますます奇妙になることしか何も確実なことはない。ハイゼンベルクと夜な夜な長い議論をし、そのたびに絶望したニールス・ボーアは、かつてこう言った。偉大な考えは、姿を現したときには、混沌とし、不可解に見えると。発見者にも半分しか理解できず、発見者以外のすべての人にとってはまったくの謎だ。だが、もし、ある考えが風変わりに見えなかったら、それには「大物になる」見込みはない、そう彼は忠告している[1]。だから、私たちも、かすかな希望の光を頼りに、見えない土地をめざし、不可解さと当惑を抱えて生きるのだ。この旅のどの瞬間でも、不確実さを心地よく感じ、カオスの役割を楽しむくらいでなくてはならない。どの瞬間でも、私たちはともにいなくてはならない。究極のところでは、お互いの存在という恵みがある。お互いの好奇心と知恵と勇気がある。それに「生命」もある。生命に備わっている秩序を生み出す大きな力は、それとともに進むことを選べば、私たちをもっと好奇心旺盛で、賢く、勇気ある存在にしてくれるだろう。

——— *Productive Workplaces*. San Francisco: Jossey-Bass, 1987.

Weisbord, Marvin, and Sandra Janoff. *Future Search: An Action Guide to Finding Common Ground in Organizations and Communities*. San Francisco: Berrett-Koehler, 1995.

Wenger, Etienne. *Communities of Practice: Learning, Meaning, and identity.* Cambridge, UK: Cambridge University Press, 1998.

Wheatley, Margaret J., and Myron Kellner-Rogers. *A Simpler Way*. San Francisco: Berrett-Koehler, 1996.

Whyte, David. *The Heart Aroused: Poetry and the Preservation of Soul in Corporate America*. New York: Doubleday 1994.

Wilber, Ken. *The Holographic Paradigm and Other Paradoxes*. Boulder, CO: Shambala, 1985.（『空像としての世界：ホログラフィをパラダイムとして』ケン・ウィルバー著、井上忠ほか訳、青土社、1992 年）

——— *Quantum Questions*. Boston: Shambala, 1984.（『量子の公案：現代物理学のリーダーたちの神秘観』ケン・ウィルバー著、田中三彦／吉福伸逸訳、工作舎、1987 年）

——— *Sex, Ecology, Spirituality: The Spirit of Evolution*. Boston: Shambala, 1995.（『進化の構造 1・2』ケン・ウィルバー著、松永太郎訳、春秋社、1998 年）

Wilczek, Frank, and Betsy Devine. *Longing for the Harmonies*. New York: Norton, 1988.

Willett, Carol. "Knowledge Sharing Shifts the Power Paradigm." In Mark Maybury, Daryl Morey, Bhavani Thuraisingham (Eds.). *Knowledge Management: Classic and Contemporary Works*. Cambridge, MA: Massachusetts Institute of Technology Press, 1999.

Wolf, Fred Alan. *Taking the Quantum Leap*. New York: Harper and Row, 1981.（『量子の謎をとく：アインシュタインも悩んだ…』F・A・ウルフ著、中村誠太郎訳、講談社、1990 年）

Zohar, Danah. *The Quantum Self: Human Nature and Consciousness Defined by the New Physics*. New York: William Morrow, 1990.（『クォンタム・セルフ：意識の量子物理学』ダナー・ゾーハー著、中島健訳、青土社、1991 年）

Zuboff, Shoshonna. *In the Age of the Smart Machine*. New York: Basic Books, 1988.

Zukav, Gary. *The Dancing Wu Li Masters*. New York: Bantam, 1979.（『踊る物理学者たち』ゲーリー・ズーカフ著、佐野正博／大島保彦訳、青土社、1985 年）

How Collective Wisdom Shapes Business, Economies, Societies and Nations. New York: Doubleday, 2004.（『「みんなの意見」は案外正しい』ジェームズ・スロウィッキー著、小高尚子訳、角川書店、2006年）
Talbot, Michael. *Beyond the Quantum*. New York: Bantam, 1986.
Tarnas, Richard. *The Passion of the Western Mind*. New York: Harmony 1991.
The Nation. "Hurricane Gumbo" November 7, 2005.
The New York Times, December 2, 2005. "Profusion of Rebel Groups Helps Them Survive in Iraq. Dexter Filkins.
Thich Nhat Hanh. *Old Path White Clouds: Walking in the Footsteps of the Buddha*. Berkeley CA: Parallax, 1991.
Thompson, William Irwin. *Imaginary Landscape*. New York: St. Martin's, 1989.
Thompson, William Irwin (Ed.). *Gaia 2 Emergence: The New Science of Becoming*. Hudson, NY: Lindisfarne, 1991.
Time magazine "System Failure: An investigation into what went so wrong in New Orleans." Sept 19, 2005.
Toben, Bob, and Fred Allen Wolf. *Space-Time and Beyond*. New York: Bantam, 1983.（『イラスト・サイエンス時空は踊る：関係としての世界』、B・トーベン／F・A・ウルフ著、大島保彦訳、青土社、1985年）
"The Trillion Dollar Vision of Dee Hock: The Corporate Radical Who Organized Visa Wants to Dis-organize Your Company" *Fast Company*, (Oct-Nov. 1996).
Tushman, M., and D. Nadler. "Organizing for Innovation." *California Management Review* (Spring 1986): 74-92.
USA Today, 10 March, 1999: 3.
Vaill, Peter. *Managing as a Performing Art*. San Francisco: Jossey-Bass, 1989.
Waldrop, M. Mitchell. *Complexity: The Emerging Science at the Edge of Order and Chaos*. New York: Simon and Schuster, 1992.（『複雑系：生命現象から政治、経済までを統合する知の革命』M. ミッチェル・ワールドロップ著、田中三彦／遠山峻征訳、新潮社、1996年）
Weick, Karl. *The Social Psychology of Organization*. New York: Random House, 1979.
（『組織化の社会心理学』カール・ワイク著、遠田雄志訳、文眞堂、1997年）
——— "Substitute for Corporate Strategy" in D. J. Teece (Ed.) *The Theoretical Context of Strategic Management*. Cambridge, MA: Ballinger, 1987.
Weinberger, David. *Small Pieces Loosely Joined: A Unified Theory of the Web*. Cambridge MA: Perseus Books, 2002.
Weisbord, Marvin. *Discovering Common Ground: How Future Search Conferences Bring People Together to Achieve Breakthrough Innovation, Empowerment, Shared Vision, Collaborative Action*. San Francisco: Berrett-Koehler, 1992.

and Initiative of Everyone in the Workplace. San Francisco: Berrett-Koehler, 1996.

Prahalad, C. K., and Gary Hamel. "The Core Competence of the Corporation." *Harvard Business Review* (May-June 1990): 79-91.

Prigogine, Ilya. *The End of Certainty: Time, Chaos, and the New Laws of Nature*. New York: The Free Press, 1998. (『確実性の終焉：時間と量子論、二つのパラドクスの解決』I・プリゴジン著、安孫子誠也／谷口佳津宏共訳、みすず書房、1997年)

——— *Omni* (May 1983): 85-121

Prigogine, Ilya, and Isabelle Stengers. *Order Out of Chaos*. New York: Bantam, 1984. (『混沌からの秩序』I・プリゴジン／I・スタンジェール著、伏見康治ほか訳、みすず書房、1987年)

Rheingold, Howard. *Smart Mobs: The Next Social Revolution*. Cambridge MA: Perseus Publishing, 2002. (『スマートモブズ：＜群がる＞モバイル族の挑戦』ハワード・ラインゴールド著、公文俊平／会津泉監訳、NTT出版、2003年)

Rose, Steven. *Lifelines: Biology Beyond Determinism*. Oxford, UK: Oxford University Press, 1997.

Schlain, Leonard. *Art and Physics: Parallel Visions in Space, Time and Light*. New York: William Morrow, 1991.

Semler, Ricardo. "Managing Without Managers." *Harvard Business Review* (Sept-Oct. 1989): 76-84.

Sheldrake, Rupert. *The Presence of the Past*. New York: Vintage Books, 1988.

——— *Seven Experiments That Could Change the World: A Do-It-Yourself Guide to Revolutionary Science*. New York: Riverhead, 1995. (『世界を変える七つの実験：身近にひそむ大きな謎』ルパート・シェルドレイク著、田中靖夫訳、工作舎、1997年)

Sheldrake, Rupert, and David Bohm. "Morphogenetic Fields and the Implicate Order." *ReVision 5* (Fall 1982).

Smillie, Ian. *Patronage or Partnership: Local capacity building in humanitarian crises*. Bloomfield, CT: Kumarian Press and the International Development Research Centre, 2001.

Stamps, Jeffrey and Jessica Lipnack. *The Teamnet Factor: Bringing the Power of Boundary Crossing into the Heart of Your Business*. New York: Wiley, 1995. (『チームネット：境界突破による競争優位』ジェシカ・リップナック／ジェフリー・スタンプス著、鶴田栄作監訳、富士通経営研修所、1994年)

Starbuck, W. H. "Organizations and Their Environments." In M. D. Dunnette (Ed.) Handbook of Industrial and Organizational Psychology. New York: Rand, 1976, 1069-1123.

Surowiecki James. *The Wisdom of Crowds: Why the Many are Smarter Than the Few and*

Merchant, Carolyn. *The Death of Nature: Women, Ecology and the Scientific Revolution.* New York: Harper & Row, 1980.（『自然の死：科学革命と女・エコロジー』キャロリン・マーチャント著、団まりなほか訳、工作舎、1985年）

Mintzberg, Henry. *The Rise and Fall of Strategic Planning: Reconceiving Roles for Planning, Plans, Planners.* New York: Free Press, 1993.（『「戦略計画」創造的破壊の時代』ヘンリー・ミンツバーグ著、黒田哲彦／崔大龍／小高照男訳、中村元一監訳、産能大学出版部、1997年）

Morgan, Gareth. *Images of Organization-The Executive Edition.* San Francisco: Berrett-Koehler, 1998.

"New Ideas from the Army (Really)." *Fortune*, Sept. 19, 1994, 135-139.

Nohria, N. *Creating New Business Ventures: Network Organization in Market and Corporate Contexts.* Ph.D. diss., MIT, 1988.

Nonaka, Ikujiro. "Creating Organizational Order Out of Chaos: Self-Renewal in Japanese Firms." *California Management Review* (Spring 1988): 57-73.

Nonaka, Ikujiro, and Hirotaka Takeuchi. *The Knowledge-Creating Company: How Japanese Companies Create the Dynamics of Innovation.* Oxford, UK: Oxford University Press, 1995.（『知識創造企業』野中郁次郎／竹内弘高著、梅本勝博訳、東洋経済新報社、1996）

Pacanowski, Michael. "Communication in the Empowering Organization." In J. A. Anderson (Ed.), *International Communications Association Yearbook II.* Beverly Hills, CA: Sage, 1988, 356-379.

Pagels, Heinz. *The Dream of Reason.* New York: Bantam, 1989.

Peat, F David. *The Philosopher's Stone: Chaos, Synchronicity and the Hidden Order of the World.* New York: Bantam Books, 1991.（『賢者の石：カオス、シンクロニシティ、自然の隠れた秩序』F・デーヴィッド・ピート著、鈴木克成／伊東香訳、日本教文社、1995年）

——— *Synchronicity: The Bridge Between Matter and Mind.* New York: Bantam, 1987.（『シンクロニシティ』F・D・ピート著、管啓次郎訳、朝日出版社、1989年）

Peitgen, Heinz-Otto, and Dietmar Saupe (Eds.) *The Science of Fractal Images.* New York: Springer-Verlag, 1988.（『フラクタル・イメージ：理論とプログラミング』H-O・パイトゲン／D・ザウペ編、山口昌哉監訳、シュプリンガー・フェアラーク東京、1990年）

Pert, Candace, and Deepak Chopra. *The Molecules of Emotion: Why You Feel the Way You Feel.* New York: Scribner, 1997.

Petzinger, Thomas. *The New Pioneers: The Men and Women Who Are Transforming the Workplace and the Marketplace.* New York: Simon and Schuster, 1999.

Pinchot, Gifford, and Elizabeth Pinchot. *The Intelligent Organization: Engaging the Talent*

サンマーク出版、1998年)

Lessig, Lawrence. *The Future of Ideas: The Fate of the Commons in a Connected World*. New York: Vintage Books, 2002. (『コモンズ:ネット上の所有権強化は技術革新を殺す』ローレンス・レッシグ著、山形浩生訳、翔泳社、2002年)

Lincoln, Yvonna S. (Ed.). *Organizational Theory and Inquiry: The Paradigm Revolution*. Beverly Hills, CA.: Sage, 1985. (『組織理論のパラダイム革命』イボンナ・S・リンカーン編、寺本義也ほか訳、白桃書房、1990年)

Locke, Christopher, Rick Levine, Doc Searls, David Weinberger. *The Cluetrain Manifesto: The End of Business as Usual*. Christopher Locke, Cambridge MA: Perseus Publishing, 2001. (『これまでのビジネスのやり方は終わりだ:あなたの会社を絶滅恐竜にしない95の法則』リック・レバインほか著、倉骨彰訳、日本経済新聞社、2001年)

Louv, Richard. *Mapping the New World of Leadership*. New York: Ford Foundation, 2002.

Lovelock, J. E. *The Ages of Gaia: A Biography of our Living Earth*. New York: Norton, 1988. (『ガイアの時代:地球生命圏の進化』J・ラヴロック著、星川淳訳、工作舎、1989年)

——— *Gaia*. New York: Oxford University Press, 1987. (『ガイア:生命惑星・地球』ジェームズ・E・ラブロック著、糸川英夫監訳、NTT出版、1993年)

Mahr, Ernst. *Toward a New Philosophy of Biology*. Cambridge, MA: Harvard University Press, 1988.

March, Robert H. *Physics for Poets*. Chicago: Contemporary Books, 1978.

Margalef, Ramon. *Co-Evolution Quarterly* (Summer 1975): 49-66.

Margulis, Lynn. *Symbiotic Planet: A New View of Evolution*. New York: Basic Books, 1998. (『共生生命体の30億年』リン・マーギュリス著、中村桂子訳、草思社、2000年)

Margulis, Lynn, and Dorion Sagan. *Microcosmos*. New York: Summit, 1986. (『ミクロコスモス:生命と進化』リン・マルグリス/ドリオン・セーガン著、田宮信雄訳、東京化学同人、1989)

Maturana, Humberto, and Francisco Varela. *Autopoiesis and Cognition: The Realization of the Living*. London: Reidl, 1980. (『オートポイエーシス:生命システムとは何か』H・R・マトゥラーナ/F・J・ヴァレラ著、河本英夫訳、国文社、1991年)

McLagan, Patricia and Christo, Nel. *The Age of Participation: New Governance for the Workplace and the World*. San Francisco: Berrett-Koehler, 1995.

McLenahen, John. "Your Employees Know Better: Companies Can't Get Away with Bad Ethics Programs." *Industry Week*, 1 March 1999: 12-13.

Meadows, Donella. "Whole Earth Models and Systems." *Co-Evolution Quarterly* (Summer 1982): 98-108.

Hesselbein, Frances, and Paul M. Cohen (Eds.). *Leader to Leader*. New York: The Drucker Foundation, 1999.

Holman, Peggy and Tom Devane (Eds.). *The Change Handbook: Group Methods for Shaping the Future*. San Francisco: Berrett-Koehler, 1999.

Howard, Robert. "Values Make the Company: An Interview with Robert Haas." *Harvard Business Review* (Sept-Oct. 1990): 133-144.

Janov, Jill. *The Inventive Organization: Hope and Daring at Work*. San Francisco: Jossey-Bass, 1994.

Jantsch, Erich. *The Self-Organizing Universe*. Oxford: Pergamon, 1980.（『自己組織化する宇宙：自然・生命・社会の創発的パラダイム』エリッヒ・ヤンツ著、芹沢高志／内田美恵訳、工作舎、1986年）

Jaworski, Joe. *Synchronicity: The Inner Path of Leadership*. San Francisco: Berrett-Koehler, 1996.（『シンクロニシティ：未来をつくるリーダーシップ』ジョセフ・ジャウォースキー著、野津智子訳、金井壽宏日本語版監修、英治出版、2007年）

Judson, Horace Freeland. *The Search for Solutions*. Baltimore: Johns Hopkins University Press, 1987.（『科学と創造：科学者はどう考えるか』H・F・ジャドソン著、江沢洋監訳、培風館、1983年）

Kanter, Rosabeth Moss. *The Changemasters*. New York: Simon and Schuster, 1983.（『ザ・チェンジ・マスターズ：21世紀への企業変革者たち』ロザベス・モス・カンター著、長谷川慶太郎監訳、二見書房、1984年）

——— *Men and Women of the Corporation*. New York: Basic Books, 1977.（『企業のなかの男と女：女性が増えれば職場が変わる』ロザベス・モス・カンター著、高井葉子訳、生産性出版、1995年）

Kauffman, Stuart. *At Home in the Universe: The Search for Laws of Self-Organization and Complexity*. Oxford, UK: Oxford University Press, 1995.（『自己組織化と進化の論理：宇宙を貫く複雑系の法則』スチュアート・カウフマン著、米沢富美子監訳、筑摩書房、2008年）

Kelly Kevin. *Out of Control: The Rise of Neo-Biological Civilization*. Reading, MA: Addison-Wesley 1994.（『「複雑系」を超えて：システムを永久進化させる9つの法則』ケヴィン・ケリー著、福岡洋一／横山亮訳、服部桂監修、アスキー、1999年）

Kuhn, Thomas. *The Structure of Scientific Revolutions*. Chicago: University of Chicago Press, 1969.（『科学革命の構造』トーマス・クーン著、中山茂訳、みすず書房、1971年）

Leider, Richard J. *The Power of Purpose: Creating Meaning in Your Life and Work*. San Francisco: Berrett-Koehler, 1997.（『ときどき思い出したい大事なこと』ディック・J・ライダー著、枝廣淳子訳、日本ウィルソン・ラーニング株式会社監修、

ゴセラピー入門』ヴィクトール・E・フランクル著、山田邦男監訳、春秋社、2004 年）

Garreau, Joel. "Point Men for a Revolution: Can the Marines Survive a Shift from Hierarchies to Networks?" *Washington Post*, 6 March 1999: 1.

Gleick, James. *Chaos: Making a New Science*. New York: Viking, 1987.

Greenleaf, Robert K. *The Power of Servant-Leadership*. San Francisco: Berrett-Koehler, 1998.

Gribbin, John. *In Search of Schroedinger's Cat: Quantum Physics and Reality*. New York: Bantam, 1984.（『シュレーディンガーの猫 上・下』ジョン・グリビン著、山崎和夫訳、地人書館、1989 年）

Hamel, Gary and C. K. Prahalad. *Competing for the Future*. Cambridge, MA: Harvard Business School Press, 1994.（『コア・コンピタンス経営：未来への競争戦略』ゲイリー・ハメル／C・K・プラハラード著、一條和生訳、日本経済新聞社、2001 年）

Hammer, Michael. *The Reengineering Revolution*. New York: HarperBusiness, 1995.

Handy Charles. *The Age of Unreason*. Cambridge, MA: Harvard Business School Press, 1989.（『ビジネスマン価値逆転の時代：組織とライフスタイル創り直せ』チャールズ・ハンディ著、平野勇夫訳、阪急コミュニケーションズ、1994 年）

——— *Beyond Certainty: The Changing Worlds of Organizations*. Cambridge, MA: Harvard Business School Press, 1998.

——— *The Hungry Spirit: Beyond Capitalism: The Quest for Purpose in the Modern World*. New York: Broadway 1999.（『もっといい会社、もっといい人生：新しい資本主義社会のかたち』チャールズ・ハンディ著、埴岡健一訳、河出書房新社、1998 年）

Harman, Willis, and Elisabet Sahtouris. *Biology Revisioned*. Berkeley, CA: North Atlantic Press, 1998.

Hayles, N. Katherine. *Chaos Bound: Orderly Disorder in Contemporary Literature and Science*. Ithaca: Cornell University Press, 1990.

——— *The Cosmic Web: Scientific Field Models and Literary Strategies in the Twentieth Century*. Ithaca: Cornell University Press, 1985.

Helgesen, Sally. *Web of Inclusion: A New Architecture for Building Great Organizations*. New York: Currency/Doubleday 1995.

Heisenberg, Werner. *Physics and Philosophy*. New York: Harper Torchbooks, 1958.（『現代物理学の思想』W・ハイゼンベルク著、河野伊三郎／富山小太郎訳、みすず書房、2008 年）

Herbert, Nick. *Quantum Reality: Beyond the New Physics*. New York: Anchor Doubleday, 1985.（『量子と実在：不確定性原理からベルの定理へ』ニック・ハーバート著、はやしはじめ訳、白揚社、1990 年）

Companies. New York: HarperBusiness, 1993. (『ビジョナリーカンパニー：時代を超える生存の原則』ジェームズ・C・コリンズ／ジェリー・I・ポラス著、山岡洋一訳、日経BP出版センター、1995年)

Coveney, Peter, and Roger Highfield. *The Arrow of Time: A Voyage Through Science to Solve Time's Greatest Mystery*. New York: Fawcett Columbine, 1990. (『時間の矢、生命の矢』ピーター・コヴニー／ロジャー・ハイフィールド著、野本陽代訳、草思社、1995年)

Cribbin, John. *In Search of Schroedinger's Cat: Quantum Physics and Reality*. New York: Bantam, 1984.

Crosby Alfred W. *The Measure of Reality: Quantification and Western Society 1250-1600*. Cambridge, UK: Cambridge University Press, 1997. (『数量化革命：ヨーロッパ覇権をもたらした世界観の誕生』アルフレッド・W・クロスビー著、小沢千重子訳、紀伊國屋書店、2003年)

Daft, Richard, and Robert H. Lengel. *Fusion Leadership: Unlocking the Subtle Forces That Change People and Organizations*. San Francisco: Berrett-Koehler, 1998.

Davies, P. C. W, and J. Brown. *Superstrings: A Theory of Everything?* Cambridge, UK: Cambridge University Press, 1988. (『スーパーストリング：超ひも理論の世界』ポール・C・W・デイヴィス／ジュリアン・ブラウン編、出口修至訳、紀伊國屋書店、1990年)

DePree, Max. *Leadership Is an Art*. New York: Doubleday 1989. (『リーダーシップの真髄：リーダーにとって最も大切なこと』マックス・デプリー著、福原義春監訳、経済界、1999年)

Dobbs, Betty Jo Teeter, and Margaret C. Jacob. *Newton and the Culture of Newtonianism*. Atlantic Highlands, NJ: Humanities Press, 1995.

Eglash, Ron. "Fractals in African Settlement Architecture." *Complexity*, 4.2 (Nov/Dec. 1998).

Eiseley, Loren. *The Star Thrower*. San Diego: Harvest/HBJ, 1978. (『星投げびと：コスタベルの浜辺から』ローレン・アイズリー著、千葉茂樹訳、工作舎、2001年)

"Everything I Knew About Leadership Is Wrong: An Interview with Mort Meyerson." *Fast Company* (April-May 1996).

Feininger, Andreas. *In a Grain of Sand: Exploring Design by Nature*. San Francisco: Sierra Club Books, 1986.

Ferris, Timothy. *Coming of Age in the Milky Way*. New York: Doubleday 1988. (『銀河の時代：宇宙論博物誌　上・下』ティモシー・フェリス著、野本陽代訳、工作舎、1992年)

Fox, Matthew. *Creation Spirituality*. San Francisco: Harper, 1991.

Frankl, Viktor. *Man's Search for Meaning*. Boston: Beacon, 1959. (『意味による癒し：ロ

Bortoft, Henri. *The Wholeness of Nature: Goethe's Way toward a Science of Conscious Participation in Nature*. Hudson, NY: Lindisfarne, 1996.

Briggs, John, and F. David Peat. *Turbulent Mirror: An Illustrated Guide to Chaos Theory and the Science of Wholeness*. New York: Harper and Row, 1989.（『鏡の伝説：カオス・フラクタル理論が自然を見る目を変えた』J・ブリッグズ／F・D・ピート著、高安秀樹／高安美佐子訳、ダイヤモンド社、1991年）

Bygrave, William. "The Entrepreneurship Paradigm (I): A Philosophical Look at Its Research Methodologies." In *Entrepreneurship Now and Then*. Baylor University Fall 1989.

Capra, Fritjof. *The Tao of Physics*. New York: Bantam, 1976.（『タオ自然学：現代物理学の先端から「東洋の世紀」がはじまる』フリッチョフ・カプラ著、吉福伸逸ほか訳、工作舎、1979年）

——— *The Turning Point: Science, Society, and the Rising Culture*. New York: Bantam, 1983.（『ターニング・ポイント：科学と経済・社会、心と身体、フェミニズムの将来』フリッチョフ・カプラ著、吉福伸逸ほか訳、工作舎、1984年）

——— *The Web of Life: A New Scientific Understanding of Living Systems*. New York: Anchor, 1996.

Capra, Fritjof, and David Steindl-Rast. *Belonging to the Universe: Explorations on the Frontiers of Science and Spirituality*. San Francisco: HarperSanFrancisco, 1991.（『われら宇宙に帰属するもの：フリチョフ・カプラ徹底討議』フリッチョフ・カプラほか著、山口泰司訳、青土社、1994年）

Cartwright, T. J. "Planning and Chaos Theory." *APA Journal* (Winter 1991): 44-56.

Chaleff, Ira. *The Courageous Follower: Standing Up To and For Our Leaders*. San Francisco: Berrett-Koehler, 1995.

Chopra, Deepak. *The New Physics of Healing*. Boulder, CO: Sounds True Recording, 1990. Audiocassette.

———Quantum Healing: *Exploring the Frontiers of Mind and Body Science*. New York: Bantam, 1989.（『クォンタム・ヒーリング：心身医学の最前線を探る』ディーパック・チョプラ著、上野圭一監訳、春秋社、1990年）

Cohen, M. D., J. O. March, and J. P Olsen. "A Garbage Can Model of Organizational Choice." *Administrative Science Quarterly* 17 (1974): 1-25.

Cole, K. C. *Sympathetic Vibrations: Reflections on Physics as a Way of Life*. New York: Bantam, 1985.

Collins, Jim. *Good to Great: Why Some Companies Make the Leap... and Others Don't*. New York: HarperCollins, 2001.（『ビジョナリーカンパニー２：飛躍の法則』ジェームズ・C・コリンズ、山岡洋一訳、日経BP社、2001年）

Collins, James C., and Jerry I. Porras. *Built to Last: Successful Habits of Visionary*

［参考文献］

Abraham, Ralph. *Chaos, Gaia, Eros: A Chaos Pioneer Uncovers the Three Great Streams of History*. San Francisco: Harper San Francisco, 1994.

Alexander, Christopher. *The Timeless Way of Building*. New York: Oxford University Press, 1979.（『時を超えた建設の道』クリストファー・アレグザンダー著、平田翰那訳、鹿島出版会、1993 年）

Arquilla, John and David Ronfeldt. *Networks and Netwars: The Future of Terror, Crime, and Militancy*. National Defense Research Institute RAND, 2001.

Barabási, Albert-László. *Linked: The New Science of Networks*. Cambridge, MA: Perseus Publishing, 2002.（『新ネットワーク思考：世界のしくみを読み解く』アルバート＝ラズロ・バラバシ、青木薫訳、日本放送出版協会、2002 年）

Barlow, Connie (Ed.). *From Gaia to Selfish Genes: Selected Writings in the Life Sciences*. Cambridge, MA: MIT Press, 1991.

Barnett, Thomas P.M., *Blueprint for Action*. New York: G.P. Putnam's Sons, 2005.

——— *The Pentagon's New Map*. New York: G.P. Putnam's Sons, 2004.（『戦争はなぜ必要か』トーマス・バーネット著、新崎京助訳、講談社インターナショナル、2004 年）

Bateson, Gregory. *Mind and Nature*. New York: Bantam, 1980.（『精神と自然：生きた世界の認識論』グレゴリー・ベイトソン著、佐藤良明訳、新思索社、2006 年）

Bellah, Robert N., Richard Madsen, et al. *Habits of the Heart*. New York: Harper and Row, 1985.（『心の習慣：アメリカ個人主義のゆくえ』R・N・ベラーほか著、島薗進／中村圭志共訳、みすず書房、1991 年）

Blanchard, Ken, and Michael O'Connor. *Managing by Values*. San Francisco: Berrett-Koehler, 1997.（『1 分間マネジャーの価値経営：幸福な企業をつくる 3 つのステップ』K・ブランチャード／M・オコナー著、瀬戸尚訳、ダイヤモンド社、1997 年）

Block, Peter. *Stewardship: Choosing Service Over Self-Interest*. San Francisco: Berrett-Koehler, 1993.

Bohm, David. *Wholeness and the Implicate Order*. London: Ark Paperbacks, 1980.（『全体性と内蔵秩序』D・ボーム著、井上忠ほか訳、青土社、2005 年）

Bohm, David, and Lee Nichol (Eds.). *On Dialogue*. London: Routledge, 1996.

Bok, Per. *How Nature Works: The Science of Self-Organized Criticality*. New York: Springer-Verlag, 1996.

Bonnefoy, Yves. *Mythologies*. Chicago: University of Chicago Press, 1991.

magazine, Sept 19, 2005, 39-40.

[8] "Hurricane Gumbo" *The Nation*, November 7, 2005, 13

[9] *The Nation*, November 7, 2005, 13-18.

[10] Ian Smillie, *Patronage or Partnership: Local capacity building in humanitarian crises*, Bloomfield, CT: Kumarian Press and the International Development Research Centre, 2001.

[11] Richard Louv, *Mapping the New World of Leadership*, New York: Ford Foundation, 2002.

[12] John Arquilla and David Ronfeldt, *Networks and Netwars: The Future of Terror, Crime, and Militancy*, National Defense Research Institute RAND, 2001, 6.

[13] John Arquilla and David Ronfeldt, *Networks and Netwars*, 2001, ix.

[14] John Arquilla and David Ronfeldt, *Networks and Netwars*, 2001, 12. および Howard Rheingold, *Smart Mobs: The Next Social Revolution*, Cambridge MA: Perseus Publishing, 2002.（『スマートモブズ：〈群がる〉モバイル族の挑戦』ハワード・ラインゴールド著、公文俊平／会津泉監訳、NTT 出版、2003 年）

[15] John Arquilla and David Ronfeldt, *Networks and Netwars*, 2001, 9.

[16] Albert-László Barabási, *Linked: The New Science of Networks*, Cambridge, MA: Perseus Publishing, 2002, 224.（『新ネットワーク思考：世界のしくみを読み解く』アルバート・ラズロ・バラバシ著、青木薫訳、日本放送出版協会、2002 年）

[17] *The New York Times*, December 2, 2005

[18] *The New York Times*, December 2, 2005.

[19] *The New York Times*, December 2, 2005.

[20] National Public Radio, Morning Edition, January 25, 2006.

[21] Albert-László Barabási, *Linked: The New Science of Networks*, 2002, 223.（『新ネットワーク思考』アルバート・ラズロ・バラバシ著）

[22] Albert-László Barabási, *Linked: The New Science of Networks*, 2002, 224.（『新ネットワーク思考』アルバート・ラズロ・バラバシ著）

[23] Thomas P.M. Barnett, *Blueprint for Action*, New York: G.P. Putnam's Sons, 2005, xii.

おわりに

[1] Ken Wilber, *The Holographic Paradigm and Other Paradoxes*, Boulder, CO: Shambala, 1985.（『空像としての世界：ホログラフィをパラダイムとして』ケン・ウィルバー著、井上忠ほか訳、青土社、1992 年）

[2] Robert Howard, "Values Make the Company: An Interview with Robert Haas." *Harvard Business Review* (Sept-Oct. 1990): 136. に引用

[3] Betty Jo Teeter Dobbs and Margaret C. Jacob. *Newton and the Culture of Newtonianism*, Atlantic Highlands, NJ: Humanities Press, 1995. 参照

[4] William Bygrave, "The Entrepreneurship Paradigm (I) ", 1989, 16

[5] Willis Harman and Elisabet Sahtouris, *Biology Revisioned*, Berkeley, CA: North Atlantic Press, 1998., Carolyn Merchant, *The Death of Nature*, 1980. 参照

[6] Horace Freeland Judson, *The Search for Solutions*, Baltimore: Johns Hopkins University Press, 1987, 3.（『科学と創造：科学者はどう考えるか』H・F・ジャドソン著、江沢洋監訳培風館、1983 年）に引用

[7] Horace Freeland Judson, *The Search for Solutions*, 1987, 71.（『科学と創造：科学者はどう考えるか』H・F・ジャドソン著）に引用

[8] Stuart Kauffman, *At Home in the Universe: The Search for Laws of Self-Organization and Complexity*, Oxford, UK: Oxford University Press, 1995.（『自己組織化と進化の論理：宇宙を貫く複雑系の法則』スチュアート・カウフマン著、米沢富美子監訳、筑摩書房、2008 年）or Ilya Prigogine, *The End of Certainty*, 1998.（『確実性の終焉』I・プリゴジン著）参照

[9] John Briggs and F. David Peat, *Turbulent*, 1989, 67.（『鏡の伝説』J・ブリッグズ／F・D・ピート著）

第 10 章　現実の世界

[1] "System Failure: An investigation into what went so wrong in New Orleans." *Time magazine*, Sept 19, 2005, 39.

[2] "System Failure: An investigation into what went so wrong in New Orleans." *Time magazine*, Sept 19, 2005, 36.

[3] "System Failure: An investigation into what went so wrong in New Orleans." *Time magazine*, Sept 19, 2005.

[4] Thomas Kuhn, *The Structure of Scientific Revolutions*, Chicago: University of Chicago Press, 1969.（『科学革命の構造』トーマス・クーン著、中山茂訳、みすず書房、1971 年）参照

[5] *Sky Magazine*, February 2006.（記事全文は http://www.parentadvocates.org/index.cfm?fuseaction=article&articleID=6835、当雑誌の Web サイトは http://www.delta-sky.com/）

[6] *Sky Magazine*, February 2006, 83.

[7] "System Failure: An investigation into what went so wrong in New Orleans." *Time*

[15] John Briggs and F. David Peat, *Turbulent*, 1989, 73.（『鏡の伝説』J・ブリッグズ／F・D・ピート著）に引用
[16] James Gleick, *Chaos*, 1987, 15. に引用
[17] Fritjof Capra, *The Web of Life*, 1996, Ch. 3 参照
[18] The Fractal Explorer, Dynamic Press, Santa Cruz, CA.
[19] John McLenahen, "Your Employees Know Better: Companies Can't Get Away with Bad Ethics Programs." *Industry Week*, 1 March 1999: 12-13. に引用
[20] "Everything I Knew About Leadership Is Wrong: An Interview with Mort Meyerson." *Fast Company* (April-May 1996) に引用
[21] Jim Collins, *Good to Great: Why Some Companies Make the Leap... and Others Don't*, New York: HarperCollins, 2001.（『ビジョナリーカンパニー2』ジェームズ・C・コリンズ、山岡洋一訳、日経BP社、2001年）, James C. Collins and Jerry I. Porras, *Built to Last*, 1993.（『ビジョナリーカンパニー』ジェームズ・C・コリンズ／ジェリー・I・ポラス著）
[22] Viktor Frankl, *Man's Search for Meaning*, Boston: Beacon, 1959, 115.（『意味による癒し：ロゴセラピー入門』ヴィクトール・E・フランクル著、山田邦男監訳、春秋社、2004年）
[23] Frances Hesselbein and Paul M. Cohen (Eds.), *Leader to Leader*, 1999, 130. に引用

第8章　変化――生命体の能力

[1] Henri Bortoft, *The Wholeness of Nature: Goethe's Way toward a Science of Conscious Participation in Nature*, Hudson, NY: Lindisfarne, 1996, 6. 参照
[2] Thich Nhat Hanh, *Old Path White Clouds: Walking in the Footsteps of the Buddha*, Berkeley CA: Parallax, 1991, 169. に引用
[3] Ilya Prigogine, *The End of Certainty*, 1998, 10.（『確実性の終焉』I・プリゴジン著）

第9章　新しい科学的マネジメント

[1] F. David Peat, *The Philosopher's Stone: Chaos, Synchronicity and the Hidden Order of the World*, New York: Bantam Books, 1991, 31-32.（『賢者の石：カオス、シンクロニシティ、自然の隠れた秩序』F・デーヴィッド・ピート著、鈴木克成／伊東香訳、日本教文社、1995年）, Leonard Schlain, Art and Physics: Parallel Visions in Space, *Time and Light*, New York: William Morrow, 1991.

Daryl Morey, Bhavani Thuraisingham (Eds.), *Knowledge Management*, 1999, 2.
[19] Michael Pacanowski, “Communication in the Empowering Organization.” In J. A. Anderson (Ed.), *International Communications Association Yearbook II*, Beverly Hills, CA: Sage, 1988, 356-379.
[20] Carol Willett, "Knowledge Sharing Shifts the Power Paradigm." In Mark Maybury, Daryl Morey, Bhavani Thuraisingham (Eds.), *Knowledge Management*, 1999.
[21] Erich Jantsch, *The Self-Organizing Universe*, 1980, 75.（『自己組織化する宇宙』エリッヒ・ヤンツ著）
[22] David Bohm, *Wholeness and the Implicate Order*, 1980, 56.（『全体性と内蔵秩序』D・ボーム著）
[23] Danah Zohar, *The Quantum Self*, 1990, 99.（『クォンタム・セルフ』ダナー・ゾーハー著）

第７章　カオス、そして意味というストレンジ・アトラクタ

[1] 『神統記』（廣川洋一訳、岩波書店、1984 年）
[2] Bonnefoy, *Mythologies*, Chicago: University of Chicago Press, 1991, 369-70. 詩人
[3] James Gleick, *Chaos*, 1987, 131.
[4] Peter Coveney and Roger Highfield, *The Arrow of Time*, 1990, 204.（『時間の矢、生命の矢』ピーター・コヴニー／ロジャー・ハイフィールド著）に引用
[5] Peter Coveney and Roger Highfield, The Arrow of Time, 1990, 206.（『時間の矢、生命の矢』ピーター・コヴニー／ロジャー・ハイフィールド著）に引用
[6] John Briggs and F. David Peat, *Turbulent*, 1989, 76-77.（『鏡の伝説』J・ブリッグズ／F・D・ピート著）
[7] James Gleick, Chaos, 1987. より許可を得て転載
[8] John Briggs and F. David Peat, *Turbulent*, 1989, 74-75.（『鏡の伝説』J・ブリッグズ／F・D・ピート著）
[9] John Briggs and F. David Peat, *Turbulent*, 1989, 62.（『鏡の伝説』J・ブリッグズ／F・D・ピート著）
[10] N. Katherine Hayles, *Chaos Bound: Orderly Disorder in Contemporary Literature and Science*, Ithaca: Cornell University Press, 1990. を参照
[11] James Gleick, *Chaos*, 1987, 251.
[12] T. J. Cartwright, "Planning and Chaos Theory." APA Journal (Winter 1991): 44.
[13] Peter Coveney and Roger Highfield, *The Arrow of Time*, 1990, 184.（『時間の矢、生命の矢』ピーター・コヴニー／ロジャー・ハイフィールド著）
[14] Fritjof Capra, *The Web of Life*, 1996, Ch. 6

[2] Deepak Chopra, *The New Physics of Healing*, Boulder, CO: Sounds True Recording, 1990, Audiocassette.
[3] Deepak Chopra, *Quantum Healing*, 1989, 87.（『クォンタム・ヒーリング』ディーパック・チョプラ著）＊太字は著者加筆
[4] Erich Jantsch, *The Self-Organizing Universe*, 1980, 35.（『自己組織化する宇宙』エリッヒ・ヤンツ著）
[5] Steven Rose, *Lifelines*, 1997, 16.
[6] James Gleick, *Chaos*, 1987, 260.
[7] Ilya Prigogine, *Omni*, (May 1983): 90.
[8] Kevin Kelly, *Out of Control: The Rise of Neo-Biological Civilization*, Reading, MA: Addison-Wesley 1994.（『「複雑系」を超えて：システムを永久進化させる9つの法則』ケヴィン・ケリー著、福岡洋一／横山亮訳、服部桂監修、アスキー、1999年）参照
[9] Gregory Bateson, *Mind and Nature*, 1980.（『精神と自然』グレゴリー・ベイトソン著）
[10] John Briggs and F. David Peat, *Turbulent*, 1989, 171.（『鏡の伝説』J・ブリッグズ／F・D・ピート著）
[11] Danah Zohar, *The Quantum Self*, 1990, 72.（『クォンタム・セルフ』ダナー・ゾーハー著）
[12] Christopher Locke and Rick Levine, Doc Searls, David Weinberger, *The Cluetrain Manifesto: The End of Business as Usual*, Christopher Locke, Cambridge MA: Perseus Publishing, 2001.（『これまでのビジネスのやり方は終わりだ：あなたの会社を絶滅恐竜にしない95の法則』リック・レバインほか著、倉骨彰訳、日本経済新聞社、2001年）, David Weinberger, *Small Pieces Loosely Joined: A Unified Theory of the Web*, Cambridge MA: Perseus Books, 2002. 参照
[13] Peggy Holman and Tom Devane (Eds.), *The Change Handbook: Group Methods for Shaping the Future*, San Francisco: Berrett-Koehler, 1999. 参照
[14] Marvin Weisbord and Sandra Janoff, *Future Search*, 1995. 参照
[15] John Briggs and F. David Peat, *Turbulent*, 1989, 104.（『鏡の伝説』J・ブリッグズ／F・D・ピート著）＊太字は著者加筆
[16] Carol Willett, "Knowledge Sharing Shifts the Power Paradigm." In Mark Maybury, Daryl Morey, Bhavani Thuraisingham (Eds.), *Knowledge Management: Classic and Contemporary Works*, Cambridge, MA: Massachusetts Institute of Technology Press, 1999.
[17] Frances Hesselbein and Paul M. Cohen (Eds.), *Leader to Leader*, New York: The Drucker Foundation, 1999, Ch2.
[18] Carol Willett, “Knowledge Sharing Shifts the Power Paradigm.” In Mark Maybury,

［9］　Thomas Petzinger, *The New Pioneers: The Men and Women Who Are Transforming the Workplace and the Marketplace*, New York: Simon and Schuster, 1999. 参照

［10］　Gifford Pinchot and Elizabeth Pinchot. *The Intelligent Organization: Engaging the Talent and Initiative of Everyone in the Workplace*, San Francisco: Berrett-Koehler, 1996. 参照

［11］　Erich Jantsch, *The Self-Organizing Universe*, 1980, 140ff.（『自己組織化する宇宙』エリッヒ・ヤンツ著）; Ramon Margalef, *Co-Evolution Quarterly* (Summer 1975): 49-66. 参照

［12］　Lynn Margulis and Dorion Sagan, *Microcosmos*, New York: Summit, 1986.（『ミクロコスモス：生命と進化』リン・マルグリス／ドリオン・セーガン著、田宮信雄訳、東京化学同人、1989）

［13］　James C. Collins and Jerry I. Porras, *Built to Last: Successful Habits of Visionary Companies*, New York: HarperBusiness, 1993.（『ビジョナリーカンパニー：時代を超える生存の原則』ジェームズ・C・コリンズ／ジェリー・I・ポラス著、山岡洋一訳、日経 BP 出版センター、1995 年）; Ken Blanchard and Michael O' Connor, *Managing by Values*, San Francisco: Berrett-Koehler, 1997.（『1 分間マネジャーの価値経営：幸福な企業をつくる 3 つのステップ』K・ブランチャード／M・オコナー著、瀬戸尚訳、ダイヤモンド社、1997 年）参照

［14］　Gary Hamel and C. K. Prahalad, *Competing for the Future*, Cambridge, MA: Harvard Business School Press, 1994.（『コア・コンピタンス経営：未来への競争戦略』ゲイリー・ハメル／C・K・プラハラード著、一條和生訳、日本経済新聞社、2001 年）

［15］　Erich Jantsch, *The Self-Organizing Universe*, 1980, 40.（『自己組織化する宇宙』エリッヒ・ヤンツ著）＊太字は著者加筆

［16］　Ilya Prigogine and Isabelle Stengers, *Order Out of Chaos*, 1984, 14.（『混沌からの秩序』I・プリゴジン／I・スタンジェール著）

［17］　W. H. Starbuck, "Organizations and Their Environments." In M. D. Dunnette (Ed.) *Handbook of Industrial and Organizational Psychology*, New York: Rand, 1976, 1105-6.

［18］　Erich Jantsch, *The Self-Organizing Universe*, 1980, 14.（『自己組織化する宇宙』エリッヒ・ヤンツ著）

［19］　K. C. Cole, *Sympathetic Vibrations*, 1985, 38.

第 6 章　宇宙の創造的エネルギー――情報

［1］　James Gleick, *Chaos: Making a New Science*, New York: Viking, 1987, 255-56.

[8] Steven Rose, *Lifelines*, 1997, Ch.2; Carolyn Merchant, *The Death of Nature: Women, Ecology and the Scientific Revolution*, New York: Harper & Row, 1980. 参照
[9] Ilya Prigogine and Isabelle Stengers, *Order Out of Chaos*, 1984, 293.（『混沌からの秩序』I・プリゴジン／I・スタンジェール著）
[10] Fred Alan Wolf, *Taking the Quantum Leap*, 1981, 80-81.（『量子の謎をとく』F・A・ウルフ著）
[11] Marvin Weisbord and Sandra Janoff, *Future Search: An Action Guide to Finding Common Ground in Organizations and Communities*, San Francisco: Berrett-Koehler, 1995. 参照
[12] Gary Zukav, *The Dancing Wu Li Masters*, 1979, 79.（『踊る物理学者たち』ゲーリー・ズーカフ著）
[13] Fritjof Capra, *The Tao of Physics*, New York: Bantam, 1976.（『タオ自然学：現代物理学の先端から「東洋の世紀」がはじまる』フリッチョフ・カプラ著、吉福伸逸ほか訳、工作舎、1979年）, Fritjof Capra, *The Turning Point*, 1983.（『ターニング・ポイント』フリッチョフ・カプラ著）; Gary Zukav, *The Dancing Wu Li Masters*, 1979, 79.（『踊る物理学者たち』ゲーリー・ズーカフ著）参照
[14] Fritjof Capra, *The Turning Point*, 1983, 94.（『ターニング・ポイント』フリッチョフ・カプラ著）

第5章　自己組織化という逆説

[1] J. E. Lovelock, *Gaia*, New York: Oxford University Press, 1987, 124.（『ガイア：生命惑星・地球』ジェームズ・E・ラブロック著、糸川英夫監訳、NTT出版、1993年）に引用
[2] Peter Coveney and Roger Highfield, *The Arrow of Time*, 1990, 153.（『時間の矢、生命の矢』ピーター・コヴニー／ロジャー・ハイフィールド著）
[3] J. E. Lovelock, *Gaia*, 1987, 123.（『ガイア』ジェームズ・E・ラブロック著）
[4] Fritjof Capra, *The Web of Life*, 1996, Part Two 参照
[5] Peter Coveney and Roger Highfield, *The Arrow of Time*, 1990, 164.（『時間の矢、生命の矢』ピーター・コヴニー／ロジャー・ハイフィールド著）
[6] Andreas Feininger, *In a Grain of Sand: Exploring Design by Nature*, San Francisco: Sierra Club Books, 1986, 124.
[7] John Briggs and F. David Peat, *Turbulent*, 1989, 142-43.（『鏡の伝説』J・ブリッグズ／F・D・ピート著）
[8] Erich Jantsch, *The Self-Organizing Universe*, 1980, 57.（『自己組織化する宇宙』エリッヒ・ヤンツ著）

to Revolutionary Science, New York: Riverhead, 1995.(『世界を変える七つの実験：身近にひそむ大きな謎』ルパート・シェルドレイク著、田中靖夫訳、工作舎、1997 年)

［5］ Frank Wilczek and Betsy Devine, *Longing for the Harmonies*, 1988, 163.
Michael Talbot, *Beyond the Quantum*, New York: Bantam, 1986, 68 に引用、Rupert Sheldrake, *The Presence of the Past*, 1988. Rupert Sheldrake, *Seven Experiments That Could Change the World*, 1995.(『世界を変える七つの実験』ルパート・シェルドレイク著)も参照

［6］ Rupert Sheldrake, *Seven Experiments That Could Change the World*, 1995, 82.(『世界を変える七つの実験』ルパート・シェルドレイク著)

［7］ Michael Talbot, *Beyond the Quantum*, 1986, 68 に引用、Rupert Sheldrake, *The Presence of the Past*, 1988. Rupert Sheldrake, *Seven Experiments That Could Change the World*, 1995.(『世界を変える七つの実験』ルパート・シェルドレイク著)も参照

［8］ M. D. Cohen, J. O. March and J. P Olsen. "A Garbage Can Model of Organizational Choice." Administrative Science Quarterly 17 (1974): 1-25.

［9］ Robert Howard, "Values Make the Company: An Interview with Robert Haas." *Harvard Business Review* (Sept-Oct. 1990): 134.

第 4 章　宇宙の持つ全員参加の性質

［1］ Danah Zohar, *The Quantum Self*, 1990, 41.(『クォンタム・セルフ』ダナー・ゾーハー著)

［2］ Rosabeth Moss Kanter, *Men and Women of the Corporation*, New York: Basic Books, 1977.(『企業のなかの男と女：女性が増えれば職場が変わる』ロザベス・モス・カンター著、高井葉子訳、生産性出版、1995 年)

［3］ Fred Alan Wolf, *Taking the Quantum Leap*, New York: Harper and Row, 1981.(『量子の謎をとく：アインシュタインも悩んだ』F・A・ウルフ著)

［4］ John Gribbin, *In Search of Schroedinger's Cat*, 1984, 169-74.(『シュレーディンガーの猫 上・下』ジョン・グリビン著)

［5］ John Gribbin, *In Search of Schroedinger's Cat*, 1984, 171.(『シュレーディンガーの猫 上・下』ジョン・グリビン著)

［6］ John Gribbin, *In Search of Schroedinger's Cat*, 1984, 164.(『シュレーディンガーの猫 上・下』ジョン・グリビン著)に引用

［7］ John Gribbin, *In Search of Schroedinger's Cat*, 1984, 212.(『シュレーディンガーの猫 上・下』ジョン・グリビン著)

きた世界の認識論』グレゴリー・ベイトソン著、佐藤良明訳、新思索社、2006 年)
［22］ Danah Zohar, *The Quantum Self*, 1990, 27.（『クォンタム・セルフ』ダナー・ゾーハー著）
［23］ Gary Zukav, *The Dancing Wu Li Masters*, 1979, 79.（『踊る物理学者たち』ゲーリー・ズーカフ著）
［24］ Karl Weick, *The Social Psychology of Organization*, New York: Random House, 1979, 152,168-69（『組織化の社会心理学』カール・ワイク著、遠田雄志訳、文眞堂、1997 年）
［25］ Karl Weick, *The Social Psychology of Organization*, 1979, 223-229.（『組織化の社会心理学』カール・ワイク著）
［26］ Henry Mintzberg, *The Rise and Fall of Strategic Planning: Reconceiving Roles for Planning, Plans, Planners*, New York: Free Press, 1993. 参照（『「戦略計画」創造的破壊の時代』ヘンリー・ミンツバーグ著、黒田哲彦／崔大龍／小高照男訳、中村元一監訳、産能大学出版部、1997 年）
［27］ *USA Today*, 10 March, 1999: 3.
［28］ Marvin Weisbord, *Productive Workplaces*, San Francisco: Jossey-Bass, 1987.; Richard Daft and Robert H. Lengel. *Fusion Leadership: Unlocking the Subtle Forces That Change People and Organizations*, San Francisco: Berrett-Koehler, 1998. 参照
［29］ John Gribbin, *In Search of Schroedinger's Cat*, 1984. 227ff.（『シュレーディンガーの猫 上・下』ジョン・グリビン著）
［30］ David Bohm, *Wholeness and the Implicate Order*, London: Ark Paperbacks, 1980, 1（『全体性と内蔵秩序』D・ボーム著、井上忠ほか訳、青土社、2005 年）
［31］ David Bohm, *Wholeness and the Implicate Order*, 1980.（『全体性と内蔵秩序』D・ボーム著）

第 3 章　ふるまいを形づくる見えない場

［1］ Deepak Chopra, *Quantum Healing: Exploring the Frontiers of Mind and Body Science*, New York: Bantam, 1989, 96.（『クォンタム・ヒーリング：心身医学の最前線を探る』ディーパック・チョプラ著、上野圭一監訳、春秋社、1990 年）
［2］ Frank Wilczek and Betsy Devine, *Longing for the Harmonies*, New York: Norton, 1988. 155-64; Gary Zukav, *The Dancing Wu Li Masters*, 1979. 199-200.（『踊る物理学者たち』ゲーリー・ズーカフ著）
［3］ Frank Wilczek and Betsy Devine, *Longing for the Harmonies*, 1988, 156
［4］ Rupert Sheldrake, *The Presence of the Past*, New York: Vintage Books, 1988. Rupert Sheldrake, *Seven Experiments That Could Change the World: A Do-It-Yourself Guide*

[6]　P. C. W. Davies and J. Brown, *Superstrings: A Theory of Everything?* Cambridge, UK: Cambridge University Press, 1988. 参照（『スーパーストリング：超ひも理論の世界』ポール・C・W・デイヴィス／ジュリアン・ブラウン編、出口修至訳、紀伊國屋書店、1990 年）

[7]　Danah Zohar, *The Quantum Self*, 1990, 18.（『クォンタム・セルフ』ダナー・ゾーハー著）

[8]　Ilya Prigogine and Isabelle Stengers, *Order Out of Chaos*, 1984, 6.（『混沌からの秩序』I・プリゴジン／I・スタンジェール著）

[9]　Robert N. Bellah, Richard Madsen, et al. *Habits of the Heart*, New York: Harper and Row, 1985, 6.（『心の習慣：アメリカ個人主義のゆくえ』R・N・ベラーほか著、島薗進／中村圭志共訳、みすず書房、1991 年）

[10]　K. C. Cole, *Sympathetic Vibrations*, 1985, 106

[11]　John Gribbin, *In Search of Schroedinger's Cat: Quantum Physics and Reality*, New York: Bantam, 1984, 5: frontispiece に引用（『シュレーディンガーの猫 上・下』ジョン・グリビン著、山崎和夫訳、地人書館、1989 年）

[12]　Danah Zohar, *The Quantum Self*, 1990, 79.（『クォンタム・セルフ』ダナー・ゾーハー著）

[13]　Fred Alan Wolf, *Taking the Quantum Leap*, New York: Harper and Row, 1981, xiv.（『量子の謎をとく：アインシュタインも悩んだ…』F・A・ウルフ著、中村誠太郎訳、講談社、1990 年）

[14]　Danah Zohar, *The Quantum Self*, 1990, 27.（『クォンタム・セルフ』ダナー・ゾーハー著）

[15]　Fritjof Capra, *The Turning Point: Science, Society, and the Rising Culture*, New York: Bantam, 1983, 81.（『ターニング・ポイント』フリッチョフ・カプラ著）

[16]　Yvonna S. (Ed.) Lincoln, *Organizational Theory and Inquiry: The Paradigm Revolution*, Beverly Hills, CA.: Sage, 1985, 34.（『組織理論のパラダイム革命』イボンナ・S・リンカーン編、寺本義也ほか訳、白桃書房、1990 年）

[17]　Fritjof Capra, *The Turning Point*, 1983, 86 に引用（『ターニング・ポイント』フリッチョフ・カプラ著）

[18]　Danah Zohar, *The Quantum Self*, 1990, 98.（『クォンタム・セルフ』ダナー・ゾーハー著）

[19]　Fritjof Capra, *The Turning Point*, 1983, 81 に引用（『ターニング・ポイント』フリッチョフ・カプラ著）

[20]　Gary Zukav, *The Dancing Wu Li Masters*, New York: Bantam, 1979, 248-50.（『踊る物理学者たち』ゲーリー・ズーカフ著、佐野正博／大島保彦訳、青土社、1985 年）

[21]　Gregory Bateson, *Mind and Nature*, New York: Bantam, 1980.（『精神と自然：生

[2] Fritjof Capra, *The Web of Life*, 1996, 99.
[3] Erich Jantsch, *The Self-Organizing Universe*, Oxford: Pergamon, 1980, 10. (『自己組織化する宇宙：自然・生命・社会の創発的パラダイム』エリッヒ・ヤンツ著、芹沢高志／内田美恵訳、工作舎、1986年)
[4] Ilya Prigogine and Isabelle Stengers, *Order Out of Chaos*, New York: Bantam, 1984. (『混沌からの秩序』I・プリゴジン／I・スタンジェール著、伏見康治ほか訳、みすず書房、1987年)
[5] Ilya Prigogine, *The End of Certainty: Time, Chaos, and the New Laws of Nature*, New York: The Free Press, 1998. (『確実性の終焉：時間と量子論、二つのパラドクスの解決』I・プリゴジン著、安孫子誠也／谷口佳津宏共訳、みすず書房、1997年)
[6] Erich Jantsch, *The Self-Organizing Universe*, 1980, 6. (『自己組織化する宇宙』エリッヒ・ヤンツ著)
[7] Max DePree, *Leadership Is an Art*, New York: Doubleday 1989, 41-42. (『リーダーシップの真髄：リーダーにとって最も大切なこと』マックス・デプリー著、福原義春監訳、経済界、1999年)
[8] Jill Janov, *The Inventive Organization: Hope and Daring at Work*, San Francisco: Jossey-Bass, 1994.
[9] Erich Jantsch, *The Self-Organizing Universe*, 1980, 196. (『自己組織化する宇宙』エリッヒ・ヤンツ著)

第2章　量子の時代のニュートン的組織

[1] 『全体性と内蔵秩序』(D・ボーム著、井上忠ほか訳、青土社、2005年)
[2] Michael Hammer, *The Reengineering Revolution*, New York: HarperBusiness, 1995. 参照
[3] William Bygrave, "The Entrepreneurship Paradigm (I): A Philosophical Look at Its Research Methodologies." In *Entrepreneurship Now and Then*, Baylor University Fall 1989, 16
[4] Danah Zohar, *The Quantum Self: Human Nature and Consciousness Defined by the New Physics*, New York: William Morrow, 1990, 69. (『クォンタム・セルフ：意識の量子物理学』ダナー・ゾーハー著、中島健訳、青土社、1991年)
[5] John Briggs and F. David Peat, *Turbulent Mirror: An Illustrated Guide to Chaos Theory and the Science of Wholeness*, New York: Harper and Row, 1989, 22. (『鏡の伝説：カオス・フラクタル理論が自然を見る目を変えた』J・ブリッグズ／F・D・ピート著、高安秀樹／高安美佐子訳、ダイヤモンド社、1991年)

［原注］

はじめに

［1］ Fritjof Capra, *The Turning Point: Science, Society, and the Rising Culture,* New York: Bantam, 1983, 76-77.(『ターニング・ポイント：科学と経済・社会、心と身体、フェミニズムの将来』フリッチョフ・カプラ著、吉福伸逸ほか訳、工作舎、1984年)

［2］ Donella Meadows, "Whole Earth Models and Systems." *Co-Evolution Quarterly* (Summer 1982): 23.

［3］ Robert H. March, *Physics for Poets,* Chicago: Contemporary Books, 1978, 3.

［4］ Werner Heisenberg, *Physics and Philosophy,* New York: Harper Torchbooks, 1958, 107.（『現代物理学の思想』W・ハイゼンベルク著、河野伊三郎／富山小太郎訳、みすず書房、2008年）

［5］ Fritjof Capra, *The Web of Life: A New Scientific Understanding of Living Systems,* New York: Anchor, 1996.

［6］ Ernst Mahr, *Toward a New Philosophy of Biology,* Cambridge, MA: Harvard University Press, 1988.

［7］ Steven Rose, *Lifelines: Biology Beyond Determinism,* Oxford, UK: Oxford University Press, 1997, 133.

［8］ Candace Pert and Deepak Chopra, *The Molecules of Emotion: Why You Feel the Way You Feel,* New York: Scribner, 1997. 参照

［9］ J. E. Lovelock, *The Ages of Gaia: A Biography of our Living Earth,* New York: Norton, 1988.（『ガイアの時代：地球生命圏の進化』J・ラヴロック著、星川淳訳、工作舎、1989年）、Lynn Margulis, *Symbiotic Planet: A New View of Evolution,* New York: Basic Books, 1998.（『共生生命体の30億年』リン・マーギュリス著、中村桂子訳、草思社、2000年）参照

［10］ K. C. Cole, *Sympathetic Vibrations: Reflections on Physics as a Way of Life,* New York: Bantam, 1985, 2.

第1章　秩序ある世界の発見

［1］ 『世紀末の知の風景——ダーウィンからロレンスまで』「再臨」（度会好一著、南雲堂、1992年）

著者

マーガレット・J・ウィートリー
Margaret J. Wheatley

教育学博士。組織に希望と健全さを取り戻すことをテーマに執筆、教育、講演を行う。ニューヨーク大学でシステム思考とメディア生態学を専攻し、文学修士号を取得。その後、ハーバード大学で組織行動学と組織変革を中心に学び、博士号を取得。経営学の教授として勤務する傍らコンサルタントとしても活躍している。人生に前向きなリーダーをサポートすることを使命として、世界各地を飛び回っている。

訳者

東出顕子
Akiko Higashide

翻訳家。津田塾大学学芸学部国際関係学科卒業。翻訳会社勤務を経てフリーに。訳書に『ハートフル・ストーリーズ』(ディスカヴァー・トゥエンティワン)、『アメリカの毒を食らう人たち』(東洋経済新報社)、『誰が世界を変えるのか』(英治出版)などがある。

●英治出版からのお知らせ

弊社ウェブサイト（http://www.eijipress.co.jp/）では、新刊書・既刊書をご案内しています。本書に関するご意見・ご感想をeメール（editor@eijipress.co.jp）で受け付けています。お送りいただいた方には、弊社の新刊案内メール（無料）をお送りします。たくさんのメールをお待ちしています。

リーダーシップとニューサイエンス

発行日　2009年2月28日　第1版　第1刷

著　者　マーガレット・J・ウィートリー

訳　者　東出顕子（ひがしで・あきこ）

発行人　原田英治

発　行　英治出版株式会社
〒150-0022 東京都渋谷区恵比寿南1-9-12 ピトレスクビル4F
電話　03-5773-0193　FAX　03-5773-0194
http://www.eijipress.co.jp/

出版プロデューサー　秋元麻希

スタッフ　原田涼子、鬼頭穣、高野達成、大西美穂、岩田大志、藤竹賢一郎
山下智也、デビッド・スターン、浅木寛子、佐藤大地
坐間昇、虫賀幹華、鈴木みずほ

装　幀　重原隆

印　刷　株式会社シナノ

［検印廃止］ISBN978-4-86276-052-4　C0034